陕西师范大学"一带一路"智库集成
陕西师范大学一流学科经费支持

The Global Space
and
The Belt and Road Research

全球空间与"一带一路"研究

主编 曹小曙 詹小美 王天琪

文化卷
Culture Volume

詹小美 等 著

陕西师范大学出版总社

图书代号　ZH16N1533

图书在版编目（CIP）数据

全球空间与"一带一路"研究.文化卷/詹小美等著.—西安：陕西师范大学出版总社有限公司，2016.12
ISBN 978-7-5613-7310-1

Ⅰ.①全… Ⅱ.①詹… Ⅲ.①区域经济合作—国际合作—研究—中国　②文化产业—文化发展—研究—中国　Ⅳ.①F125.5 ②G124

中国版本图书馆CIP数据核字（2016）第288338号

全球空间与"一带一路"研究.文化卷

詹小美等　著

选题策划	/ 刘东风　郭永新
责任编辑	/ 郑若萍
责任校对	/ 杨　珂
封面设计	/ 观止堂_未氓
出版发行	/ 陕西师范大学出版总社
	（西安市长安南路199号，邮编710062）
网　　址	/ http://www.snupg.com
印　　刷	/ 中煤地西安地图制印有限公司
开　　本	/ 720mm×1020mm　1/16
印　　张	/ 17.25
插　　页	/ 4
字　　数	/ 256千
版　　次	/ 2016年12月第1版
印　　次	/ 2016年12月第1次印刷
书　　号	/ ISBN 978-7-5613-7310-1
定　　价	/ 58.00元

读者购书、书店添货或发现印装质量问题，请与本公司营销部联系、调换。
电话：（029）85307864　85303629　传真：（029）85303879

总序

　　人类一直试图寻找理解自身发展的钥匙，构建全球发展的空间秩序，以此来刻画塑造人类命运的力量之一。过去几千年的人类演化中，世界版图的空间格局实际上一直处于纷繁复杂的变动状态，已濒于从国家和国际体系中滑落的边缘。人类期待着一个崭新的全球发展的空间秩序的出现。

　　当今时代的所谓空间秩序起源于威斯特伐利亚体系，它以一个由独立国家组成的体系为基础，各国不干涉彼此的内部事务，并通过大致的均势遏制各自的野心。此体系后延伸至维也纳体系、雅尔塔体系。但就几个体系的本质而言，均未脱离几大列强具有绝对的话语权与控制力的特征。

　　目前，由于种种原因，发达国家能够根据自身对原料或市场的需要来界定世界其他地区的角色，特别是经济角色，而经济角色又往往显著地影响着政治、文化、社会角色。历史学家常常认为，当历史上的大转型发生在欧洲和北美之外的地区时，它们只当作是对欧洲已发生事情的仿效和响应。罗斯福认为美国地位独特，经济上充满活力，是唯一没有地区竞争的国家，既是大西洋国家，也是太平洋国家，可以利用地位优势掌握发言权，决定东西两侧大洋的命运。基辛格也认为美国不仅仅是一个国家，还是上帝神圣计划的推手和世界秩序的缩影。沃勒斯坦提出了"欧洲世界体系"的观点，意思是其他遥远地区被卷入了一个由欧洲支配的经济体系，在这一体系中，欧洲成为一个"核心"，并且有效地促使世界上其他地区，要么接受这个体系中"边缘"或"半边缘"的经济角色，要么完全待在这一体系之外。

　　21世纪以来，横跨各个国家和地区的资本、信息、商品、服务以及人员的流动日益增长，带来了经济活动不断全球化的趋势。世界经济正在被全球化——区域一体化的复杂系统重新塑造。人类社会经济活动在空间上的投影构成了现实世界中不同范围、不同规模、不同等级的社会经济单元。

就一般意义而言，全球、区域、国家、地方四个层级是目前构成世界范围内人类活动单元的主要空间形式。长期以来国家疆界与经济空间的一致，正在被经济的国际化所撼动，国家控制其疆界范围内经济的能力正在逐渐减退。代之而起的是在全球尺度上经济的复杂性，并由此引发了各种空间尺度上重新建立控制力的尝试，国家的地位正在被重新定义。当然，在塑造世界经济的过程中，国家仍是一个非常重要的力量，甚至国家有可能成为一个经济单元，从而塑造全球版图的不同部分。

"一带一路"的战略构想正是在上述背景下产生的，它是人类社会首次提出的平等互利的全球发展战略。"地球村庄"作为一个空间既具有整体性，又具有单元性，中国作为单元的组成部分，是一个情景编织者，"一带一路"要讲述的是一个没有中心的故事。

在一部人类历史贯穿于全球空间的塑造变动中，全球空间既包含地理空间，也包含文化空间、经济空间、社会空间等众多的空间形态。本套书要讲述的即是上述不同空间的全球故事。

曹小曙
2016年5月2日

前言

空间是物质存在的基本方式，是一切物质系统中各要素共有和相互作用的标志。在空间理论的拓展中，区域秩序、区位节点和区域分工，构成了共时态稳定的空间区位；空间实践、空间关系和空间表征，形成了共时态稳定的空间结构；控制与重组的空间占有、交换与分配的空间生产、制度延伸与市场扩大连接的文化投射，形塑了共时态稳定的空间权力。在位置、距离、方向所构成的空间基质上，由位置的确立、距离的度量、方向的指谓进行的空间表达，指向了万物寄寓的场所，指向了物质运动的机缘，指向了国际秩序在空间结构中的作用，指向了这种作用的关系和表征的现象在空间的集聚规模与态势。

国家战略在战略体系中位于最高层级。作为以实现国家总目标而制定的方略，国家战略是具体时空条件下，对政治、军事、经济、科技、文化等国家力量的综合运用，是国家建设与发展的整体统筹，是维护国家安全、提升综合国力的计划与策略。在多维互动的空间界域连接中，在系统结构空间作用的程式里，"一带一路"战略秉承"和衷共济"的基本理念，将亚非欧卷入开放与发展的大潮中，在推动区域经济发展互联共通的同时，无缝对接更深层次的区域合作，促进不同文明之间的彼此承认、平等交往、理解沟通和优势互补。就此而论，"一带一路"既是新形势下中国对外开放的空间战略，同时也是国际合作与全球治理模式的新探索，彰显了中华民族对世界和

陕西师范大学中央高校基本科研业务费专项资金GK201605007资助

陕西省"百人计划"陕西师范大学特聘教授项目资助

平发展的责任与担当。

　　文化是人类改造世界的主观方式和现实图景。文化是具有物质载体的人化的世界，正是通过物质实在的承载，观念形态的文化可以为人们感知、觉察、领悟和涵化；而承载了文化的"物质实在"亦因此具有了观念形态的内涵、意向和价值的表达。社会与文化具有同一性但不是同一体，社会形态以经济为基础、政治为中介、文化为导向。人类通过实践改造了自然、形成了社会、创造了文化。"一带一路"文化战略以构建人类命运共同体、利益共同体、责任共同体、生态共同体为战略目标；以共商、共建、共享为战略范式；以经济基础之上、政治中介之下、文化导向之中的政策沟通、设施连通、贸易畅通、资金融通和民心相通为战略举措，凸显了"文明互鉴相向而行"的东方智慧。

　　基于"一带一路"之"空间""战略""文化"的结构与关系，本书试图从位置、距离和方向衍生的空间区位、结构、权力的共时中，阐析"一带一路"的内涵、目标和范式，审视政治、经济、文化支点上的节点与内容；从"丝绸之路"传统纵轴的现实延伸、"国际秩序"传统横轴的时代拓展中，生成"一带一路"历史演进的逻辑脉动；从话语表达、多维支撑、软实力释放的价值归旨中，凸显"一带一路"文化意涵的东方语境；从"一带一路"境内国土文化物态转换的土地开发中，明晰均衡国土空间与"一带一路"发展的空间对接；从"一带一路"境外文化融通的空间承载、空间演进和空间叙事中，诠释"一带一路"文明互鉴的空间向度；从大数据平台的创设和链接中，展示"一带一路"战略现实演绎的可视性表达。

　　讨论完整的历史，需要描述诸种空间[①]，回眸世界的进程，空间的注脚

---

① 爱德华·苏贾.后现代地理学：重申批判社会理论中的空间[M].王文斌，译.北京：商务印书馆，2004：32.

往往承载了利益的向背。由此出发,"一带一路"不仅具象了物质意涵的文化符号,而且"牵涉于'历史地'决定社会关系之中,而这些社会关系赋予空间以形式、功能和意义。"[①]受此影响,全球空间格局中的"一带一路"必然具有了时间与空间的交互。于笔者而言,连接"空间""一带一路""文化"的研究是一个崭新的课题,倍感压力和困惑,常常是某个问题有所思考,接踵而来的却是更多更复杂的新问题。不完善、不成熟,挂一漏万是显而易见的。然而,成长和快乐往往领悟于痛苦与思考之后,这或许就是文化教育工作者生活的特质。承藉于此,于本书出版之际,期待得到同仁们的赐教与指导,那将是笔者最大的欣慰与收获。

詹小美

---

① 转引自卡斯特.网络社会的崛起[M].夏铸九,王志弘,译.北京:社会科学文献出版社,2001:504.

目录

第一章 全球空间格局中的"一带一路"

第一节 全球空间格局 / 002
一、空间区位 / 003
二、空间结构 / 009
三、空间权力 / 015

第二节 "一带一路"战略 / 020
一、带路相济的战略构图 / 021
二、内外对接的战略构想 / 026
三、二位一体的战略支点 / 030

第三节 "一带一路"的文明互鉴 / 035
一、文明互鉴的战略目标 / 036
二、文明互鉴的战略范式 / 040
三、文明互鉴的战略关系 / 042

第二章 "一带一路"历史演进的逻辑生成

第一节 历史纵轴中的丝绸之路 / 048
一、"丝绸之路"的历史演替 / 048
二、"丝绸之路"的历史路径 / 053
三、"丝绸之路"的历史选择 / 058

第二节　历史横轴中的国际秩序 / 062

一、威斯特伐利亚体系 / 063

二、凡尔赛—华盛顿体系 / 067

三、"联合国""关贸总协定与世界贸易组织""布雷顿森林体系" / 070

第三节　纵横交互中的"一带一路" / 075

一、传统丝路的现实延伸 / 075

二、国际合作的时代拓展 / 077

三、文明互鉴的关系共演 / 082

第三章　"一带一路"文化蕴涵的东方语境

第一节　"一带一路"的文化蕴涵 / 089

一、"一带一路"文化蕴涵的世界图景 / 089

二、"一带一路"文化蕴涵的价值归旨 / 092

三、"一带一路"文化蕴涵的价值特质 / 095

第二节　"一带一路"的软实力建构 / 098

一、软实力话语的当代凸显 / 099

二、软实力形塑的当代展示 / 103

三、软实力释放的当代拓展 / 107

第三节　"一带一路"的东方语境创设 / 111

一、东方语境的话语表达 / 112

二、东方语境的多维支撑 / 115

三、东方语境的创设范式 / 118

第四章　"一带一路"境内国土文化的现实物化

第一节　"一带一路"境内的国土文化 / 124

一、国土文化与土地文化的观念形态 / 124

二、国土开发与土地利用的文化刻写 / 130

三、物态转换与"一带一路"演进的空间对接 / 134

第二节 "一带一路"境内国土开发的空间定位 / 140

一、优化开发区域的空间定位 / 142

二、重点开发区域的空间定位 / 145

三、限制开发区域的空间定位 / 149

四、禁止开发区域的空间定位 / 153

第三节 国土文化空间定位的现实物化 / 156

一、国土文化在优化开发区域的物化 / 159

二、国土文化在重点开发区域的物化 / 162

三、国土文化在限制开发区域的物化 / 165

四、国土文化在禁止开发区域的物化 / 168

第五章 "一带一路"境外文明互鉴的空间向度

第一节 "一带一路"境外文明互鉴的空间承载 / 173

一、文明互鉴的空间区位 / 174

二、文明互鉴的实体景观 / 176

三、文明互鉴的文化扩散 / 182

第二节 "一带一路"境外文明互鉴的空间演进 / 184

一、空间演进的系统结构 / 185

二、空间演进的层次链接 / 188

三、空间演进的文化嵌入 / 193

第三节 "一带一路"境外文明互鉴的空间叙事 / 196

一、空间叙事的明示符号翻新 / 197

二、空间叙事的隐形承载涵化 / 200

三、空间叙事的赛博空间展演 / 203

第六章 "一带一路"文化战略大数据系统

第一节 "一带一路"文化战略的数据采集 / 209
一、文化战略的标准数据采集系统 / 211
二、文化战略的非标准数据采集系统 / 216
三、文化战略的数据整理系统 / 220

第二节 "一带一路"文化战略的数据集成 / 222
一、文化战略的模块化储存系统 / 222
二、文化战略的联邦化数据集成 / 223
三、文化战略的数据中间件架设 / 224

第三节 "一带一路"文化战略的数据处理 / 227
一、文化战略的基础数据处理模式 / 227
二、文化战略的离线数据处理模式 / 229
三、文化战略的实时数据处理模式 / 231

第四节 "一带一路"文化战略的数据挖掘 / 232
一、文化战略数据挖掘的云端并行 / 233
二、文化战略数据挖掘的逻辑架设 / 234
三、文化战略数据挖掘的关键技术 / 236

第五节 "一带一路"文化战略的数据展演 / 238
一、文化战略的数据展演模型 / 239
二、文化战略的数据展演形式 / 240
三、文化战略的数据展演应用 / 242

后记 / 249

参考文献 / 251

第一章
全球空间格局中的"一带一路"

空间是物质存在的基本方式,是一切物质系统中各要素共有和相互作用的标志。与时间的历时态变动结构相系,空间的共时态稳定以其特定的时空关系,指向了万物寄寓的场所,指向了物质运动的本源,指向了系统整体性、层次性和功能性作用的基质。作为人类生产和生活的基本要素,空间以实践为介体从物理自然领域延伸至社会历史领域。基于这样的发展与情境,马克思将现实的时间视为人类活动的直接定在,而将人类活动的空间表征为一个从"地域"走向"世界历史"的过程。[1]由此出发,全球空间格局在具体时空场域中的定位,特别指谓国际政治经济秩序在全球空间结构中展示的关系和作用,以及反映这种关系的客体和作用的现象在空间的集聚规模与态势。

国家战略在战略体系中位于最高层级。共建"丝绸之路经济带"和"21世纪海上丝绸之路",促进经济要素的自由流动、资源的高效配置、市场的深度融

---

[1] 冯契.哲学大辞典:分类修订本[M].上海:上海辞书出版社,2007:30.

合，打造包容、均衡、普惠的区域合作框架，积极探索全球治理新模式，既是中国发展的国家战略，又是对外开放的总体方略。作为互尊互信、合作共赢、文明互鉴的空间战略，"一带一路"是开放的，穿越亚欧非三大洲，环绕亚太经合、欧盟、中东、北美等主要经济带，连接东亚、俄罗斯、欧洲、西亚和北非等七大文化圈；"一带一路"是多元的，合作的领域多元、合作的内容多元、合作的形式多元；"一带一路"是共赢的，共商、共建、共享。推进"一带一路"建设，代表了沿线国家的共同愿望，表征着人类社会的共同理想，符合国际社会的根本利益，它以政策沟通、设施联通、贸易畅通、资金融通和民心相通，让各国人民相逢相知，为区域合作、和平发展增添正能量。

文化是人类为了满足自身需要创造出来的物质和精神成果，代表了人类对象性活动的本质与力量。作为与物质形态相对的观念形态，狭义的文化是与"实在"和"场"对应的，具有一定物质载体的内涵性、意向性、价值性的存在与表达。文化以经济为基础、政治为中介，通过人类实践的主体化、意识化和对象化，使物质载体的经济和社会中介的政治，转化为内涵性、意向性和价值性的社会域与文化场。在现实性上，文化的物化总是存在于一定的空间，而空间中的生产总是依托于文化的导向。正是基于经济、政治、文化之间的辩证与演化，"一带一路"战略不仅具有一定的空间定位，而且具有明确的价值表达；不仅要在经济上共建、共享，政治上共商、共赢，而且要在文化上共鸣、共通；在推动区域经济发展互联共通的同时，无缝对接更深层次的区域合作，促进不同文明之间的彼此承认、平等交往、理解沟通和优势互补。就此而论，"一带一路"倡议既是新形势下中国对外开放的空间战略，同时也是国际合作与全球治理模式的新探索，彰显了中华民族贡献世界和平发展的责任与担当。

第一节
全球空间格局

空间与时间是运动着的物质的基本形式。如果说时间代表了物质运动的延续性、间隔性和顺序性，空间则代表了物质的广延性和伸张性，是现象共存的序列和规律（莱布尼茨语）。作为物质运动的形式，人类实践的经济、政治、文化发生和发展于一定的空间；作为物质运动的结果，人类的对象性交往和对象性活动在影响和改变自然空间的同时，形塑和创造了经济、政治、文化的社会空间。在此之下，"各种形式的社会行为不断地经由时空两个向度再生产出来，我们只是在这个意义上，才说社会系统存在着结构性特征"[1]。就此意义而言，国际政治经济秩序无疑是一种结构化的时空关系，它们之间的联系和作用，首先得益于交往关系、活动方式和政治权益在一定空间结构中的产生、发展、让渡和转换。受此影响，空间的形式表达——位置、距离、方向，以及空间的观念诠释——位置的确立、距离的度量和方向的指谓，所意指的空间区位、空间结构和空间权力，三者之间的链接、层次节点的蕴含与向度，不仅决定了全球经济、政治、文化的空间作用客体和集聚规模，而且影响了国际政治经济秩序的空间作用现象和集聚态势。正是出于这样的关系和这样的结构，通过空间形成的国际政治经济格局，不仅事实上受到了空间的限制，而且作用中接受空间的调节。

一、空间区位

空间区位是空间要素的始点。区位（location）是人类活动所占有的场域，表现为地球表面上被某种特征（通常是那些颇具社会、政治、经济意义的特征）所固定的空间系统。事实上，"空间在其本身也许是原始赐予的，但空间的组织和意义却是社会变化、社会转型与社会经验的产物"[2]。作为概念的区位，相对于人类活动的场所和位置，不仅包括经济活动的自然场，而且包括了与经济活动复合在一起的政治、军事、文化联系的社会场。区位关于"点的位置"，并不特别意指位置本身，而是表达这些位置形成的影响要素、自然地理和人文地理的相互关系与相互作用。人类活动的场所位置常常受制于空间的条件支持，这些条件与地理位置的结合支撑着空间区位主体活动的展开。受此影

---

[1] 安东尼·吉登斯.社会的构成：结构化理论大纲[M].李康，李猛，译.北京：生活·读书·新知三联书店，1998：40.

[2] 爱德华·苏贾.后现代地理学：重申批判社会理论中的空间[M].王文斌，译.北京：商务印书馆，2004：121.

响，由位置导引的距离集聚与疏离，使方向的指谓成为区位要素与区位结构的综合。因此，作为概念的空间区位，除具体事物之几何位置的地理解释之外，还蕴含着与之相关的范围的划界和方向的限定，与其说它是一个地理意义上的所指，不如说它更强调自然界中的地理要素与人类活动的社会要素在空间交互中的位置、特质和现象。正是因为空间区位的概念区别于地理位置的指向，空间区位对人类活动场所的影响、对各种关系要素的结合以及对已有场所和新建空间的指涉，在很大程度上空间区位被解释为基于场所与位置所决定的距离和方向的设置。

在一个多维的空间系统中，区位划分、区域秩序、区位节点、区域分工，体现了空间生产和空间创造的再现功能。每个空间区位都有自己的区位主体。区位主体是经济活动、政治活动、文化活动和社会活动所表征的人类活动，以及这些活动的内容和主体，即空间区位中占有其场所的事物。空间区位大体上可分为经济空间区位、政治空间区位、文化空间区位，其中，经济空间区位特指经济的"实在"和"场"在空间上的分布、结构和演变。作为区域经济系统相互作用的位置、连接要素和运动方式的反映，经济空间区位以其资源集聚的形态、地区间相对平衡的关系，经济扩散地域对接的规模，对应和观照了人类的物质实践在构成生产力空间整体时的生成、运动和结果。在现实性上，这种构成与经济活动本身的空间分布，与各个国家和地区现存的区位条件密切相关。受此影响，经济空间区位的组织内容，首先表现为以资源开发和经济活动为场所载荷的经济地域和经济单元的划分，以及这个单元内的空间分异和组织关系；其次，经济区位内各空间实体的构成，它们的等级、规模、体系和形态的具体分布；再次，各种空间实体之间的要素流、交通渠道，以及它们之间的生产、交换和扩散的方式。正因为人类的对象性活动在生产和创造物质的同时，也在生产和创造着空间，所以，一个国家和一个地区所进行的经济活动，在改变自己和所在地区区位条件的同时，也在影响和重组未来的经济活动区，促进和形塑全球新的经济格局。与此相适应，依据已有的和具体的区位条件进行的经济区位划分、经济秩序确立、经济区位节点展示和区域经济的分工，都指向了经济与社会的发展，指向了局部与整体的经济整合，指向了区域与世界的经济链接。

经济空间区位较为成熟的理论诠释，始于19世纪初至20世纪40年代，先后形成了杜能的农业区位理论、韦伯的工业区位理论、克里斯塔勒的城市区位理论和廖什的市场区位理论，旨在揭示人类经济活动的空间法则。回顾历史，人类经济活动的三次社会大分工和三次科学技术革命，都在改变和形塑全球的经济区位。人类文明从狩猎文明进入到农业文明、工业文明和信息文明，人类经济形态从农业经济、工业经济走向知识经济，都在改变和创造全球的经济格局。伴随着世界一体化和经济全球化的深入和展开，各个国家都在不断地整合资源，构建有利于自身发展的经济区位。由于综合实力和区位条件的不同和限制，这样的空间区位往往缩影着国家与国家、地区与地区、重构方与守成者的实力消长和利益诉求，以及区位与区位之间竞争、博弈和妥协的过程与结果，形塑、创造和改变经济战略的空间布局、空间维度和空间图绘。

20世纪80年代以来，经济全球化浪潮下国际经济贸易呈现出新的发展特点，各个国家为了应对激烈的市场竞争分享优惠的贸易政策实现共同的经济利益，兴起了一系列的经济合作体，或曰"经济共同体"，即区域经济组织。当前，活跃于世界经济舞台的主要区域经济组织有22个，其中备受瞩目的当属欧洲联盟、北美自由贸易区和亚太经合组织。作为整体把握世界经济发展脉络和主要趋势不可缺少的重要经济区位，西欧、北美和亚洲一直是带动世界经济发展的引擎。"一带一路"作为中国全方位对外开放的"路、带、廊、桥"大棋局，其中"带"重点畅通中国经中亚、俄罗斯至欧洲，中国经中亚、西亚至波斯湾和地中海以及中国至东南亚、南亚、印度洋，此外还包括孟中印缅、中巴、中蒙俄三个走廊，以及欧亚大陆桥。"路"重点贯通中国的海洋空间，包括经中国沿海港口过南海到印度洋并延伸至欧洲和中国沿海港口到南太平洋两条线。"一带一路"贯穿亚欧大陆，一头连接活跃的东亚经济圈，一头连接发达的欧洲经济圈，途经具有巨大发展潜力的中部腹地国家，加强了世界主要经济区位之间的联系。"一带一路"秉承合作共赢的理念，互联互通的合作基础，多元化的合作机制，致力于命运、利益、责任共同体的合作目标，将推动沿线各国发展战略的对接与耦合，发掘区域内市场的潜力，促进投资消费，创造需求和就业机会的同时，在纵横两个层次上大大拓展沿线国家的生存发展空间。

政治空间区位特指政治的"实在"和"场"在空间上的分布、结构和演变。作为一种社会现象和经济基础之上的"上层建筑",政治总是直接或间接地与"国家"联系在一起。在"国家"这一国际秩序构成中最稳定、最基本的单元内,各权力主体对利益的诉求、获取和维系往往通过"政治本身"这样的形式加以呈现。受此影响,各权力主体围绕着利益获取与利益维护所产生的矛盾、冲突、斗争与妥协,决定了政治展开的基本属性和基本特征。当"利益"成为政治资源与权力主体结合的指示器时,以国家权力为依托的支配行为和以制约国家权力为依托的反支配行为,在"利益"这一交汇点上,形成了强制性、支配性和斗争性的政治表达。当政治资源与权力主体的关系、政治权力与政治作用的行为,扩大到国家与国家的层面,利益的争夺、统治与被统治的博弈、管理者与参与者的制衡、权威与服从的关系,各种要素作用的客体和作用的现象、它们的集聚规模和集聚态势,在空间格局的程式与向度上形成了空间的政治区位。

就影响空间区位的政治理论而言,肯尼思·华尔兹的"体系结构论"是其中颇具代表性的意义诠释。在肯尼思·华尔兹看来,政治空间区位的形塑有两个重要变量——权力分配与主观意识。结构与单位是国际体系的基本要素,在现实性上,实力分配影响和决定了国际体系政治区位的结构,结构在很大程度上导引和制约国际体系单位的政治行为。单位的排列变化会引发结构的变化,但单位对结构影响的依据除客观实力本身,主观意识同样是不可忽视的力量。在全球体系的政治空间里,以结构为表向的政治秩序,以单位为构成的各个国际行为体(主权国家),无不受制于权力分配和主观意识的交互与演化。权力分配由综合国力来衡量,这是决定性的基础力量。综合国力由经济力、科技力、军事力等硬实力和文化力、政治力、影响力、传播力等软实力构成。主观意识则主要取决于政治主体对现存国际秩序的认知与评价,它们接受、改变、创造政治区位的意愿与能力,将极大地影响既存的政治格局与国际秩序。肯定的意向将导致现存秩序的稳定,而否定的意向则引发现存秩序的转型。[1]

---

[1] 参阅肯尼思·华尔兹.国际政治理论[M].北京:中国人民公安大学出版社,1992:104-105.

以地球为存在场，世界政治区位的分布并非恒常，伴随世界政治格局的不断演变，政治空间区位也在不断变化。因科技的限制，古代世界政治空间区位几乎是静态的，各个大洲之间的交往处于一种偶尔的、式微的状态，形成传统意义上的所谓东方文明区和西方文明区。伴随着近代工业文明时代的到来，欧洲中心形成，随着欧洲各国的资本积累和对外扩张，世界逐步走向一体化，政治空间区位的演变开始频繁。从威斯特伐利亚体系到维也纳体系、凡尔赛—华盛顿体系、雅尔塔体系一直至今，世界中心从欧洲过渡到北美，再由北美逐步过渡到亚太尤其是东亚，世界政治格局也由欧洲俯视天下走向两极格局，苏东剧变，美国独大，世界走向"一超多强"的时代。近20年来，世界主要政治主体因时因势不断调整战略，深刻形塑着国际政治区位的新面貌，传统大国实力的此消彼长，新兴大国的迅速崛起，旧有的空间区位边界再次模糊化，传统意义上的"一超多强"再次进入到整合期。

综合经济、军事、外交等实力因素，影响当今世界政治区位的构成有七大力量中心，分别是美国、中国、欧盟、俄罗斯、日本、印度与巴西。老牌政治中心美国、欧盟、日本由于受战争拖累、经济低迷、人口老龄化等因素影响，其政治区位影响力出现收敛，与此形成对照，新兴大国群体性崛起渐成大势，政治区位影响力不断扩张，表现在中国的经济与综合实力提升尤其明显、印度与巴西经济增长空间巨大、俄罗斯军事与外交强项突出。新兴大国与西方大国之间的博弈成为国际政治区位关系复杂化的主线。难以逆转的经济与科技全球化迫使各国重新审视并寻求新的政治发展空间，在各国利益交融、依存加深，彼此命运休戚与共，难以割裂开来泾渭分明的国际大背景下，政治区位上两败俱伤的"零和"博弈逐渐式微，合作共赢的"竞合"博弈在新型政治区位发展模式中崭露头角。贯穿亚欧大陆的"一带一路"战略，其五条主要线路和六大经济走廊从初露锋芒的亚洲政治中心出发，将传统的欧洲政治中心与实力强劲的北美政治中心也囊括其中，更涉及中亚、南亚、西亚、北非等政治势力与政治格局比较复杂敏感的政治区位。在这种广度多维的区域空间内，通过强调互联互通的共赢合作与包容互鉴的文化氛围，共建互尊互信，睦邻、安邻、富邻，亲诚惠容的政治区位发展模式。

文化空间区位特指文化的"实在"和"场"在空间上的分布、结构和演变。文化区位所表达的是文化承载的实在、文化辐射的面和存在的场，文化区亦称文化圈或文化域，特指那些具有"某种共同文化属性的人群所占据的地区，在政治、社会或经济方面具有独特的统一体功能的空间单位"。[1]文化区具象着同性质的文化，是以区域性文化特征的相同、与其他区域文化相异而划分的空间单位，即在同一个文化区中，其居民的语言、宗教信仰、艺术形式、生活习惯、道德观念及心理、性格、行为大体一致。文化区的形成深受地理环境、历史发展和区位条件的影响。从文化地理学的理论分析出发，文化区可分为形式文化区（formal culture regions）、功能文化区（functional culture regions）和乡土文化区（vernacular culture regions）等类型。形式文化区是一种或多种相互间有联系的文化特征所分布的地域范围，表现在空间形态上具有集中的核心区与模糊的边界。功能文化区是一种非自然状态下形成的，其文化特质受政治、经济、社会等功能影响的空间区域。乡土文化区亦称感觉文化区，是人们对文化区域的一种认同，基于区域文化的感性认识，自认为或被认为同属一种文化的区域。

文化区从确立到表现是一种从中心区向边缘区渐趋减弱的过渡，没有明显的边界阻隔，但有多样性的重叠与交叉。就文化区的区位图景而言，无论是汤因比的21分区、撒帕的11分区、日本三道堂的12分区，还是肯达尔的6分区，在划分标准和建构原则上，在差异性论证与多样性诠释并存的同时，亦包含了共同的或相近的文化指谓与度量要求。其中，类似的文化景观、相近的文化内涵、近似的演化过程、文化依托的空间地域、区域特质集聚的文化中心等，这些要素和节点以区域文化的物质表现、区域文化的价值表达、区域文化的时空向度、区域文化的影响承载、区域文化生成的源点等维度的抽象和论证，在形式文化区、功能文化区、乡土文化区（感性文化区）的形式建构和彼此分界中，反映了作为地域系统组成要素的文化区在界阈形成、划分和组织形式上的特质，以及区位与区位之间结合的机制和方式。

文化区位具有相对稳定性，但也经历着不断的文化整合，即构成文化景

---

[1] 中国大百科全书总编辑委员会.中国大百科全书：地理学[M].北京：中国大百科全书出版社，1991：437.

观的文化要素被系统地空间地联系在一起，相互依存，故而文化要素的改变也会牵动文化区位的变动。联合国教科文组织将当代世界文化划分为八个文化区位，即欧洲文化圈、北美洲文化圈、拉丁美洲与加勒比地区文化圈、阿拉伯文化圈、非洲文化圈、俄罗斯和东欧文化圈、印度和南亚文化圈以及中国和东亚文化圈。学者H.J.de布列季更是将世界细分为12个文化区。按此分类，"一带一路"战略途经俄罗斯文化区、欧洲文化区、北非/西南亚文化区、亚撒哈拉非洲文化区、南亚文化区、东南亚文化区、东亚文化区，即12个文化区中的7个。美国学者塞缪尔·亨廷顿1993年在其著作《文明的冲突》一书中提出"文明冲突论"，即"正在出现的全球政治主要和最危险的方面将是不同文明集团之间的冲突"。故而，不同文化区之间不仅面临着自然地域空间差异，而且面临着诸如生产生活方式、语言文字、艺术科学、宗教信仰、风俗习惯、政治生活等文化现象和文化特征的差异，以及由于这些差异而引起的文化冲突和文化演变。诚然，文化区位的异质易引发相关文化的碰撞，但在这种碰撞中也蕴含着和谐共生的文化发展力量。正如中国政府官方文件《推动共建丝绸之路经济带和21世纪海上丝绸之路的愿景与行动》（简称《愿景与行动》）中所阐述的那样，"一带一路"跨越众多文化区，旨在增进沿线各国人民的人文交流与文明互鉴，致力于各国人民相逢相知、互信互敬，共享和谐、安宁、富裕的生活。在坚持和谐包容，倡导文明宽容的前提下，尊重各国发展道路和模式的选择，尊重各国的风土人情和宗教信仰，加强不同文明之间的对话，求同存异、兼容并蓄、和平共处、共生共荣，以达到民心相通。

二、空间结构

空间结构是空间要素的介质。要素在空间系统中的分布、作用和同时态的稳定是空间结构的重要内容，其连接方式和作用机制，表现为空间要素一定数量的比例关系、相互协调和相互适应的特质、网络交叉的地域性特征与形状。作为黑格尔意指的"凭借""依赖"与"媒介"[①]，空间结构对区位和权力的介质，表征为对立调节的融汇为一。受制于空间结构对空间形态的意谓，人地的

---

① 冯契.哲学大辞典：分类修订本[M].上海：上海辞书出版社，2007：78.

相互作用主要包括自然活动和社会活动两个方面,即地球表面的空间组织形式和人类社会生产本身。在布迪厄看来,空间中的事物和场所的客观化,须通过一定图式的实践,才能使其结构性的意义完整地呈现,反过来,实践活动结构化所依循的图式,则更多地指向这些事物和场所之上的组织。在此基础上形成的空间,不仅受制于该地域的要素,而且受制于物质结构交换的关系。由此出发,一定区域系统中的要素分布和空间结合,反映了空间系统内在机制社会化演变的过程,由此刻写的地表印记是人地关系结构作用的现实图景。

深入探析多维空间系统,各组成要素的相互联系和相互作用表现为由位置、距离和方向构成的空间基质,以及在这个基质之上的空间实践、空间关系和空间表征。在现实性上,由位置、距离和方向形成的基质存在着三个密切相关的层次。其中,空间实践以要素的联系和作用的方式构成了空间系统的中层;空间关系是空间主体在空间秩序和要素结构中产生的关系,这种关系自身的分解和作用的程式形成了空间系统的深层;空间实践与空间关系连接为空间表征,它是空间系统的外层。在列斐伏尔看来,空间实践是人类空间创造的部分,是可以感知的物理地域中的环境,是空间发生和空间跨越的结合,是经济和社会再生产的构成。空间关系是空间再现的权力运用,是人类活动的地域组合,是空间建构符合意向性要求的体现。空间表征和表征的空间不仅是概念化的空间,而且是图形与符号、社会与生活在空间中所赋予的意义。由此出发,空间主体占据的位置,空间关系演化的距离,固定化的内容导引的方向,使空间特质与社会行为的交织汇集为空间表征。就此意义而言,空间结构的位置、距离和方向,它的有机构成是系统组织有序化的标志。受此影响,空间实践、空间关系、空间表征的中层与深层,内部与外部在结构中的关系不仅是相对的,而且是可以转化的,这不仅意味着系统内部示意的稳定,而且意味着系统外部更大、更新结构的产生与自恰。因此,空间的系统结构越严密,往往意味着由位置、距离和方向指谓的空间实践、空间关系和空间表征的有序性越高。

空间格局产生于由自然场和社会场构成的空间系统中,自然场是其存在的根本,社会场是人类按照自己的意愿所创造的空间。由于对象性活动的主观意旨,空间格局并不是一种静态的存在,而是一种动态的流变。不同形态的自然和人文要素在地理空间中的位置分布、表现形式和结合关系构成了自然与社会领域的空间结构。从几何学或拓扑学的理论视野出发，空间结构要素的抽象，可表达为具有内涵意义的符号，如点、线、面和多维向量的集合。一定区域范围内由经济活动内聚力极化而成的中心称之为节点；受经济中心吸引和辐射而影响的经济腹地称之为域面，这是各种经济活动产生的依托；由交通通讯等线状基础设施组成的空间经济联系通道、系统和组织，称之为网络；由物流、人流、信息流等组成的要素流；由空间要素的规模、程度和状势组成的称之为等级体系。节点、域面、网络、要素流、等级，构成了空间系统结构中具有一定规模的要素集合。通过要素的"矩阵"分析和图解，空间结构系统类型大致分为：点—点（节点系统）、点—线（经济枢纽系统）、点—面（城市区域系统）、线—线（网络设施系统）、线—面（产业区域系统）、面—面（宏观经济地域系统）、点—线—面（空间经济一体化系统）等。

结构要素的空间分布和相互作用是区域发展的状态。作为全球经济、政治、文化活动在空间中的投影，空间结构的系统形成与区域经济、政治、文化发展密切相关。就此分析而言，全球政治经济秩序在空间的集聚规模和态势，必然包括全球经济、政治和文化在经济区位、政治区位和文化区位的结构指向和态势发展。其中，经济空间结构是指社会经济客体在空间中相互作用及所形成的空间集聚程度和集聚形态。社会经济空间结构概念里的"空间"，不等于物理学中的"绝对空间"或几何学中静止的"纯空间"，而是其中分布着农业、工业、城镇居民点、道路和通讯设施、文化及商业供应设施等多种类型的客体，不断发生着诸如商品生产、原料和成品的运输、信息的传送、商品的销售等再生产过程，以及新区的开发、人口的流动（分散与集聚）、城镇扩大和新居民点的产生、新技术的扩散等现象。经济空间结构中每一个经济客体的存在和运行，都与其他经济客体相关联。现代社会的发展是共同体成员资源共享的过程，社会经济客体必然要在一个地域或点上集中起来，这就是集聚、关联产生效益。无论是早期原始社会村庄的形成和现代大城市的出现，都基于这一相同原理。随着经济和社会的发展，必然不只一个"点"或"区域"内有社会经济客体的集聚，这就产生了连接两个或多个"点"或"区域"的线状基础设施。"点""区域"和连接"点""区域"的线状基础设施，组成了最基本的空间格局——"点—轴—面系统"。这反映了社会经济空间组织的客观过程和规律。

国家或区域的经济和社会发展，是社会经济要素、自然要素相互作用的结果，是由发展轴线和中心地（城市）带动的。轴线是区域经济设施、社会设施的集中地带。根据空间相互作用原理，该地带对周围地区存在一个"吸引力场"。轴线附近的社会经济客体则产生一个向心力，这个力不只指向轴线上的一个点（城镇），而是若干个点或一条线。这表明轴线对附近区域的社会经济有集聚或凝集作用，通过影响范围内的客体带动区域的发展。轴线上集中的社会经济设施通过产品、信息、技术、人员等要素，对附近区域有扩散作用。扩散的物质和非物质要素作用于附近区域，与区域的要素相结合，形成新的生产力，推动社会经济的发展。

"一带一路"是一个开放包容的国际区域经济合作网络，其五大线路、六大经济走廊贯穿亚欧非三大洲，联通活跃的东亚经济带、发达的欧美经济带及发展潜力巨大的中部经济带，途经数十个国家，是新一轮全方位对外开放的重大举措。无论是"向东出海"，还是"向西挺进"，"一带一路"终将带动亚欧大陆经济整合的大趋势。"一带一路"战略是在秉持共商、共建、共享的原则下，统筹解决最近几十年来中国和全球发展出现的两个不平衡：中国地区发展不平衡和全球发达国家与发展中国家发展不平衡。"一带一路"旨在打造开放、包容、合作、共赢的国际合作框架，它不会弱化沿线原有经济组织诸如上海合作组织、欧亚经济联盟、中国—东盟（10+1）等既有合作机制的作用，而是对沿线经济结构的进一步优化，注入新的内涵和活力。在国内层面上，有利于把对外开放中处于边缘化的中西部地区推到前沿；而在全球层面，则有助推动欠发达地区向世界经济发展中心融合。

政治空间结构属于政治地理结构的组成部分，是由政治地理单元中包括领土范围、边界、位置、形状和具有支配地位的中心性区域等空间要素组成的，其中每一空间要素都对政治地理单元特征产生深刻影响，并且只有各空间要素有机结合在一起所形成的政治空间结构才能使这些要素的现实作用得到最大程度的发挥。作为政治地理单元赖以生存和发展的地理基础，政治空间结构不仅是各种政治现象的载体，其本身又是某一政治地理单元谋求安全、权力与财富相对稳定的要素。政治空间结构内含政治要素在空间中的相对位置、相互关联、互相作用、相互适应、集聚程度以及区域之间的相对平衡关系等，其主要组成要素包括领土、人口和有主权的政府。领土是政治共同体空间结构存在的场域，领土的范围、大小、形状、位置和变更都会影响到政治共同体空间的变化，领土的边疆和边界距离政治核心区最远，但作为国家政治地理空间结构的重要组成要素和冲突地带，深刻影响着不同政治空间的关系。人口是构成政治空间结构最活跃的因素，政治空间结构的形塑和变化皆因人为的因素变化而变化，人口的规模、疏密，群体的意向，利益的诉求都会引起政治空间结构的变化。有主权的政府是政治空间结构中最具权力的决定性因素，一方面其通过一定的行政权力对政治空间中的领土和人口进行有效地管理，另一方面通过政治观念和利益诉求对管辖领土和人口进行辐射和引导，同时也对其他政治空间进行辐射和影响。

就政治空间结构而言，美国、中国、欧盟、俄罗斯、印度、巴西等构成了影响国际政治区位结构的重要力量。着眼于"一带一路"战略推进的政治结构，作为目前世界上唯一的超级大国，从美国的视角出发，"一带一路"倡议与其推行的"新丝绸之路"及"北南走廊"计划形成结构性对冲，尤其是丝路基金和亚投行的创设，在美国看来更是对其主导的国际金融和贸易投资体系的现实挑战。较之于美国，欧盟圈对"一带一路"倡议表现出更大的兴趣和更多的支持，但势必引起美国全球战略的失衡，为此，美国推进"跨大西洋贸易与投资伙伴关系"（TTIP），试图以此引领世界贸易、投资规则的制订。俄罗斯近年来对华战略倚重增强，尤其是2014年乌克兰危机后，对"一带一路"倡议总体持理解和配合的立场。日本与印度是美国推进亚太再平衡战略的重要支点，在"跨太平洋伙伴关系协定"（TPP）框架内具有重要地位。日本以遏制中国作为谋求自身重新崛起的着力点，试图以中亚"丝绸之路外交"削弱"一带一路"倡议的亚太影响力。作为21世纪海上丝绸之路的重要侧翼，出于南亚—印度洋地缘战略的考虑，印度对"一带一路"的推进表现出相对矛盾的心理。在体制转型和政坛更迭之下，中亚、中东、东南亚、南亚部分国家不稳定因素持续积累，中东地区结构性力量失衡加剧，成为各大国角力的焦点，局部冲突以及恐怖势力有可能成为此地区的常态化。东南亚泰国、缅甸在政治转型进程中遇到的问题亦有可能产生相应的影响。金砖国家巴西、南非是中国政治合作的伙伴，但由于历史地理文化等因素，深层次的政治空间建构会受到一定的掣肘。近年来，随着综合国力的增强，中国开始在欧美主导国际政治话语权的舞台上寻求自己的发展空间。"一带一路"战略着眼国际政治空间格局的深刻调整，主动建构以中国乃至东亚为核心的政治空间结构，以中亚、东南亚地区为战略枢纽，以深化政治互信、扩大互利共赢为重要依托，加快推进欧亚一体化，塑造中国深度参与的区域政治新结构及地缘政治新格局。

文化空间是人类意向性活动生成和创造的场所，是自然与社会在空间中体现的意义和抽象的价值状态。这是一种最内在的和最深层的理解与共有的，它内在地包含了信念、价值、习俗，是构成我们生活体系的一切概念、细节的总和。在现实性上，文化空间指谓的器物层面、心理层面、精神层面不仅具有动态性、不可逆性，而且具有时代性和意识形态性的特点。作为人类活动广延性和伸展性的体现，文化空间的结构规定和影响了人们日常生活和发展的阈界。就全球文化区位的社会环境而言，空间结构的内涵不仅是"文化"，而且是权力分配与利益制衡的表达，它以文化要素的相对位置、相互关联、相互作用、相互适应的集聚态势，导引和再现了区域文化的关系和交往。文化空间结构的基本要素是文化节点，通常出现在文化资源富集区，由规模等级不等的点面相连，这是等级体系形成的依据。在精神、制度、习惯的区位框架下，人、活动和场所相互结合、互动共生，构成了文化的空间内核。其中，内涵性存在的"人"既是文化活动的主体，又是文化空间的创造者，它的参与、组织和能动不断深化着"场所"的文化域，形成价值辐射的地理面，传播和扩散着文化产品的精神与价值。这样的循环使文化活动的载体——行为主体、文化发生的过程——实践活动、文化的空间形态——节点、轴线和域面，具有了空间结构的特质和文化的蕴涵。

英国著名人类学家马林诺夫斯基将文化结构分解为物质、社会组织、精神生活三个层次，即"文化三因子"说。类似的，我国学者钱穆将文化划分为物质的、社会的和精神的三个阶层，分别面向物质世界、人的世界和心的世界三个维度。面向物质世界的物质文化即满足人类生存和发展需要所创造的物质产品及其所表现的文化，具有物质性、基础性、时代性的特点；面向人的世界的制度文化则反映的是个人与他人、个人与社会群体之间的交往关系，具有大众性、权威性和相对独立性的特点；面向心的世界的精神文化体现了人类在长期的社会实践和意识活动中育化出的思维方式、价值观念、道德情操、审美旨趣等，是人类文化心态在观念心态上的反映，具体体现为书面文化、行为文化、心理文化和艺术文化。

为便于分析，很多学者将当今世界文化格局分为中华文化区、欧美文化区、阿拉伯文化区、印度文化区、俄罗斯及东欧文化区。由于内部文化结构的具体变更，五大文化区演进和互动的态势也呈现不同的特点，指向文化区内的资源与要素整合，包括文化景观的变迁和文化传播的途径力度等。从五大文化区的特点和力量对比上来讲，欧美文化区力量最强，向世界辐射范围更广，与其他文化区交流时经常处于强势出击的地位。由于历史地理原因，阿拉伯文化区文化演变复杂，也是容易爆发文化冲突的文化区，其自身也在不断寻求文化的认同与聚合。印度文化区中的诸多国家也在彼此谅解靠拢，重聚整合。近年来，俄罗斯文化有被边缘化的倾向，东欧国家疏离俄罗斯渐次向西欧靠拢。以中国为核心的东亚文化历史悠久，内涵深厚且发展稳定，虽然局部仍有分裂和对峙状态，但文化的聚合力和文化认同的意识都在不断增强，并有不断崛起的趋势。总体来看，当前文化区的互动及其作用日益凸显，演进的总态势趋向良性互动。五大文化区呈现出交流愈加紧密的趋向，其互动也是朝着对话、沟通、缓和的良性方向演进。"一带一路"是一条拥有丰富内涵、兼容并包、异彩纷呈的文化之路，古老的丝绸之路所彰显的文化精髓是今天"一带一路"沿线各国、各地区共同的文化记忆。文化先行、互尊互信、包容理解的开放与合作才有助于民心相通，从而夯实"一带一路"互联互通的共识基础。"一带一路"就像一条文明丝带，将这五大文化区有机地联系在一起。在此意义上，"一带一路"是一条互尊互信之路，一条合作共赢之路，一条文明互鉴之路。

三、空间权力

空间权力是空间要素的现实凝结。作为"一切生产和一切人类活动所需要的要素"[1]，空间不仅是社会生产的场所与域面，为社会生产关系所支持，而且

---

[1] 中共中央马克思恩格斯列宁斯大林著作编译局.马克思恩格斯选集：第2卷[M].北京：人民出版社，1995：573.

还生产社会关系，并被社会关系所生产。正因为空间构成了社会生产的维度，它必然与其他维度一起延伸至社会政治领域，赋予人们的社会政治生活以空间的形式、空间的意义和空间的功能。基于这样的表征和这样的意义，空间是权力存在的"场"，权力是空间具象的"实在"，空间在构成人们公共生活基质的同时，也就构成了上层建筑政治权力运作的基质。从中可见，空间不仅是权力的表征，而且是权力的产物；不仅是权力得以运作的条件，而且是权力得以发展的载体。与此相适应，特定的空间必然带有政治和意识形态的特质。马克斯·韦伯认为："权力意味着在一定社会关系里哪怕是遇到反对也能贯彻自己意志的任何机会，不管这种机会是建立在什么基础之上。"[①]这就不难看出，所谓流动空间就是"以流动而运作而达成共享时间的社会实践组织"。事实上，权力与空间关系的演化与发展，不仅导引了空间的权力化，而且催生了权力的空间化。由此出发，福柯将空间化的权力和空间化的知识不仅视为社会控制的工具，而且视为社会生产的工具。在实践的中介下，作为工具的权力结合作为载体的空间，使空间的占有、空间的生产和空间的建构成为"任何权力运作的基础"[②]，成为"权力、知识等话语，转换成实际权力的关键"[③]。

空间权力的辐射是空间占有、空间生产和空间形塑的现实反映。其中，空间占有不仅是空间所在和自然方位的地理标明，而且是利益分配、社会影响所据空间的力量明示。区域化、脱域、入域、场所、共同在场、在场可得等空间辩识与空间概念的意义诠释，在布迪厄那里，是以不同形式的延展将空间关系与统治权力结合起来的缩影。就此意义而言，空间占有位置的变化往往代表了空间权力之塑造的结果。在现实性上，空间权力对空间占有的指谓均有一个中心，这是地域关系中心性和权力关系威严性的具体表达，在此基础上形成的向心力，是地域关系"力量"源发的始点。除此之外，空间占有的外在规定性，还投射在自然的、社会的、经济的、文化的发生位置和发展场所。自然位置甚至先于人类的存在，所谓天时和地利在很大程度上提供了人们空间权力萌发和发展的机缘，同时也在界定和制约着人们的空间生存和空间发展。受制于此，

---

① 马克斯·韦伯.经济与社会：上[M].林荣远，译.北京：商务印书馆，1997：81.
② 包亚明.后现代性与地理学的政治[M].上海：上海教育出版社，2001：13-14.
③ 参阅吴冶平.空间理论与文学的再现[M].兰州：甘肃人民出版社，2008：107.

人地关系在"人为空间"的意向性呈现，无论是社会的、经济的，还是文化的，都是空间占有影响空间权力的意愿生成和利益诉求，是人们的主观需要在空间位置上的划界。因此，社会化的空间往往拥有较为模糊的分界，这不仅取决于空间主体软、硬实力的作用与交互，而且有赖于经济、政治、文化的空间形塑和改造。

空间权力指谓的空间生产，不仅包括空间的生产，而且包括空间在生产中的生产；不仅包括物质生产，而且包括政治和意识形态的再生产。作为互动性的或者追溯性质的产物，空间在自我生产中的介入，不仅在于其生产性的地位，而且在于它是具体的生产者，或好或坏地被组织起来，进而构成了生产关系和生产力的组成部分。[①]基于这样的关系，涂尔干将特定社会的每一个人视为以同样的方式体现空间的现实主体，而将社会生产的空间视为折射主导性社会组织模型的方式。因此，不仅是时间，空间同样也参与了生产的开发、利益的交换和产品的分配，进而参与了社会历史的创造与演化。在列斐伏尔那里，空间不仅是生产资料、消费对象，而且是政治工具；不仅列入生产力的生产资料，而且列为生产的生产关系。因此，它是社会再生产的一部分。由此出发，空间的生产、交换和分配，不能简单地完全等同于物质资料在空间中的生产，更不能简单地定位为物质生产的器皿、媒介和承载物。空间生产既然是生产本身和生产方式的生产，空间生产必然对生产和生产方式进行着再生产的社会创造；空间生产既然是空间中弥漫的社会关系，一定空间的社会生产必然是交换价值和使用价值的合二为一。如同其他产品一样，空间在生产中的生产同样具有"产品"的特色，这些特色构成了地景中不留痕迹之昔日过程的焦点（列斐伏尔语）。在这一过程中，人地关系、人人关系使"空间和空间的政治组织表现出了各种社会关系，但反过来又作用于这些关系"[②]。与此相适应，开发、设计、使用和改造空间的过程，必然是利益角逐、主体博弈和客体制衡的过程，是人类实践性图景和目的性生成的反映。

---

① 参阅列斐伏尔：《空间的生产》新版序言（1986）[M]//张一兵.社会批判理论纪事：第1辑.北京：中央编译出版社，2006：180.
② 爱德华·苏贾.后现代地理学：重申批判社会理论中的空间[M].王文斌，译.北京：商务印书馆，2004：123.

空间权力对空间的社会性建构，是依据空间物理特质之上的权力介入，是政治的空间运用和政治管理手段的空间化。空间是物质存在的场，人类活动是社会实践的空间展开，在"场"与"社会"的空间定位里，位置、距离和方向交织为空间的物理性，它们之间的关系是空间权力在空间建构中的具象和反映。首先，位置的界定依据于空间的距离与方向，距离的度量来源于两个以上空间位置的方向，方向的指谓决定在空间节点之间的位距。位置、距离和方向在空间的建构，不仅引发着物资、生活、人才等要素的现实流动，而且导引着空间权力在获取与维系时的空间集聚与离散。在现实性上，当空间建构使空间要素"集聚"时，空间权力表现为"向心性"的集中，核心区的密度为大，外围拓展呈现为同心圆递减；当空间建构使空间要素"离散"时，空间权力则表现为"离心性"的扩张，核心区的控制力减弱，外围拓展呈现为各部分的均质化。与此相应，"集聚"的发展往往是空间区域和社会场景的现实建构，而"离散"的扩大则是生产、交换、传播的分配与波动。受此影响，无论是空间的再现还是再现的空间，无论是符号的生活场还是意义的践行域，都在以人类的物质关系、社会关系和本质力量的社会性表达，改造和形塑着人类社会的自然空间，同时改变和形塑着人类社会的人为空间。无论出于被给予还是人类的主动建构，空间不仅规定和限制了人类活动的界阈，而且展现了人类活动的意义与权力。正是因为空间权力对空间建构的双向指涉，空间的拥有往往意味着被社会主体占有和使用的方式、系统化和制度化的界阈延伸、意义的权力指向和空间制衡。在吉登斯那里，空间权力对空间的形塑，总是与时空分延联系在一起、与制度的结构化联系在一起，"我们可以考察社会活动如何开始在时空的广袤范围内'伸展'，从这一角度出发，来理解制度的结构化"[1]。

空间权力的区域性图绘与功能性表达，是核心向边缘的制度延伸、市场拓展和文化投射。事实上，当我们把空间视为占有、生产和建构的权力凝聚与展示时，也就开始了从空间权力的对象性关系和对象性活动的社会规制和结构功能中，探讨空间权力生成的本旨和空间权力运作的表向。其中的地理性分

---

[1] 安东尼·吉登斯.社会的构成[M].李康，李猛，译.北京：生活·新知·读书三联书店，1998：40.

布往往是相邻的事物相似、远离的事物相异，空间形成地域性隔离，繁衍自然空间的多样性，生息人文空间的差异性。空间地理分布同一性和差异性的"托布勒"生成，不仅引发和确立了与此相应的空间权力分布，而且形成和塑造了"核心"与"边缘"的区位权力意旨。拓展弗里德曼（J.R.Friedman）的"核心—边缘"模式，全球空间、局部空间、区域空间，均存在着相对的核心区和边缘区。空间权力总是集聚于核心圈，形成同心圆式的辐射面。越接近核心区，空间位置的力量越强，向心力越大，权力的影响面就越宽，反之亦然。边缘区的域限受制于核心与外围的关联，发达国家、城市的集聚区往往是核心区，同时也是经济、政治、文化的中心。空间权力从核心向边缘的制度延伸、市场拓展和文化投射，在对象化凝固的实践建构中，表征为经济生活、政治制度、文化观念的空间凝结，它以空间分域、局部制型、环境安排的核心——边缘辐射，对国际秩序的空间集聚、政治结构的空间确立、国际市场的空间划分、文化价值的空间表达，进行着经济、政治和文化的空间规定和空间呈现。因此，空间权力的制度延伸、市场拓展和文化投射，往往意味着国际秩序的空间定形。在哈维看来，这就是一种空间支配。空间的支配往往意味着社会主体对空间组织和生产的支配，并在现实性上影响和控制他人占有空间的方式。

作为事物存在的基本方式，包括经济、政治、文化过程在内的所有过程都必须落实在特定的空间范围内。经济决定政治与文化，政治是经济的集中表现，是文化的中介，而文化是经济与政治的反映并且具有相对独立性和自我演进轨迹。全球空间内的经济、政治、文化的演化过程集中体现为此三个主体核心对边缘的控制与依赖关系。初期经济、政治、文化的核心区组织对边缘区组织进行实质性控制，使之产生组织依赖。继而核心区通过控制效应、咨询效应、心理效应、现代化效应、关联效应以及生产效应等强化对边缘的控制。最后，在这种相互控制与依赖中，革新由核心区传播到边缘，核心与边缘间的信息、技术、知识、经验等交流增加，促进边缘区的发展。随着辐射扩散作用加强，边缘进一步发展，可能形成次级的核心区，甚至可能取代原有的核心区。由于经济、政治、文化的强势，核心区理所应当地向边缘区进行制度延伸、市场拓展与文化投射，试图使左右发展的边缘区变为自己的附庸。

二战后至20世纪末的全球化进程与"美国化"进程难分伯仲，以美国为核心主导的经济、科技、文化、政治、国际关系和意识形态在世界范围内强势渗透。苏联解体后，西欧、日本等老牌资本主义国家和地区重振旗鼓，挤进核心区的阵营。然而，在"后欧美"时代的近10年，全球化最重要的特征就是"他国的崛起"，诸如中国、俄罗斯、印度、巴西等新兴国家由原来的边缘构成了全球化的"新核心（New Core）"与欧美为主的"旧核心（Old Core）"比肩。其余还没有全面适应全球化规则的国家——北非洲、中非洲、中东、东南亚、中美洲和南美西北部的国家则构成了"尚未融合的边缘（Non-integrating Gap）"。

"一带一路"倡议是中国从自身和他国的角度去理解核心与边缘的一项合作构想，不同于以往欧美国家由核心向边缘扩展的强势与控制。"一带一路"致力于连接广大边缘国家，通过政治互信、经济合作和文化包容，将沿线各国纳入全球化的发展进程，一起探索由边缘到核心的发展途径。因此，"一带一路"建设是一个以点带线、从线带面，不断发散延伸、逐步深化拓展的边缘至核心的发展过程，凸显了中华民族和沿线各国共有的美好发展愿景。

第二节
"一带一路"战略

国家战略是一个国家战略体系中层级最高的战略。作为以实现国家总目标而制定的总体性方略，国家战略是依据国内国际情况，综合运用政治、经济、文化、军事、科技等国家力量的结果，是国家建设与发展的综合统筹，是维护国家安全以实现国家目标的谋划和策略，因而是指导国家各个领域的总方略。"一带一路"战略是中华民族复兴的标志性战略，不仅是商路的延伸，同时也是国家利益边界与安全边界的延伸；不仅体现了当代中国产业升级与结构转型带来的迫切需求，而且是中国国家战略利益的概括性表述。[1]全球空间格局指

---

[1] 参阅储殷，高远.中国"一带一路"战略定位的三个问题[J].国际经济评论，2015，（2）90.

谓国际政治经济秩序在全球空间结构中展示的关系和作用，在全球多维空间格局中，"一带一路"战略秉承一以贯之的基本理念，以全方位开放新格局的构建，深度融入世界经济体系。"一带一路"与亚欧非及世界各国互利合作的加强，不仅是中国扩大和深化对外开放的需要，而且是中国为人类和平与发展做出更大贡献的责任担当。开发、多元、合作、共赢的"一带一路"旨在实现沿线各国的互联互通，以政策沟通、设施联通、贸易畅通、资金融通和民心相通，促进沿线各国在政治、经贸、人文、科技等领域的合作与交流，并最终实现繁荣富强和各国互利共赢。就此而论，"一带一路"既是新形势下中国全方位对外开放的空间战略，同时也是国际合作与全球治理模式探索的新倡议。带路相济的战略构图、内外对接的战略构想、二位一体的战略支点，共同建构并诠释了"一带一路"战略空间推进的现实图景。

一、带路相济的战略构图

全球空间格局的多维建构与多元组合使国际政治经济秩序在经历深刻调整后逐渐步入了发展的调适期和稳定期。进入21世纪，和平、发展、合作、共赢成为时代主题，在经济全球化、文化多元化、社会信息化不断深入的进程中，世界经济以空间秩序正在被区域一体化的发展趋势重新塑造。近年来，全球经济形势趋于衰退，复苏乏力，国际和地区局势纷繁复杂，不确定因素与日俱增。随着空间区域国家控制力的变化与消解，各种以空间尺度塑造控制力的尝试不断被引发，以全球、区域、国家、地方为主要表现形式的空间单元，指涉了全球版图空间变动的部分。"一带一路"战略是中国在新的时代背景下勾勒全方位对外开放新格局的一项谋求合作共赢的宏大部署。作为国家层面的空间战略，"一带一路"摒弃和超越了霸权主导的丛林法则和"零和"博弈的狭隘思维，坚持在平等包容、开放合作和互利共赢等原则的基础上，与沿线各国一道构建共同发展、共同繁荣的合作共赢蓝图。

延续中国古代丝绸之路基本精神和价值旨趣的丝绸之路经济带，是国家之间合作共赢的新型建构模式与现代发展路径，在新的历史节点上被赋予了新的现实内涵。历史文化积淀和现实发展需求互相交织、相互耦合，体现了丝绸之路经济带历史生成的古今逻辑。丝绸之路经济带构想的提出，一方面植根于中国同古丝绸之路沿线国家悠久的历史联系，另一方面也顺应了各国共同发展的现实需要，符合本地区国家的共同利益。从各国现实发展需要来看，建设丝绸之路经济带，有助于通过各国之间的经贸合作与人文交流，把亚欧大陆的不同区域连接起来，把不同国家的现实需要和利益融合起来，实现互联互通、优势互补，共享发展机遇，促进各国共同繁荣。丝绸之路经济带横跨亚欧大陆，属于泛区域经济合作，沿线覆盖30个国家，总面积约3922万平方公里，总人口近30亿，被认为是世界上最长、最具有发展潜力的经济大走廊。丝绸之路经济带所涵盖的点、轴、面以位置、距离和方向的空间定位连接区域、国家和地方；以各国重点城市为"点"、以各种通道及经济走廊为"线"、以不同的次区域为"面"，"以点带线""以线带面"构筑集节点网络和交通网络为一体的地域综合体。根据丝绸之路经济带的走向，它重点畅通中国经中亚、俄罗斯至欧洲（波罗的海），中国经中亚、西亚至波斯湾、地中海，中国至东南亚、南亚、印度洋。丝绸之路经济带主要依托国际大通道，以沿线中心城市为支撑，以重点经贸产业园为合作平台，共同打造新亚欧大陆桥、中蒙俄、中国—中亚—西亚、中国—中南半岛等国际合作走廊。①

丝绸之路经济带是对外开放战略的重要组成部分。丝绸之路经济带的经贸合作具有全方位的战略意蕴，涵盖政治、文化、安全、外交、人文等多个领域，对国内均衡国土空间的构建与国际合作深入发展的促进具有结构性的影响。"在内政上，共建'丝绸之路经济带'会提供更多的发展机遇，促进带区经济发展，缩小地区差距，推动经济均衡发展；在外交上，共建'丝绸之路经济带'可以打造连通亚欧国家的陆路大通道，以经贸发展促进全面合作，着力深化互利共赢格局，积极推进区域安全合作，维护周边和平稳定人局。"②就此意义而言，丝绸之路经济带延续了古代"丝绸之路"的文化遗产，是当代经济人文合作的升级版，其性质、内涵、作用的一以贯之和历史性超越，凸显了历

---

① 国家发展改革委，外交部，商务部.推动共建丝绸之路经济带和21世纪海上丝绸之路的愿景与行动[EB/OL].（2015-3-30）〔2016-6-15〕.http：//zhs.mofcom.gov.cn/article/xxfb/20150300926644.shtml.
② 胡鞍钢，马伟，鄢一龙."丝绸之路经济带"：战略内涵、定位和实现路径[J].新疆师范大学学报哲学社会科学版，2014，35（2）：4.

史与现实、理论与实践的时代连接和发展创造。

丝绸之路可分为陆上丝绸之路和海上丝绸之路，海上丝绸之路是陆上丝绸之路的拓展和延伸。"海洋是各国经贸文化交流的天然纽带，共建'21世纪海上丝绸之路'，是全球政治、贸易格局不断变化形势下，中国连接世界的新型贸易之路。"①21世纪海上丝绸之路既历史秉承又现实延续着古代海上丝绸之路的本真内涵与时代意义。"东南亚地区自古以来就是'海上丝绸之路'的重要枢纽，中国愿同东盟国家加强海上合作，使用好中国政府设立的中国—东盟海上合作基金，发展好海洋合作伙伴关系，共同建设21世纪'海上丝绸之路'。"②作为东西方贸易与人文交流的重要交通走廊，海上丝绸之路自秦汉时期开通以来，一直是沟通东西方经济文化交流的重要桥梁，而东南亚地区自古就是海上丝绸之路的重要交汇通道和组成部分。21世纪海上丝绸之路的空间区位扩大了传统国家与区域，它以重点港口为节点，"以点带线""以线带面"连通东盟、南亚、西亚、北非、欧洲等各个区域，发展面向南海、太平洋和印度洋的战略合作。它以经略海洋和海洋合作为核心，发展与沿线国家和地区的经济合作和人文交流为主线，促进港口互联互通，形成相互倚重、互利共赢的政治经济发展格局，为沿线各国和平发展打造更有利的地缘政治和地缘经济环境。21世纪海上丝绸之路在新时代意义上的赋予与诠释，构成了全方位对外开放空间战略的重要组成部分。

21世纪海上丝绸之路旨在通过政策、设施、贸易、资金和民心等方面的交流合作促进沿线国家共同发展、实现沿线国家共同繁荣。"21世纪海上丝绸之路涉及国家多，跨越范围广，国家之间差异巨大，利益诉求难以统一，决定了其不可能采用传统的区域合作模式，而是采取更加务实的合作模式，在不损害各国现有利益的情况下，实现利益最大化，打造利益共同体。"因此，打造沿线各国利益共同体意味着强化海上丝绸之路沿线各国的政治互信，协调各国经济发展战略与政策；促进沿线国家包括海上港口、港口与腹地互联互通；降

---

① 王义桅."一带一路"：机遇与挑战[M].北京：人民出版社，2015：18.
② 参阅习近平.携手建设中国—东盟命运共同体——在印度尼西亚国会的演讲（二〇一三年十月三日，雅加达）[EB/OL].（2013-10-4）〔2016-6-15〕http：//politics.people.com.cn/n/2013/1004/c1024_23102653.html.

低贸易壁垒与投资限制,提高双边或多边贸易和投资便利化水平;积极推动人民币国际化,建立多边结算体系与货币互换网络;加强民间层面的交流,扩大旅游、教育、科技、文化等方面的人员往来并密切人文交流,夯实广泛有效的民意基础。"根据古代丝绸之路的演变格局,一般把历代海上丝绸之路分为三大航线:即东洋航线,由中国沿海港至朝鲜、韩国和日本的航线;南洋航线,由中国沿海港至东南亚诸国的航线;西洋航线,由中国沿海港至南亚、西亚和东非沿海及美洲诸国的航线。"[1]在继承与发展的基础上,21世纪海上丝绸之路展开和延伸了东洋航线与南洋航线,以沿线各国的港口为节点联通区域、国家和地方,重点指谓自"一带一路"境内沿海港口经南海到印度洋,延伸至欧洲的航线,自"一带一路"境内沿海港口经南海到南太平洋,至东盟、南亚、西亚、北非、欧洲的航线。其中,东盟航线构成了21世纪海上丝绸之路建设的重点区域,南亚航线处于路线的中间位置,是连接非洲、中东和欧洲的必经之路,欧洲则是"一带一路"的终点站,其战略地位突出。

21世纪海上丝绸之路以海洋为依托,通过海上沿途航线把各国各地区连接起来,与沿线国家于全球多元一极空间格局中实现全方位战略合作与多领域文明对接。构建21世纪海上丝绸之路,就是要通过海上互联互通、港口城市合作机制以及海洋经济合作等途径,联系"一带一路"境内与境外东盟国家,南亚国家,非洲和欧洲等区域、国家和地方,连接中国梦、亚洲梦、欧洲梦与世界梦,通过扩大经济合作、促进政治互信以及加强人文交流等,增进各国间彼此友谊,让沿线各国在合作中共享发展机遇,实现地区的和平与繁荣。"21世纪海上丝绸之路建设……不仅对于国内的政治稳定、经济发展和社会和谐具有重大意义,而且对于国际新秩序的形成与国际和平,也必将发挥重要作用。"[2]

丝绸之路经济带和21世纪海上丝绸之路相互支持、相互依存、相互共演,在共同战略归旨的投射下,呈现出各具特色的重点区域,前者主要面向陆地,后者主要面向海洋。丝绸之路经济带主要投射广袤的亚欧大陆,从"一带一路"境内腹地出发,以北方丝绸之路与南方丝绸之路"路路相济",向西挺

---

[1] 高峰.新世纪海上丝路的机遇和挑战[N].中国海洋报,2014-9-22(A3).
[2] 张勇.略论21世纪海上丝绸之路的国家发展战略意义[J].中国海洋大学学报(社会科学版),2014,(5):15.

进,途经中亚、南亚和西亚,延伸至欧洲;21世纪海上丝绸之路则重点指向宽阔的南海和印度洋等海域,"两洋出海",向南发展,途经东盟国家,绕过南亚后到达非洲和欧洲。"路路相济"与"两洋出海"构成了丝绸之路经济带和21世纪海上丝绸之路的互补与结合。就沿线所覆盖的空间区域而言,以"一带一路"境内为始点、欧洲为终点,形塑统一的、完整的、互补的"一带一路"战略空间。丝绸之路经济带与21世纪海上丝绸之路以不同的空间指向承载着相同的理念原则、合作内容和战略目标,即在恪守联合国宪章的宗旨和原则的基础上,秉持开放合作、和谐包容、市场运作和互利共赢的价值理念,致力于实现互利共赢的经济战略、互尊互信的政治战略和包容互鉴的文化战略。

作为战略层面的"一带一路"内置于时代发展之必然,在现实性上,具象着深刻的国际国内背景。发达国家经济疲软与发展中国家增长潜力巨大构成了空间生产演进的两极,区域经济互补与国际秩序变动构成了空间结构调整的集聚。战略推进的空间发展来自内因与外因的交互作用,"一带一路"倡议的提出,源于中国自身改革之需、发展之需,事实上它们才是催生和促成"一带一路"倡议的核心要素。就"一带一路"境内空间战略的发展而言,它是提高对外开放水平的需要、消除东西部发展二元对立的需要、突破东部经济发展瓶颈的需要、提升中西部在国家发展战略地位的需要。就"一带一路"空间战略的设想而言,"中国愿与沿线国家一道,以共建'一带一路'为契机,平等协商,兼顾各方利益,反映各方诉求,携手推动更大范围、更高水平、更深层次的大开放、大交流、大融合"[1]。就"一带一路"空间战略的推进而言,"伴随和平崛起进程加快,中国参与全球治理、影响国际规则的制定具有客观必然性。中国的经济总量已位居世界第二,中国经济对全球经济增长的贡献越来越大,参与全球治理、影响国际规则的制定恰恰是和平崛起的必然要求。'一带一路'的开放性与包容性决定了中国并不是现行国际经济秩序的破坏者,中国

---

[1] 国家发展改革委,外交部,商务部.推动共建丝绸之路经济带和21世纪海上丝绸之路的愿景与行动[EB/OL].(2015-3-30)〔2016-6-15〕.http://zhs.mofcom.gov.cn/article/xxfb/20150300926644.shtml.

也不期望通过'一带一路'另起炉灶，替代现有的国际经济合作体系"[①]。

"一带一路"倡议以亚欧非大陆及附近海洋互联互通的促进和建立，构建沿线区域、国家、地方等层级的全方位、多层次的复合型网络。建设"一带一路"，统筹陆地和海洋，以海洋平台和陆地国际通道的连接，激发中西部地区的开放与发展，构建更加均衡的国土开发空间。丝绸之路经济带与21世纪海上丝绸之路既各自独立又相互联系，既海陆互补又区域交互。在各有侧重的前提下，坚持同一理念，承载同一使命，指向同一目标，相济相成于全方位对外开放的战略推进中。

二、内外对接的战略构想

内外对接的空间结构是"一带一路"空间生产与功能组织在区域、国家、地方层级之上的空间投影。如果说"一带一路"的战略构图表征了国家战略层面的决策与意志，那么战略构想的内外对接则凸显了全球空间区位条件下互联互通的整体意蕴和国际愿景。"一带一路"的内外对接指谓了合作共赢的国际合作和普惠均衡的国际秩序，凸显了空间的条件和由此产生的规律。"一带一路"始于中国，横跨亚欧非三大洲，途经众多国家和地区，在为沿线各国带来深刻融合与共同发展机遇的同时，开启了境内外互联互通、互补相济的发展状态。就自然空间的地理划分而言，"一带一路"境内指谓丝绸之路经济带和21世纪海上丝绸之路沿线经过或辐射的中国各地区；"一带一路"境外指谓丝绸之路经济带和21世纪海上丝绸之路沿线经过的亚欧非大陆其他60多个国家和地区。境内外战略的有效对接和深度合作，意味着互补共赢、相向而行的带路相济，共建"一带一路"是中国的倡议，也是沿线国家的共同愿望。

"一带一路"境内外对接并不意指固定和静止的过程，它以时间概念所诠释的动态和辩证形成了共时态的稳定和历时态的变动。就共时态的稳定而言，"一带一路"沿线各国以空间为活动场域，聚焦区域、国家和地方各层级，综合运用多种合作方式形塑新的政治、经济和文化空间结构。就历时态的变动而

[①] 李向阳."一带一路"：定位、内涵及需要优先处理的关系[M].北京：社会科学文献出版社，2015：13.

言，"一带一路"境内外对接的内容随时间的推移而不断扩展和丰富，在运动和演化中呈现出新的合作形式和对接态势。"一带一路"境内溯源于2000多年前，丝绸之路发祥于古代中国，演绎着现实的战略影响与深刻的时代内涵。丝绸之路肇始于古代中国，由古代中国出发向西途经中亚、西亚等地区，一直延伸至欧洲。2000多年后的今天，中国借助"丝绸之路"这一历史文化符号提出共建"一带一路"的倡议，致力于中国与沿线国家在经贸和人文的互联互通，实现共建共享。无论是传统丝绸之路的古代源起，还是"一带一路"倡议的现实延伸，中国的积极参与和努力推进，与沿线各国谋求友好合作和交流，具有特别的意义。"一带一路"境内覆盖和辐射多个省份和地区，跨越东中西部，囊括沿海和内陆；"一带一路"境外区域、国家、地方以自身的区位特点和发展优势，充分挖掘各方面的资源和能源，在基础设施、投资和贸易、金融、文化等多领域对接"一带一路"战略。

"一带一路"境内外对接具有积极主动性和目的性两大特点，在此之下的空间对接必然反映了空间组织的过程，这个过程不仅受制于"一带一路"战略归旨的目的、方式与能力，而且影响于文化意指的观念和战略主体的意向。从形势与资源的关系视角来看，战略演进的形势往往决定资源的流动和整合，"一带一路"战略旨在促进经济要素、资源、能源的自由流通和有效整合，由此推动境内外在经济、资源与市场方面的对接和交融。另一方面，资源也常常决定于机制，整合、调动与分配资源是"一带一路"建设空间演化与交互的方式和结果，其取决于各国间双多边的合作机制。就此而言，各国应以合作机制为前提和纽带，推动"一带一路"境内外资源、能源、市场、资金、信息等方面的互联互通，进而构建"一带一路"境内外对接的发展态势。

"一带一路"空间战略的推进，就境内而言，一方面着眼于国家战略大局，在地区发展战略和规划上对接"一带一路"，另一方面统筹区域发展优势，以资源和能源的有效整合对接"一带一路"。就境内的区位优势和特点而言，两个核心区、一个衔接门户以及多个经济高地和试验区构成了"一带一路"对接的重要节点。"两个核心区"是指新疆核心区和福建核心区。随着"一带一路"的启动，新疆被中国政府明确为"丝绸之路经济带核心区"。因此，应发挥新疆独特的区位优势和向西开放的重要窗口作用，深化与中亚、南亚、西亚等国家的交流合作，形成丝绸之路经济带上重要的交通枢纽、商贸物流和文化科教中心。依托新疆设立丝绸之路经济带核心区，是中国推进"一带一路"的重要举措。作为21世纪海上丝绸之路核心区，福建地处东南沿海，在东海和南海交通要冲，战略位置十分重要，在对接"一带一路"战略上有很大的潜力和优势。为此，要充分发挥其作为海上丝绸之路起点、连接台湾海峡东西岸重要通道和太平洋西岸航线南北通衢必经之地以及海洋经济基础好和海外侨胞联系广的优势，确立"以海兴闽，沟通内外"的指导方针，集全省之力打造带动腹地发展的海上合作战略支点，为推动"一带一路"腾飞做出贡献。[①]"一个衔接门户"是指广西壮族自治区。广西南濒北部湾，面向东南亚，是西南地区最便捷的出海通道，地理区位重要。因此，应发挥广西与东盟国家陆海相邻的独特优势，构建面向东盟区域的国际通道，打造西南、中南地区开放发展新的战略支点，形成21世纪海上丝绸之路与丝绸之路经济带有机衔接的重要门户。"多个经济高地和试验区"是指在沿线各地区打造的经济新高地、经济试验区、经济示范区。在西北地区、西南地区、沿海地区和内陆地区，如陕西、甘肃、宁夏、青海、云南、浙江、福建、重庆等省、自治区、直辖市以及郑州、武汉和长沙等市构建经济新高地和试验区。

"一带一路"境外主要贯穿亚欧非大陆，东靠经济活跃的东亚，西倚繁荣发达的欧洲，中间广大腹地为中亚和西亚等地区发展中国家。"一带一路"境外途经的国家和地区没有明确的界线划分，《愿景与行动》指出，中国将坚持开放合作的共建原则，"一带一路"相关的国家基于但不限于古代丝绸之路的范围，各国和国际、地区组织均可参与，让共建成果惠及更广泛的区域。从这个意义上来讲，"一带一路"是一项开放的、包容的、非排他的合作倡议，任何国家和国际或地区组织都可以参与共建共享。有鉴于"一带一路"的动态构建和发展进程，目前只是确立了大致的路线方向，它所途经或覆盖国家和地区仍在继续增长和扩展中。着眼于"一带一路"方向和路线，目前大致明确的区域、国家、地方等层级，遍布亚欧非三大洲，新兴经济体和发展中国家大都居

---

① 参阅赵可金.福建要打造带动腹地发展的海上合作战略支点[EB/OL].（2015-12-21）〔2016-6-15〕凤凰国际智库http://www.1think.com.cn/ViewArticle/html/Article_4FFA4A807c07BCF4B4EF9BFBD2A90C8B_30856.html.

于其中，超过44亿以上的沿线国家总人口，21万亿美元以上的经济总量，分别约占全球总额的63%和29%，囊括了世界上最具发展潜力的区域经济带。

从空间和"一带一路"关系的视角，投射境内境外的空间对接，沿线各国间经济、政治、文化的交流与合作成为境内外对接方式和内容的表现形式。就构成"一带一路"空间战略的境内外对接方式而言，无论是绝对的空间论者，还是相对的空间论者，在对接的尺度、对接的主体、对接的过程、对接的类型在空间分布上都会达成一致。沿线各国聚焦经济、政治、文化等领域，于全球多维空间情景中开展合作与交流，投向境内外空间结构，形成全方位、多领域的对接模式和发展态势。就构成"一带一路"空间战略的境内外对接内容而言，"一带一路"境内外对接以沿线各国的发展形态和交互参与为前提，二者往往呈现出矛盾性的重叠与渗透。于经济层面，"一带一路"沿线国家大多是发展中国家，发展潜力巨大，发展多元且需求强烈，基础设施落后成为相对的短板，经济发展动力匮乏。另一方面，资源禀赋各异，优势特点不同，经济互补性较强，存在着彼此合作的潜力与空间。于政治层面，境外各国发展道路不尽相同，政治模式多元，某些国家政局不稳，长期内乱和动荡，安全上亦有隐患，恐怖活动在一定范围内存在，以此构成了"一带一路"建设的挑战和风险。于文化层面，"一带一路"境外沿线各国文化多样，多元文化区域的历史形成与发展积淀导致彼此之间的文化冲突与文化博弈从未间断，"一带一路"倡议旨在增进沿线各国人文交流与文明互鉴，倡导和衷共济前提下的"和而不同"，尊重彼此的风土人情与宗教信仰，促进多元文明之间的对话，达成各国人民的心心相通。就此而论，"一带一路"境内外对接的空间形态体现了共商、共建、共享的开放与包容。"一带一路"不是中国一家的独奏，而是沿线国家的合唱。建设"一带一路"，中国将竭尽所能，充分发挥资源、能源、产能、资金、技术等方面的优势，积极与沿线各国进行战略和项目对接，促进文明互鉴的相向而行。

"一带一路"境内与境外的空间对接不仅突破而且建构了区域发展新模式。早期的经济特区、沿海开放战略、长江经济带以及自贸区等发展模式，都是以单一区域为发展突破口，人为造成中西部区域发展的差异化分割。"'一带一路'将突破点状、线状、块状的单一区域发展，横向、纵向贯通各省区，赋予我国内部产业互动升级、经济转型发展的良机。"①从另一角度来看，促进我国东中西部有效联通，实现国内一体化，将为"一带一路"提供战略支撑，有助于建构多向开放格局、调整产业功能布局和优化能源安全格局。近年来，国家大力推动拓展区域发展新空间和完善区域发展新格局，先后提出打造"两横三纵"的城市化战略布局、"四大板块"和"三大支撑带"区域布局。这些区域发展新构想将加速实现国内一体化，从而服务和助力于"一带一路"建设。"一带一路"战略通过建构全方位对外开放新格局，将重塑中国经济地理构成与地缘关系组合。从中国区域发展战略层次来看，先是推动沿海地区率先发展，后是西部大开发、全面振兴东北老工业基地、大力促进中部地区崛起。"一带一路"建设、京津冀协同发展、长江经济带三大发展战略的提出，为"十三五"规划形成"4+3"新的区域发展总体战略2.0版本奠定基础，使东中西一体化、南北一体化、国内国际一体化的格局更加突出，在进一步重塑中国经济地理的同时，也向外全面拓展，推动重塑世界经济地理。②受地理区位、资源禀赋、发展基础等因素影响，"一带一路"境内国土开发格局呈现东快西慢、海强陆弱的非均衡特质，而"'一带一路'将构筑新一轮对外开放的'一体两翼'，在提升向东开放水平的同时加快向西开放步伐，助推内陆沿边地区由对外开放的边缘迈向前沿"③。受此影响，打通向西开放的通道，使其成为"一带一路"境内国土空间布局的组成部分，将极大地助力于均衡国土空间的形塑，由此带动中西部相关省份的开放步伐。

三、二位一体的战略支点

战略支点是支撑、筹划和指导战略全局的中心点或关键点。一般认为，战略支点包含两大要素——地域节点与合作内容。由战略节点和战略内容共同构成的战略支点，指向了节点与内容的交互并存和相互支撑。二位一体的战略支点，以战略内容凸显战略节点，以战略节点承载战略内容，支点与内容的

---

① 姜睿.以上海为核心节点的"一带一路"等国家战略整合机制探索[J].现代经济探讨，2015，(4)：54.
② 参阅胡鞍钢."一带一路" 经济地理革命与共赢主义时代[N].光明日报，2015-7-16(11).
③ 高虎城.深化经贸合作共创新的辉煌[N].人民日报，2014-7-12(11).

辩证，相续着"一带一路"战略关系的空间延伸。就地域节点而言，"一带一路"贯穿亚欧大陆，将亚太经济圈与欧洲经济圈联结起来，并辐射待开发的亚欧大陆腹地和非洲经济圈。沿线国家、城市、港口等空间单元构成了"一带一路"区位节点，其中陆上以沿线中心城市为节点，海上以沿线重点港口为节点。就合作内容而言，"一带一路"旨在推动沿线各国在基础设施、产业体系、贸易、资本、人才、服务、文化等领域合作，以合作内容为支点推进共建"一带一路"。就此而论，地域节点与合作内容形成了"一带一路"二位一体的战略支点，一方面在地理空间上进行辐射和拓展，另一方面在合作内容上发挥引领与支撑。

地域节点与合作内容构成了"一带一路"空间战略的意谓与意旨。地域节点相对于地理空间而存在，是空间区位的重要因素。"一带一路"覆盖区域横跨亚欧非三大洲，途经60多个国家和地区，因而具有明确的地理区位和空间走向。具体而言，"一带一路"地域节点指谓丝绸之路经济带和21世纪海上丝绸之路沿线经过的区域、国家和地方，包括省、自治区、中心城市、重点港口等。地域节点以中心城市与重点港口为重点，把"一带一路"沿线区域连接起来，发挥着关键的支撑作用。与地域节点相系，合作内容是"一带一路"另一重要战略支点。作为"一带一路"建设的实质与重点，"政策沟通、设施连通、贸易畅通、资金融通与民心相通"构成了"一带一路"的合作内容，并以此为支撑推进战略实施。在此意义而言，"一带一路"既要依靠沿途关键的地域节点，发挥连接和交互作用，又要通过开展具体的合作项目，实现共创共建，从而为沿线各国带来实实在在的利益。

"一带一路"空间战略以区域、国家、城市作为主要地域节点，其核心部分是具有特殊地位的城市。在全球一体化的空间重组中，城市以区域的融合与发展为指向，形成了地域性综合体的核心，城市逐渐演变为具有区域特质的城市，而区域逐渐发展为以城市为中心的区域。城市作为节点演化的城市走廊延伸至巨型城市的支点，演变为最高层次的城市空间区域。由此出发，就"一带一路"战略的地域节点而言，陆上走向依托国际大通道，以沿线中心城市为支撑，海上以重点港口为节点。

丝绸之路经济带共有四条线路：北线、中线、南线和东南亚线。丝绸之路经济带北线，即第一亚欧大陆桥，是实际运行的货运国际班列线路，主要节点城市为北京、平壤、首尔、莫斯科、乌兰巴托、明斯克、华沙、柏林、鹿特丹等；丝绸之路经济带中线主要涵盖欧亚大陆桥经济走廊及中国—中亚—西亚经济走廊的主要部分，主要节点城市为西安、兰州、乌鲁木齐、阿克托盖、德黑兰、第比利斯、巴库、基辅、华沙等；丝绸之路经济带南线是始于中国深圳、昆明，经过孟加拉、印度、伊朗、土耳其等地，终于荷兰鹿特丹的第三亚欧大陆桥，主要节点城市为深圳、昆明、仰光、达卡、加尔各答、安卡拉、索菲亚、布达佩斯、布拉格、阿勒颇、特拉维夫、开罗；丝绸之路经济带东南亚线与泛亚铁路的设想框架基本吻合，涵盖中国—中南半岛经济走廊，主要节点城市为昆明、万象、曼谷、河内、金边、吉隆坡、雅加达。21世纪海上丝绸之路自中国沿海港口，即环渤海、长江三角洲、东南沿海、珠江三角洲、西南沿海5大港口群南下中国南海后，途经东南亚、南亚、非洲、欧洲各国及其主要港口城市，主要重点港口城市为泉州、福州、广州、海口、北海、河内、吉隆坡、雅加达、科伦坡、加尔各答、内罗毕、雅典、威尼斯。[①]

就"一带一路"境内节点而言，多个关键点对接与支撑。"陆路核心区"节点—新疆，"海路核心区"节点—福建，"带路衔接"节点—广西，"政治与文化"节点—北京，"两圈两廊对接"节点—天津，"金融与创新"节点—上海，"贸易龙头"节点—广东，"文化丝路"节点—山东，"内陆腹地"节点—河南，"中蒙俄经济走廊"节点—辽宁，等等。

相系于地域节点，就合作内容而言，基础设施、能源、投资、贸易、金融、旅游、教育、科技等合作重点构成了"一带一路"的内容支点。就合作内容的目标而言，"一带一路"旨在通过沿线地域节点连接城市、国家、区域等空间层级，在政策交流的前提下，加强基础设施大规模投资，在世界更大范围内推动跨境贸易与促进资金流通，带动人口卷入和分工细化，由此达到"政策沟通、设施连通、贸易畅通、资金融通与民心相通"的目标。就合作内容的展开而言，在政策沟通方面，加强政策沟通是"一带一路"建设的重要保障。政策沟通意味着加强政府间合作，就经济发展战略和对策进行交流对接，协商解

[①] 参阅杨言洪."一带一路"黄皮书2014[M].银川：宁夏人民出版社，2015：1-5.

决合作中的问题，为合作和项目提供政策支持等途径实现政策沟通。在设施连通方面，基础设施互联互通是"一带一路"建设的优先领域。设施连通意味着以完善交通基础设施、能源基础设施和通信网络设施为重要抓手，完善道路和交通设施、设备，提升道路通达水平；维护输油、输气管道等运输通道安全，推进跨境电力与输电通道建设；推进跨境光缆建设，畅通信息丝绸之路，扩大信息交流合作。在贸易畅通方面，贸易畅通是"一带一路"建设的重点内容。贸易畅通意味着加强贸易和投资方面的合作，扩宽贸易领域，优化贸易结构，挖掘贸易新增长点，促进贸易平衡、创新贸易方式；加快投资便利化，消除投资壁垒，拓展投资领域，探索投资合作新模式；推动新兴产业合作，优化产业链分工布局；等等。在资金融通方面，资金融通是"一带一路"建设的重要支撑。资金融通意味着深化金融合作和加强金融监管合作，就金融合作而言，扩大沿线国家双边货币互换、结算的范围，推进亚投行和丝路基金的筹建和运营；在金融监管方面，建立高效监管协调机制，构建区域性金融风险预警系统，发挥丝路基金及各国主权基金作用；等等。在民心相通方面，民心相通是"一带一路"建设的社会根基。民心相通意味着围绕文化交流、学术往来、人才交流合作、媒体合作、青年和妇女交往、志愿者服务等核心内容，通过互派留学生和开展合作办学，加强旅游、医疗、科技、民间组织交流和合作以及开展各类公益慈善活动等方面，为深化双多边合作奠定坚实的民意基础。合作内容是"一带一路"的重要战略支点，也是带路建设的实质和精髓，各领域合作项目的谈判和实施支撑着"一带一路"建设。近年来，中国政府积极推进"一带一路"，加强与沿线国家沟通和磋商，推动务实合作，目前在基础设施互联互通、产业投资、资源开发、经贸合作、金融合作、人文交流、生态保护、海上合作等领域推进了一批条件成熟的重点合作项目。

"一带一路"境内各个关键节点有其独特地位和优势，在投资贸易、政治、金融、能源、产业、文化、科技等领域对接"一带一路"战略。作为丝绸之路经济带核心区的新疆，地处丝绸之路经济带大通道的必经之地，与周边8个国家接壤，基础设施、物流和经贸投资合作与人文交流构成新疆重要对接内容，其中设施联通是重点工作，经济合作和务实项目是主轴与支撑，人文交流是桥梁。作为21世纪海上丝绸之路核心区的福建，在对接"一带一路"

上有很大的潜力和优势。福建拥有优越的地理区位和海洋资源，其山海相连的地理特点赋予了福建在发展海洋经济和推动海洋合作方面有着得天独厚的优势。因此，构建海岸合作网络、海峡合作网络和海外合作网络，是福建对接21世纪海上丝绸之路的重要内容。广西作为丝绸之路经济带和21世纪海上丝绸之路的有机衔接门户，在对接"一带一路"上的作用不可小觑。构建更有活力的开放型经济体系，扩大和深化同东盟的开放合作，构筑沿海沿江沿边全方位对外开放平台，在政策、口岸、园区和金融等方面与沿线国家进行合作，是广西统筹对接"一带一路"的重点。北京和天津是京津冀地区的重要城市，也是对接"一带一路"的重要支点。北京要以打造"一带一路"国际政治文化大都市为契机和目标，在政治和文化上对接带路，于政治上发挥其全国政治中心的作用，与沿线国家在战略和政策上保持密切的联系和沟通，于文化上充分凸显历史文化名城的优势，借助丰厚的文化资源参与带路对接。作为京津冀地区的重要侧翼，天津在对接"一带一路"上同样扮演着重要的角色，通过打造先进制造研发基地和建立东北亚港口联盟对接首都经济圈与环渤海经济圈，通过"两桥""三口""自由贸易区"等优势与中蒙俄经济走廊和新亚欧大陆桥经济走廊进行对接，是天津对接"一带一路"的重要举措。作为"一带一路"的桥梁和枢纽，上海的地理区位十分重要，金融和创新是上海对接"一带一路"的发力点，对接带路时强调以经贸投资为突破口，以金融开放为核心，以基础设施建设为支撑，以人文交流为纽带。广东是中国大陆与带路沿线国家经贸合作量最大的省份，决定了其以投资贸易合作作为重点对接"一带一路"。因此，以扩大对外开放为着力点，加强对港澳、海洋乃至世界开放，努力提升对外开放水平，实施创新驱动发展战略，以创新驱动作为经济结构调整和产业转型升级的核心战略和总抓手，优化经济和产业结构，是广东对接"一带一路"的重要内容。作为文化大省，山东对接"一带一路"的优势和特色体现在文化上，打造21世纪文化丝路是山东对接"一带一路"的重要内容。因此，山东需以文化为主线，以旅游、教育、科技、文化、社会事业等方面作为切入点，通过文化对话和文化交流，为深化与沿线国家之间的合作奠定民意基础。作为中原大省，河南地理位置优越，是"一带一路"寻求中路突破的必经之地。在对接带路上，河南需积极行动起来，以打造内陆开放型经济高地为突破点，通过物流通道枢纽盘活优势资源，加快推动中原城市群建设，释放人口红利和产业活力，从而助力"一带一路"战略。[1]除了以上节点，"一带一路"还途经和辐射众多省份和城市，这些沿线节点也是带路支点链上不可或缺的一环，共同支撑"一带一路"建设。因此，各地需积极抓住"一带一路"这一难得的战略机遇，充分发掘自身的特色和优势，并在此基础上参与共建，从而对接和助力带路建设。

不管是现实空间的延伸，还是合作内容的推进，"一带一路"蕴含着广泛和丰富的战略意义，其"战略意义不仅局限于经济领域，通过密切经贸联系基础之上所形成的政治互信、文化交流、安全合作，对于中国继续走和平崛起发展道路，应对错综复杂的国际环境与地区形势，无疑具有重要而迫切的战略意义"[2]。共建"一带一路"，既有利于推动沿线各国战略的对接与耦合，又有助于促进深度合作，共同打造政治互信、经济互通与文化互融的人类命运共同体，最终让各国人民相逢相知、互信互敬，共享和谐、安宁、富裕的生活。

第三节
"一带一路"的文明互鉴

文明指谓人类社会摆脱蒙昧、野蛮的开化与进步状态，体现着人类在改造客观世界和主观世界过程中创造的物质财富和精神财富的程度。[3]作为人类社会文明开化程度的标志，文明就宽泛的意义而言意指文化，二者均投向了与自然相对的人类活动，投向了与人类实践相关的物质和精神成果。文明互鉴是不同文明之间的彼此承认、平等交往、理解沟通的优势互补。作为物质形式与精神内核的现实承载，文明互鉴的文化涵化抽象了文明形态的内在价值与外在表征。在现实性上，文明形态之所以延展和相续，其内在的文化精神与外在的文

---

[1] 参阅赵可金"一带一路"调研的系列报告，凤凰国际智库，2015—2016年。
[2] 王志远."丝绸之路经济带"的国际背景、空间延伸与战略内涵[J].东北亚论坛，2015，(5)：34.
[3] 参阅宋希仁，陈劳志，赵仁光.伦理学大辞典[M].长春：吉林人民出版社，1989：197.

化模式相互交织,不可或缺。"一带一路"沿线国家与地区"由于遭遇外部环境的挑战不同,文化禀赋的不同,思维趣向的不同,不同的民族呈现出不同的文明景观"[①],由此构成了丰富多彩的文明形态与文化实存。作为国家发展与对外开放的总体战略,"一带一路"不仅是互联互通的经济战略,而且是文明互鉴的文化战略;不仅具有明晰的空间定位,而且具有确定的价值表达。其战略归旨的空间释放,不仅指向了命运共同体、利益共同体、责任共同体、生态共同体的战略目标和共商、共建、共享的战略范式,而且指向了经济基础之上、政治中介之下、文化导向之中的战略关系。其中,文明进步的历史使命、合作共赢的创设原则、关系共演的层次连接,以战略目标、战略范式和战略关系的空间集聚,演绎着"一带一路"文明互鉴的文化图景。

一、文明互鉴的战略目标

目标是人们在各种活动中所预期和追求的客观标准在主观上的超前反映,是人们为了满足自身需要而产生的一种期望。[②]目标表现为战略指向的结果或旨在达到的一种期许,并在现实性上集目的性和指向性于一体。受此影响,在本原的目标诠释上,"一带一路"战略蕴涵着互相融合、共同繁荣、休戚与共的价值旨趣,指谓着人类社会相向而行的终极向往。作为"一带一路"战略指向的文明互鉴,其目标旨在构建命运共同体、利益共同体、责任共同体和生态共同体。从社会学的意涵出发,所谓共同体,是为了特定目的而聚合在一起生活的群体、组织或团队。共同的目标构成了共同体生成的前提,身份的认同构成了共同体确立的基质,归属感的形成构成了共同体维系的纽带。源于传统相系的历史沿革和命运相济的目标指向,中国与沿线各国承担着共同的社会责任,共享着现实的发展利益,合力形塑自然空间与社会场景平衡的区位、结构与权力。就此而言,中国愿与沿线各国各地区合力打造政治互信、经济相融、文化包容的命运共同体、利益共同体、责任共同体与生态共同体。

命运共同体是基于共同命运基础上的人类共同体。命运共同体以谋求各国

---

① 薛俊清.文明之间为什么需要交流互鉴[N].光明日报,2014-10-12(7).
② 车文博.心理咨询大百科全书[M].杭州:浙江科学技术出版社,2001:530.

共同发展为目标，在肯定共同命运的过程中形成身份认同，最终通过相互承认与视域融合获得归属感。打造"一带一路"命运共同体，连接区域、国家、地方为主要表现形式的空间单元，以实现和衷共济的相向而行，既是中国对外开放最高层次的战略目标，又是沿线各国文明互鉴最高形式的价值表达。"新的睦邻、安邻、富邻主张是在中国快速崛起为一个有影响力的新兴大国的背景下提出的，它在中国'一带一路'战略的实施中被赋予了构筑'命运共同体'的重要使命。"[①]2000多年前，中国与亚欧非其他国家开始了频繁的贸易往来和人文互动，"和平合作、开放包容、互学互鉴、互利共赢"的丝路精神在促进沿线各国繁荣发展的同时，推动了人类文明前进的步伐；2000多年后的今天，中国再续绵延千年的丝路精神，提出"一带一路"倡议，"一带一路"把中国与沿线各国的命运紧紧地连接在一起，通过互联互通的发展机遇，发挥各国的优势和特点，彼此进行合作共建，共同打造同呼吸、共发展的命运共同体。命运共同体指向五个层面，即政治层面"讲信修睦"、经济层面"合作共赢"、安全层面"守望相助"、文化层面"心心相印"、对外关系层面"开放包容"。"一带一路"沿线国家大多是发展中国家，发展程度不高，基础设施建设落后，发展潜力巨大，发展需求强烈。"一带一路"倡议的提出，既为沿线各国通过经济互补和资源共享构建互联互通合作网络提供平台，又为各国经济崛起和现代化建设带来机遇。受制于具体的时空差异，部分国家呈现出不平衡和不稳定的发展态势，政治动荡、经济发展迟缓，国内矛盾时有发生。同样受制于历史传统、行为习俗、宗教信仰等差异，部分地区呈现出文化交往的偏见与隔阂。不同文明之间的交往互鉴，以彼此承认、平等交往、理解沟通达成的优势互补，表征着"一带一路"相向而行的战略意涵。"一带一路"旨在通过对话平台进行多元文化的交流与融通，消减和演化多元交往的摩擦与冲突，在民心相通的基础上开展经济合作与往来，以此推动互惠共赢的国际合作，从而筑构和衷共济的命运共同体。

利益共同体是基于共同利益基础上的人类共同体。利益共同体以打造各国共同利益为目标，在合作共赢的过程中形成身份认同，最终通过荣损与共同利

---

① 李晓，李俊久.一带一路与中国政治经济战略的重构[J].世界政治与经济，2015，(10)：42.

益相连获得归属感。利益共同体是"一带一路"文明互鉴的基本目标与现实蓝图。作为"一带一路"战略目标的直接表征,打造"一带一路"利益共同体是中国在复杂多变的国际政治经济背景下参与全球治理、开展国际合作的共赢构想;作为彰显多边利益诉求的合作愿景,打造"一带一路"利益共同体是全球多维空间格局下沿线各国积极探寻新的合作机遇与合作模式的战略目标。复杂而多变的国际形势呈现出经济政治发展失衡、两极分化严重的特质,世界格局面临调整与重塑,新的国际形势促使各国积极寻求经济发展的增长点和利益共融的契合点。"一带一路"战略通过经贸、投资、金融等重点项目的开发与共建,致力于在新的时代背景和国际环境下打造新的利益链条,把"一带一路"沿途区域、国家和地方各层级连接起来,构筑开发、包容、均衡、普惠的利益共同体。相异于零和竞争和霸权主义的发展理念,利益共同体凸显各方利益相互渗透、相互融合,彼此风险共担、利益共享,在利益共同体归旨下,沿线各国共同构建平等友好的合作关系和互惠共享的利益关系。"一带一路"横跨亚欧非三大洲,沿线国家优势与特点迥异,利益互补性强,合作潜力巨大。为此,沿线各国立足于互利共赢的务实合作,加强彼此利益的融合,将潜在经济的互补转化为现实发展的推动力,充分挖掘各国发展潜力,有助于深入开展合作,共享发展成果与利益,形成利益对接与利益融合的国际合作新格局。

  责任共同体是基于共同责任基础上的人类共同体。责任共同体以承担共同责任为目标,在明确责任诉求的过程中形成身份认同,最终通过责任担当与履行义务获得归属感。共建"一带一路",沿线各国命运相系、利益相融,又承担着共同的责任。打造责任共同体,是推进"一带一路"文明互鉴的前提,也是维护和实现各国广大利益的保障。责任共同体实质意指担当意识和使命意识,树立责任共同体目标,体现了中国与沿线各国共建"一带一路"的责任担当与时代使命。马克思在《政治经济学批判(1857—1858年手稿)》中指出:依赖于公共水利设施的生产方式不仅构成了中国长期"大一统的条件",也使中国成为一个"天然的共同体"。因此,现代中国的命运或者使命便是为了维护这个古老的共同体,中国人民就必须为创造一个新的人类共同体而斗争。[①]作

[①] 韩毓海.为什么要一起读马克思[N].光明日报,2015-5-12(11).

为新兴崛起的大国,中国始终坚守"平等互利、包容互鉴、共同发展"基本原则,积极主动承担与自身国力等同的责任,尽己所能向有困难的国家和地区提供援助与支持。共建"一带一路",既是全球空间格局下国际政治经济秩序重塑的过程,又是广大发展中国家合作共赢、实现繁荣发展的难得机遇;既有利于促进沿线各国的经济合作、文化交流与文明互鉴,又有助于推动国际局势稳定与和谐。"一带一路"建设不仅需要沿线国家达成战略共识,也需要一个和平稳定的周边环境与地区局势。受制于历史和现实的诸多因素,"一带一路"沿线国家面临内外双重风险和挑战:在内部,西亚和中东地区政局不稳,内乱与动荡时有发生,一定范围的恐怖活动构成了"一带一路"建设的潜在风险;在外部,围堵和干扰、偏见与隔阂在某些特定情境下有可能被激活,由此引发政治、经济、安全上的隐患。有鉴于此,"一带一路"建设的推进需要沿线国家责任意识的深化,尽最大可能求同存异、相向而行,在命运共同体的基础上、在利益共同体的向度中明晰沿线各国的共同责任,在有助于"平等互利、开放包容、共同发展"的前提下,积极主动承担与自身国力相等的责任。

生态共同体是基于生态平衡基础上的人类共同体。生态共同体以构建人与自然的融合为目标,在打造区域生态安全格局的过程中形成身份认同,最终通过协调发展与和谐共生获得归属感。生态共同体以和谐共生为意旨指谓人类、自然、社会于完整统一体中彼此共存与发展的和谐状态。作为人类社会演化的发展方向,和谐共生是"一带一路"文明互鉴的重要指向;作为社会文明的发展情境,生态文明指谓人类、自然与社会持续发展、良性循环和共荣共生;作为人类社会与自然空间相统一的发展实体,生态共同体凸显了"一带一路"建设的新目标和新理念。以履行生态责任、保护生态环境为手段打造生态共同体,既是"一带一路"倡议的价值目标和战略旨趣,又是沿线各国共同的努力方向与应尽义务。借助"一带一路"建设推进全球生态治理与可持续发展,不仅延伸了全球空间格局下各国经济发展、政治交往、文化交流的领域与内容,也充分彰显了"一带一路"文明互鉴的本质内涵和时代意蕴。共建"一带一路",沿线各国在致力于人类社会飞速发展的同时,关切人、自然与社会的和谐平衡发展,有助于推动全球生态治理与世界范围内的可持续发展。"人类并不是由和谐走向对抗,由和平走向冲突;而是由对抗走向共生,由冲突走向和谐。"[①]作为内置于未来全球环境与社会发展之必然,"一带一路"战略致力于在历史延续和现实交汇的同一时空中,通过生态治理与环境保护,将人与自然发展所寄寓的场所打造为以和谐共生为情境的生态共同体。

命运共同体、利益共同体、责任共同体和生态共同体构成了"一带一路"文明互鉴的总体目标,从命运共同体始步,到利益共同体、责任共同体和生态共同体的逐层延伸,达成了相向而行的层次对接。其中,命运共同体构成了文明互鉴战略目标的前提,利益共同体构成了文明互鉴战略目标的基石,责任共同体构成了文明互鉴战略目标的导向,生态共同体构成了文明互鉴战略目标的情境,四者相互依存、相互共演,于文明互鉴中演绎共生、共存和共进的目标关系。

二、文明互鉴的战略范式

范式涵指事物发展的方向、趋势和模式。在库恩看来,范式决定着共同体成员的自然观、世界观和价值观,进而形成其特有的信念和价值标准。范式所指谓的信念规定了主体共同的基本理论、基本观点和基本方法,并为其提供了基本的理论模型和解决问题的框架,因而形成一种共同的传统和事物的发展方向。[②]范式存在的特殊性和重要性在于从本原上限定特定事物的前进方向和创设原则,"一带一路"的战略范式从根本上规定了文明互鉴的现实场景。在此范式的框架下,共商、共建、共享的全球治理理念是"一带一路"文明互鉴的发展方向,其价值体认的现实表达不仅立足于中华文明的价值传统,而且适用于具体时空条件下国家与地区间生产与建构的空间向度。国际社会对"一带一路"倡议的认可和参与,是对新型区域社会经济发展理念的认同。在共商、共建、共享的全球治理理念引导下,与世界各国文明互鉴、相向而行,打造人类社会发展的命运共同体、利益共同体、责任共同体和生态共同体。

共商原则是"一带一路"文明互鉴的前提和保证。共商即集思广益,在"和文化"理念的涵化下,兼容并蓄,推动多元文明的对话磋商,强调参与

---

① 明浩."一带一路"与"人类命运共同体"[J].中央民族大学学报(哲学社会科学版),2015,42(6):29.
② 石磊,崔晓天,王忠.哲学新概念词典[M].哈尔滨:黑龙江人民出版社,1988:192.

主体和平相处，和谐共生，积极构建自由、开放、包容的国际合作新秩序。"君子养心莫善于诚，致诚则无它事矣，唯仁之为守，唯义之为行。"(《荀子·不苟》)共商原则兼顾参与各方切身利益和现实需求，凸显了东方智慧的指导意义。"一带一路"战略范式以互尊互信、平等合作、开放包容为核心，强调各参与主体在政治、经济和文化上彼此平等，尊重各国选择的发展道路，正视各国当下的发展程度，消解发展权利和发展地位之别，彼此平等、互尊互信。共商原则意味着参与主体的彼此承认，导引文明发展差异和历史进程分歧的消解；共商原则意味着平等交往，尊重彼此文化的精华与结晶；共商原则意味着理解沟通，各美其美、和而不同；共商原则意味着优势互补，共同构建共同体互信的场域。在包容的共商中寻找"我们"的归属，在互鉴的交往中明晰"他者"的向度，在传统与现实的连接中形成战略共识，实现相向而行的关系共演。

共建原则是"一带一路"文明互鉴的基础和方式。共建即博采众长，在应对客观环境挑战中形成责任共同体，以全球化的眼光、心怀天下的包容和惠及世界的责任，积极参与和推进"一带一路"建设。共建原则意味着参与主体间的彼此承认，在互信的基础上承担彼此的责任；共建原则意味着平等交往，在合作的基础上发挥彼此的潜能；共建原则意味着理解沟通，在强弱之分消解的基础上寻求彼此之间的价值体认；共建原则意味着优势互补，在互惠互利的基础上美人之美、各尽所能。在共建的情境中展现互联共通的意旨，沟通从"我"到"我们"的渠道，促进彼此共进的开放，形塑"我们"与"他们"联系的共存。在恪守联合国宪章的基本宗旨和总体原则下，遵守和平共处五项原则，进行开放合作、公平竞争的共建，坚持和谐包容、共同发展的并蓄，尊重共建道路、发展模式的选择，加强共建过程中的对话与交流。"一带一路"的共建以市场运作为基础、以市场法则为遵循、以国际通行规则为规范，兼顾各方利益和关切，体现共建的智慧和创意，发挥各方优势和潜力。

共享原则是"一带一路"文明互鉴的动力和归旨。共享即惠及各方，以参与主体建设成果的共享、互惠共赢的实现、共同发展的繁荣，旨在寻求各方利益的契合点，形成利益共同体。共享原则意味着彼此承认，即各参与主体物质关系和经济利益一致性的相互承认；共享原则意味着平等交往，即利益的分享源于平等合作的最大公约数；共享原则意味着理解沟通，即分享的利益需要彼此的佐证，在理解沟通中达成；共享原则意味着优势互补，即以比较优势的共融共通实现利益最大化。在共享的氛围里，促进沿线各国经济繁荣与区域合作成果的普惠，造福于各国人民。就此而言，利益的分享源于各文明形态整体利益的最终通约，缩影于共同体利益关系的本源与意蕴，求解着各空间主体利益诉求与利益维系在"一带一路"推进中的满足，演变着战略发展与利益客体承载指向多元一体的价值摹画，互动于多元空间主体利益行为复杂多变的合解与合题。实现沿线各国大发展大繁荣，进而推动亚欧大陆和平稳定发展，既是"一带一路"倡议设想的本源初衷，也是文明互鉴、相向而行的战略旨趣。这一愿望的最终达成，表征着"一带一路"建设在发展成果中的共享，各国人民相逢相知在互信互敬中的形成，和谐安宁的幸福生活在共融共通中的达成，合作共赢的基本取向在价值追求物化中的实现。"一带一路"建设共享原则旨在实现沿线国家的共同发展，以共建成果的物态化转换和现实分享拓宽合作领域，以建设项目和合作重点的多元分殊凸显文明互鉴的价值归旨。

"一带一路"战略范式从共商到共建到共享，指谓了命运共同体、利益共同体、责任共同体和生态共同体成员所共有的理念、共有的精神导引的"一带一路"建设之价值、技术、信念、追求所构成的整体。作为"一带一路"战略范式的"学科基质"，它以和衷共济的符号概括、共同承诺的文明理念与满足需要的价值交汇，追求共商、共建、共享现实演进中的范例。其中，共商是共建与共享的前提和保证，共建是共商与共享的基础和方式，共享是共商与共建的动力和归旨，既是对立统一的价值原则，又是和谐并蓄的理念追求。在和平与发展的时代格局中，"一带一路"建设以共商引领区域发展，以共建包容治理模式的创设，以共享变革全球空间格局，以共商、共建、共享推动更大范围、更高水平、更深层次的开放、交流、融合，从理论上彰显"一带一路"互惠互利、共同繁荣的发展目标，从现实性上体现"一带一路"文明互鉴、相向而行的价值追求。

三、文明互鉴的战略关系

"一带一路"是以文化为导向的国家发展战略与对外开放战略，相向而行的的价值归旨以文明互鉴的关系聚合,指向了战略目标的本原。其中,"设施连通、贸易畅通和资金融通"指向经济目标,以互利共赢的价值实现为基础;"政策沟通"指向政治目标,以互尊互信的现实达成为中介;"民心相通"指向文化目标,以包容互鉴的共时推进为导向。由此出发,相向而行的"一带一路",集聚为互利共赢的经济战略、互尊互信的政治战略和包容互鉴的文化战略,三者互相支撑、互为前提、彼此转化,以此构成了文明互鉴的关系共演。作为基础的经济战略、作为中介的政治战略和作为导向的文化战略,从另一侧面印证了"一个国家的福利以及它参与竞争的能力取决于一个普遍的文化特性,即社会本身的信任程度"[①]。就此意义而言,"一带一路"文明互鉴的价值表达,不仅指向经济的共建与共享、政治的共商与共赢,更意指文化的共鸣与共通,由此彰显文明互鉴的文化之意和相向而行的本真之维。

"设施连通、贸易畅通和资金融通"指向"一带一路"战略的经济目标,它以互利共赢的价值实现为基础,支撑"一带一路"文明互鉴的相向而行。互利共赢的经济战略是"一带一路"空间战略的现实基础,作为"一带一路"直接指向的本质表达,互利共赢的经济战略以"设施连通、贸易畅通和资金融通"影响全球空间格局经济区位的重塑,由此推动均衡普惠的经济结构变革。"一带一路"沿线所涉国家多为发展中国家,经济发展潜力、发展程度和发展诉求在空间结构上呈现出共时态的规模与态势,趋同的发展境遇构成了文明互鉴的发展区域与相向而行的生产空间。"一带一路"空间拓展的现实延伸与结构变动的基础性演化诠释着沿线各国命运相同、利益并蓄、文明交融的关系共演,并从物质层面涵化着空间区域经济支点之间的"设施连通、贸易畅通和资金融通",达成文明互鉴的相向而行。

"一带一路"空间区位、空间结构指谓空间权力的复杂多元,构建开放、多元、公平、互通的地区经济新秩序是"一带一路"经济战略的根本目标。区域经济秩序的变革"需要更有效、更灵活地运用市场和经济资源去开拓中国与周边及世界的外交新局面,其目标在于塑造一个由强调互利共赢上升到追求身

[①] 弗朗西斯·福山.信任:社会美德与创造经济繁荣[M].彭志华,译.海口:海南出版社,2001:8.

份认同的中国周边'命运共同体'和新型地区秩序"[1]。就"一带一路"经济战略的要求而言,"设施连通、贸易畅通和资金融通"构成了沿线各国经济合作的重点内容。其中,基础设施互联互通是优先领域,贸易合作互通是重点内容,资金融通互补是重要支撑。以"设施连通、贸易畅通和资金融通"为支撑的经济合作既意谓经济战略的理论意义与现实蕴涵,又表征沿线各国构建互利共赢利益共同体的美好愿望。在"一带一路"实践推进下,中国主要依托现有经济合作机制,发挥"一带一路"经济合作与交流的引领作用,从而构建均衡普惠的国际经济合作新格局。但是,"中国的目的不是要另起炉灶,而是希望改革现行体系,以便更好地反映并适应世界经济新的格局"[2]。就此而论,"一带一路"经济战略旨在追求各国利益相融、互利共赢,由此构建更加公正合理的世界经济秩序。

"政策沟通"指向"一带一路"的政治目标,它以互尊互信的现实达成为中介,支撑"一带一路"文明互鉴的相向而行。互尊互信的政治战略聚焦政策沟通和战略对接,是"一带一路"战略的现实中介,致力为沿线各国推进合作提供政治共识与机制保证。"一带一路"以坚实稳固的政治共识为介体,既是沿线各国文明互鉴的价值表征,又是相向而行的体制保障;既是空间权力的战略协调,又是利益拓展的必要前提。"一带一路"政治战略是传统政治空间区位的拓展与延伸,贯穿亚欧大陆,以亚洲政治中心为始点,涵盖欧洲传统政治中心与实力强劲的北美政治中心,并投射中亚、南亚、西亚、北非等政治势力与敏感复杂的政治区域,旨在通过互联互通的共赢合作和包容互鉴的相向而行,重塑政治空间结构,进而构建互尊互信、平等合理的区域政治新格局。就此而言,"一带一路"政治战略着眼传统国家政治秩序,以政治互信、互利共赢为价值意旨,致力形塑国际政治空间新格局的同时,促进亚欧大陆政治空间结构的变革。

加强"一带一路"沿线国家政策沟通与战略对接,是构建互尊互信政治战略的基本途径。就政策沟通而言,沿线各国须加强政府间合作,充分发挥政

---

[1] 高程.从中国经济外交转型的视角看"一带一路"的战略性[J].国际观察,2015,(4):40.
[2] 黄益平.中国经济外交新战略下的"一带一路"[J].国际经济评论,2015,(1):52.

党、议会交往的桥梁作用，构建宏观政策交流机制；就战略对接而言，各国须针对战略和对策进行充分交流，共同协商解决发展困难，从而促进政治互信、利益共融。有效的政策沟通和战略对接，既有助增进彼此政治共识，夯实互尊互信的政治基础，又能为经济合作与文化互鉴提供方向引领和价值导向。有鉴于此，共建"一带一路"，互尊互信的政治目标是沿线各国的共同诉求，旨在以文明互鉴为归要充当经济互动与人文交流的介质，为合作项目的推进与建设提供高层对话和交流机制。中国提出"一带一路"倡议，决不是为了谋取自身特殊的政治利益或安全利益，而是在平等互信的基础上与各国一道开展合作，共同实现发展和繁荣。就此意义而言，沿线各国应以互尊互信的政治沟通为中介，开展高层互动与战略对话，推进共建"一带一路"。

"民心相通"指向"一带一路"的文化目标，它以包容互鉴的共时推进为导向，支撑"一带一路"文明互鉴的相向而行。包容互鉴的文化战略是"一带一路"战略的价值导向，旨在为文明互鉴的历史传承与现实延续提供价值共识和精神引领。人类历史的延续与人类社会的演进涵化着丰富多彩的文明形式和文明态势，呈现出历时态的传承与共时态的并存。文化由历史所承载，内置于其中的精神支撑与价值导向导引着文明形态向更高程度发展。全球文化空间结构下，"'一带一路'不仅仅是一个空间概念和经济合作战略，它更是一个建立在历史文化概念影响基础之上的文化影响力概念。文化共识及价值认同的基础战略的地位与作用，成为'一带一路'战略的重要认知维度"[①]。"一带一路"倡议将沿线国家的历史、现实与未来通过文化相通维系在一起，凸显了多元的文化内涵和重要的文化意义。就此而论，"一带一路"倡议既是经济合作倡议、政治外交构想，更是文化相融蓝图，旨在增进沿线各国文化交融和价值认同，推动人类命运共同体、利益共同体、责任共同体与生态共同体的建构。

古丝绸之路所指向的文化精神历史演化为"一带一路"沿线各国现实的、共有的文化记忆。在"一带一路"推进下，努力促使各国开展文化沟通与交

---

① 李慧.新"丝路"要有新"思路"——透视"一带一路"文化战略维度[N].光明日报，2015-7-30（14）.

流，把中国梦、亚洲梦、欧洲梦和世界梦连接起来，是文明互鉴、相向而行的文化意蕴与价值旨趣，也是多元文明在相互借鉴中实现优势互补的必要途径。中国是"一带一路"经济战略与政治战略的提出者，也是文化战略的倡导者。汤因比曾预测，中国可能有意识地、有节制地融合中国文明与其他文明的长处，其结果可能为人类文明提供一个全新的文化起点。[1]黑格尔在谈论四大文明古国时也坦言："假如我们从上述各国的国运来比较他们，那么，只有黄河、长江流过的那个中华帝国是世界上唯一持久的国家。"[2]中华文明历史悠久，独具特色，一以贯之而从未断续，既为中华民族的生生不息发挥精神导引，也为人类发展与进步提供价值支撑。"一带一路"沿线国家各具文化特性与文明传统，多元文化的往来和互动既演化为开放、包容、互通的文明图景，又现实表征了"一带一路"境内外文化共鸣与共通的美好愿景。在这个意义而言，构建开放包容的文化战略，实现多元文化在相互承认、平等交往和理解沟通基础上的优势互补，是"一带一路"文明互鉴、相向而行的重要导引。

"一带一路"战略是中国统揽经济、政治、文化、外交和社会发展全局的总体方略，既体现了中国与沿线各国友好合作与互利共赢的愿望和决心，也彰显了"一带一路"境内与境外于文化层面互学互鉴、和谐共生的理想与期许。"一带一路"的文明互鉴，诠释着互利共赢的经济战略、互尊互信的政治战略和包容互鉴的文化战略以及三者之间的关系共演。中国愿同沿线各国一道，朝着互联互通的战略目标，在经济的基础之上、政治的中介之下、文化的导向之中实现更加开放、更高层次和更大范围的合作，在共商、共建、共享的范式下，共同打造政治互信、经济相融、文化包容的命运共同体、利益共同体、责任共同体与生态共同体。

---

[1] 张维为.西方的制度反思与中国的道路自信[J].求是，2014，（9）：50.
[2] 黑格尔.历史哲学[M].王造时，译.上海：上海书店出版社，2001：117.

第二章
"一带一路"历史演进的逻辑生成

"一带一路"倡议作为系统性的国家战略,内含历时态的时间与共时态的空间在结构上的统一与辩证,是整体性、层次性、功能性基质的历史呈现。在空间区位、空间结构和空间权力的共时中,"一带一路"的历时态变动在各个节点上的交集、碰撞和演化,指向了其作为空间战略的一部分产生、发展和演化的历史。其中,陆上丝绸之路、海上丝绸之路、陆海互动的传统场域,丝绸之路经济带、21世纪海上丝绸之路、带路相济的现实场景,构成了"一带一路"历史演进的纵轴;国际秩序在空间的集聚规模与态势,从威斯特伐利亚体系到凡尔赛—华盛顿体系,从联和国政治体系、关贸总协定与世界贸易组织、布雷顿金融体系,到和平发展、开放包容、互利共赢的区域合作架构和全球治理模式的新探索,构成了"一带一路"历史演进的横轴。继承发展的历史纵轴与国际秩序的结构横轴交互、渗透和演化,在历史与现实的映照下、在理论与实践的作用里、在文明互鉴的关系中,融通和生成了"一带一路"演进的历史逻辑、创新逻辑和发展逻辑。

第一节
历史纵轴中的丝绸之路

丝绸之路是指东起长安，经河西走廊、西域，至地中海沿岸，总长约7000公里的商贸通道。在2000多年的历史进程中，丝绸之路经历了两汉张骞的"凿空之旅"以及"三绝三通"，到唐朝的"四夷咸服"，宋朝的"陆尽海启"，蒙元的"四海一体"，明朝的"泰极否来"至清朝的"历史终结"。四通八达的丝绸之路似一个宏大的经济、文化磁场，把内陆与边疆、高山与平原、陆地与海洋、境内与境外、中央与地方以及不同民族、不同文化、不同信仰的人们联系在一起，从物质和精神两方面网罗与编织着人类生存空间。丝绸之路的选择源于人类不同文明之间的相互吸引，它不仅是对中西方经济、政治和文化交流记忆的承载，还折射着现实空间经济发展的印辙。基于"一带一路"演进的历史回眸，审视丝绸之路时间纵轴之上的历史演替、历史路径和历史选择的共时态图式，对于推动"一带一路"现实路径的甄选、促进不同文明间的对话与交流、导引相向而行的空间向度具有重要的意义。

一、"丝绸之路"的历史演替

丝绸之路是一条将沿途各国经济、政治、军事、文化、民族等紧密联系起来的，连接欧亚大陆的贸易通道。[1]发轫于西汉的丝绸之路因其经济、政治、文化的利好得到统治者与民众的拥护，历经两汉与魏晋南北朝的繁荣发展，至唐代达到鼎盛，在宋元期间逐步式微，最终衰落终结于明清。

公元前139年，汉武帝为联合大月氏一起共抗匈奴，派遣张骞出使西域，张骞此行虽未与大月氏结成政治同盟，却直接影响和促进了汉朝与西域诸国进行贸易和交往的决心，自此中国内地与西域的交通正式开辟，揭开了丝绸之路

---

[1] 参阅周伟洲，丁景泰.丝绸之路大辞典[M].西安：陕西人民出版社，2006：1.

发展的序幕。①公元前118年至前115年，汉武帝为联合西域诸国一起抵御匈奴，派遣张骞二使西域，西域诸国使臣后随张骞到访长安，汉朝经此加深了与丝绸之路途经西域诸国的联系。公元前104年，汉武帝为保西域通道，派李广利伐大宛，"西域震惧，多遣使来贡献"（《汉书·西域传》）。公元前60年，汉朝正式在西域设置西域都护，丝绸之路经西汉的发展进入兴盛时期。

东汉因政治局势的动荡，汉光武帝至汉安帝统治年间，先后出现了三次从西域撤退复又统一西域的曲折经历，史称丝绸之路的"三绝三通"。西汉末年，中央对西域的统治因王莽篡政后民族政策失误而毁于一旦，汉明帝即位后，为加强与西域诸国间政治、经济和文化联系，决定"遵武帝故事，击匈奴，通西域。"（《后汉书·窦固传》）公元73年，东汉大军兵分四路出击匈奴，在收复的新疆东部地区设官置守，班超随后出使收服了南道诸国，次年中央在西域设都护及戊己校尉，东汉与西域诸国间的联系得以恢复，此为"一绝一通"。公元77年至91年，西域形势因北匈奴趁汉明帝病故作乱而突变，加之中原大旱，东汉为避免与北匈奴的战事而退兵玉门关，丝绸之路二次中断。公元89年，因东汉对北匈奴接连进行的三次军事征讨取得重大胜利，东汉再一次畅通了互通东西的主通道，此为"二绝二通"。公元102年，因班超年迈回朝，继任西域都护一职的任尚"性严急"，其所行诸事引起西域各国不满，丝绸之路沿线叛乱频发。汉安帝听信朝中"西域阻远，数有背叛，吏士屯田，其费无已"（《后汉书·梁慬传》）谏言，撤回西域都护，放弃对西域的管辖，丝绸之路至此第三次中断。公元124年，东汉朝廷任命班超之子班勇为西域长史，通西域、开丝路，班勇经数年努力，先后招抚平定龟兹、姑墨、焉耆和车师等地，大败北匈奴，中断多年的丝绸之路再次畅通，此为"三绝三通"。

历史实践证明，丝绸之路每次的"绝"与"通"，都是当时国家对外政策的体现，在一定程度上反映了国家的综合实力，丝绸之路的断绝严重挫伤了中原与西域诸国间的经贸往来与政治文化交流，丝绸之路的畅通保证了对外经贸、促进了各国与各民族政治文化的繁荣发展。历经"三绝三通"的丝绸之路发展日趋兴盛，出现"驰命走驿，不绝于时月，商胡贩客，日款于塞下"

---

① 参阅周伟洲，丁景泰.丝绸之路大辞典[M].西安：陕西人民出版社，2006：1.

(《后汉书·西域传》)的通达繁荣之景。

隋唐时期，封建统治者一统全国，先后扫除了内地与西域通道之间的障碍，加强了对西域的行政管理，丝绸之路发展到鼎盛的阶段。特别是社会生活空前发展、物质生活及精神文明处于世界先列的唐朝，通过在西域大兴屯田、设置驿站馆所、派军戍守等一系列措施保障丝路的畅通，极大地推动了丝路沿线各国家和民族间的贸易往来与文化交流。丝绸之路将唐朝盛世气象广为传播的同时，也将沿途地区的物产、文化带入中原。唐朝时期中外交流频繁，"开元、天宝之际，天下升平，而玄宗以声色犬马为羁縻诸王之策，重以蕃将大盛，异族入居长安者多，于是长安胡化盛极一时，此种胡化大率为西域风之好尚：服饰、饮食、宫室、乐舞、绘画，竞事纷泊；其极社会各方面，隐约皆有所化，好之者盖不仅帝王及一二贵戚达官已也"[①]，中原地区与以胡人为代表的北方各少数民族的深入交往体现在社会生活的方方面面，不仅上层社会充斥着胡食、胡酒、胡服、胡器、胡乐舞、胡马、马球等胡人日常娱乐活动的方式，街头的普通老百姓也会与少数民族商人进行生活用品和工艺品的交换。

丝绸之路在推动经贸发展的同时还带动了思想文化的交往，不同国家与民族间思想文化的交融与碰撞使唐朝的社会生活异常丰富多彩，国家的包容开放使丝绸之路上经济与文化的交融惠及普通大众。根据史料统计，唐朝与300多个国家和地区保持交往，长安街头时常见到外国商人，众多的入唐者中，不乏来自丝绸之路沿线（诸如突厥、回鹘、大食、波斯等），甚至天竺等国家和地区朝贡的使臣、传教的僧侣、游历的旅人以及崇尚唐文化的学者和学生。唐朝政府凭借雄厚的政治、军事和经济实力，秉持"四夷可使如一家"（《资治通鉴·唐太宗贞观十八年》）的博大胸怀和自信开放的非凡气度，实行平等、友好的对外政策，吸引沿线各国对唐朝的尊敬与向往，出现"四夷咸服"的盛况。丝绸之路的繁荣发展对唐朝乃至整个中华民族的物质生活和精神风貌产生了广泛而深刻的影响。

两宋时期，中国政治、经济和文化中心逐渐向南迁移，军力孱弱使中央王朝对陆上丝绸之路沿线政权保障力度持续衰退，中国西夏、辽金政权、奥斯曼

---

① 向达.唐代长安与西域文明[M].石家庄：河北教育出版社，2001：42.

土耳其帝国相继隔断了中国与欧洲交往的陆上通道，西方诸国对贸易商人征收高额税率，极大地抑制了陆路商贸，丝绸之路陆上沿线贸易量锐减，经济活动总量降低。与此同时，中国的造船和航海技术取得突破性发展，造船业系统日趋成熟，海员的航海技术日益科学与完善，能够熟练掌握和运用洋流季风的规律，将指南针技术运用于航海辨识方向和位置，"舟师识地理，夜则观星，昼则观日，阴晦观指南针"（宋·朱彧《萍州可谈》）。丝绸之路传统陆路的经济功能逐渐萎缩衰退，发达的造船业和先进的航海技术为海上贸易提供支撑，海运较低的成本及远胜陆路的安全性和道路畅通的持续性，使得海上贸易最终取代了陆路贸易，丝绸之路在宋朝迎来"陆尽海启"的时代。

两宋时期的国内贸易达到世界先进水平，通过海上丝绸之路外销的商品主要有纺织品、陶瓷、金属制品、农副产品、药材等，其中作为外销大宗商品之一的瓷器尤负盛名。海上丝绸之路沿线国家的经贸文化交流，使贸易国百姓的社会生活绚丽多彩，宋朝的人们盼望商人在外销本国商品的同时从海外运来各种新奇之物，故有"飓风不作三农喜，舶客初来百物新"（宋·苏辙《寓居二首·东楼》）之语。海上丝绸之路在宋朝的繁盛还得益于朝廷对海外贸易的重视，宋朝继承并完善了唐朝始创的市舶制度，先后于广州、杭州、明州（今浙江宁波）、泉州、密州（今山东诸城）设立市舶司，为海上贸易线路提供管理与保障。

蒙元时期，中国版图迅速扩大，蒙古的西征和对中亚、西亚广大地区的直接统治，恢复和畅通了因战乱阻塞的东西通道，许多欧洲的使者、传教士和商人沿陆上丝绸之路来到中国。[1]蒙元沿袭唐宋以来"自由、开放、包容"的对外政策，实行了包括驿站制度在内的一系列拓宽东西方交通贸易网络的方针措施，令"往来之使，止则有馆舍，顿则有供帐，饥渴则有饮食，而梯航毕达，海宇会同"（《元史·兵志·站赤》），相较于中原以农业为主的经济形式，游牧经济在贸易往来方面更加得心应手，蒙古游牧经济生产经营的流动性和财产、产品的直接让渡性，使之更易与商品经济发生联系，这种特殊的生产经营

---

[1] 参阅周伟洲，丁景泰.丝绸之路大辞典[M].西安：陕西人民出版社，2006：2.

方式是蒙元时期对外贸易较为发达的重要经济动因。[1]蒙元从政治、军事和经济三方面为东西方贸易交往提供了新的契机和良好的环境，一度萧条没落的陆上丝路贸易焕发了新的生机与活力，丝绸之路呈现出"海陆并举、四海一体"的发展特征。

蒙元时期丝绸之路远至欧洲的土耳其、波兰、奥地利等国，中亚、西亚以及欧洲的商人携金银珠宝、奇珍异兽等物交换中国的丝绸彩缎、茶叶瓷器的盛况空前。《马可·波罗游记》《通商指南》《大可汗国记》等著作均对当时中西方繁荣的丝路贸易做了大量记载与描述，《马可·波罗游记》中记载"凡世界上最为稀奇珍贵的东西，都能在这座城市找到……这里出售的商品数量，比其他任何地方都多"[2]，《通商指南》指出"……汗八里都城商务最盛。各国商贾辐辏于此，百货云集"。蒙元时期"四海一体"的丝路贸易呈现出自身丝路交往的独特时代发展特色，它在上承唐宋繁荣发展的同时，下启丝绸之路在明清时期的历史终结，是丝绸之路贸易发展的重要转折点。

明朝初期，明太祖为巩固疆域、发展经济，以"厚往薄来"为要义遣使四出，招徕各国进行贸易往来，丝路贸易得到较快发展。明成祖朱棣在其父外交政策基础上表现的更为主动，采取"设市舶司以通夷情""造巨舰以通海外诸国""宣德化而柔远人"等一系列措施不断加强对外交往，派遣陈诚等使臣多次出使西域，派遣郑和七下西洋，"当成祖时，锐意通四夷，奉使多用中贵。西洋则和、景弘，西域则李达，迤北则海童，而西番则率使侯显"(《明史·侯显传》)，明朝因此与西域诸藩建立了密切的联系，并与东南亚诸国建立了良好的关系。明朝丝绸之路的特点是以打着官方"贡赐"旗号的实物交换为主，以民间和边境商贸为辅，实现了由陆向海的主体转移，海上丝绸之路于明朝进一步崛起，丝绸之路的发展进入新的阶段。借助丝绸之路，东西方交往频繁，商业贸易隆盛，明政府与西域各地方政权间的"贡赐"关系稳固发展，往来次数繁多，贡赐规模巨大，丰富了中原与西域各族人民的物质文化生活。[3]

---

[1] 参阅蒋致洁.蒙元时期丝绸之路贸易初探[J].中国史研究,1991,(2).
[2] 马可·波罗.马可·波罗游记[M].陈开俊，戴树英，等译.福州：福建科学技术出版社，1981：111.
[3] 参阅杨富学.明代陆路丝绸之路及其贸易[J].中国边疆史地研究,1997,(2).

从明前期全面走向印度洋，到明后期世界逐渐连为一体的全球化开端这一历史大背景下，宏观审视明代的丝绸之路，可发现明朝丝绸之路已到了"泰极丕来"的境地。自公元前139年张骞始通西域至明末，丝绸之路历经1700多年的繁衰迭代，陆上丝绸之路逐渐式微，丝路贸易的重心逐渐向海上丝绸之路转变。至明朝后期，明政府为防倭寇侵扰，厉行"海禁"政策，海上丝绸之路也走向衰落。清朝初年，得益于康熙时期较为开放自由的"海禁"政策，丝路贸易虽已然衰落但并未立即走向终结，随着乾隆时期加强对外贸易的限制，关闭了除广州以外的其他通商口岸，颁发和执行严格约束外国商人的条例和章程，彻底奉行"闭关锁国"政策，丝绸之路于清朝走向"历史终结"。

"丝绸之路"线路实体的交通运输作用及其承载的丝绸之路文化，对沿线各国家、地区、民族的经济交往、文化交流、情感交融以及完成民族思维意识的超越与文化认同方面，有着特殊的历史功绩。丝绸之路在经济、政治、文化的交融激荡中凸显以"和合"为核心的价值体认和价值追求，不仅是沟通中西方经济、政治、军事、文化、民俗交流的一条大动脉[1]，同时也是丝路沿线各国与各族人民道德、艺术、宗教、哲学、文学交流的载体，是以中国为轴心连接亚非欧的文明之路、发展之路与和平之路。

二、"丝绸之路"的历史路径

从"丝绸之路"到"一带一路"，是中国与世界发展新的理论的回归与提升。这种回归与提升不仅体现了当前全球化背景下的发展逻辑，更体现了新旧丝路演替的历史逻辑。狭义的丝绸之路指陆上丝绸之路，广义上的丝绸之路又分为陆上丝绸之路和海上丝绸之路。陆上丝绸之路根据其地理景观及走向不同又分为西北丝绸之路、草原丝绸之路和西南丝绸之路。[2]古老的丝绸之路承载的不仅仅是中西方经济、政治和文化交流的记忆，还折射着巨大的现实经济发展印辙。上述四条"丝绸之路"恰似一个宏大的经济、文化磁场，网罗与编织着人类的生存空间。

---

[1] 参阅周伟洲，丁景泰.丝绸之路大辞典[M].西安：陕西人民出版社，2006：4.
[2] 参阅周伟洲，丁景泰.丝绸之路大辞典[M].西安：陕西人民出版社，2006：1.

"西北丝绸之路"即传统意义上的丝绸之路，起始于中国长安，经河西走廊至敦煌，从敦煌起分为南北两路：南路从敦煌经楼兰、于阗（今和田）、莎车，穿越葱岭（今帕米尔）到大月氏、安息（今伊朗），往西到达条支（今波斯湾）、大秦（罗马帝国东部）；北路从敦煌到交河、龟兹（今库车）、疏勒（今喀什），穿越葱岭到大宛（今费尔干纳），往西经安息到达大秦，全长约7000公里。[①]西北丝绸之路是两千多年前西汉通过派遣张骞两次出使西域所形成的官方通道，是连接欧亚大陆的重要桥梁，促进了沿线各国经贸发展，开辟了中西文明交流的新纪元。

为共抗匈奴，汉武帝欲与大月氏结盟，公元前139年，派遣张骞首次出使西域。张骞此行虽未完成出使使命，但他正式开辟了内地与西域交往的通道，这次出使，张骞途径大宛，"大宛闻汉之饶财，欲通不得，见骞，喜"（《史记·大宛列传》），对丝绸之路的开通有卓越贡献。公元前119年，张骞偕同副使、将士等300余人，携带"牛羊以万数，赍金币帛直数千巨万"（《史记·大宛列传》）再次出使西域，此后，西域诸国纷纷与汉王朝建立外交关系，中西方联系日益紧密。西北丝绸之路沿线聚集着匈奴、月氏、突厥、回鹘等众多少数民族，"茶马互市"和"绢马互市"等贸易形势丰富了各民族间的经贸交往，官方和民间的交往互动深化了各民族间的情感交流。

作为官方开拓连接中西的重要通道，西北丝绸之路将以丝绸为代表的众多商品和富含东方特色的瓷器、铁器、金银器等工艺品从中原远销至地中海沿岸，中华文明自此为世人神往。各国商队经西北丝绸之路往来不绝：赴西域的汉使和商贾从都城长安出发，一路经武威、张掖、酒泉、敦煌出玉门关，经新疆到达中亚和外高加索、阿富汗、伊朗、土耳其、阿拉伯、埃及等国；来自西亚、中亚的西域使节与商队也通过这条道路与中国进行经贸往来，将西方国家的商品、技术和文化传入中国，欧亚大陆通过经贸往来及文明交流紧密地联系在一起，西北丝绸之路呈现一派通达繁忙景象。

作为丝绸之路的主干道，西北丝绸之路历经数千年的繁衰更迭，不仅记载

---

① 中国国家图书馆.中国记忆项目：丝绸之路（西北丝绸之路）[EB/OL].（2013-12-26）〔2016-6-15〕.http://www.nlc.gov.cn/cmptest/cszx/scz1/201312/t20131226_79912.htm.

着中华民族开拓西部的艰辛步伐及与其他民族相互融合的发展过程，也凸显了中华民族浓郁而独特的人文精神和价值追求，拥有异常丰富的历史文化积淀。

"草原丝绸之路"是一条由草原游牧民族主导的、连接欧亚大陆东西方文化与商贸往来的通道[①]，由中原地区向北越长城至塞外，穿过蒙古草原向西经中亚草原至南亚、西亚，直达地中海北陆欧洲地区。作为当时游牧文化交流的动脉，其路段多处北方高寒地区，是北方少数民族向西亚及欧洲贩运丝绸、皮毛和茶马等物的经贸交往主干道，又称"皮毛之路""茶马之路"，欧洲、中亚等沿途的商人通过草原丝绸之路往来于中国，商贸不绝于途。

草原丝绸之路是丝绸之路陆上路径中形成时间最早、延续时间最长、历经路程最远的经贸与人文通道，据考古发掘资料显示，早在公元前5世纪，今俄罗斯阿尔泰州乌拉干区的游牧民族就通过草原丝绸之路与中国内地进行了商贸往来[②]，公元前139年，张骞出使西域时发现了这条当时已被匈奴阻断了的草原通道，草原丝路的具体路线、交通网络和途经城国名称后被载入《史记·大宛列传》和《汉书·西域传》，自此从国家层面明确了草原丝绸之路的重要性。草原丝绸之路经秦汉时期的发展，于隋唐时期成熟。安史之乱后，由于吐蕃阻绝了西北丝绸之路，草原丝绸之路成为唐朝与西域各国交流的重要通道，至蒙元时期达到顶峰，"北方立站帖里干、木怜、纳怜等一百一十九处"（《元史·地理志》），驿站的建立为草原丝绸之路的畅通提供了基础性保障。历史实践证明，虽然控制草原丝绸之路的民族和国家随朝代更替在不断变迁，但这条连接欧亚大陆东西两端的草原商贸通道却一直通达而繁忙。明朝因北方草原地区多发的战事而关闭关境，草原丝绸之路在明朝趋于没落，最终终结于清朝的闭关锁国政策。

作为丝绸之路的重要组成部分，草原丝绸之路的发展源于欧亚草原上不同人类文明间的相互吸引。中原的农耕文化与草原的游牧文化、中华文化与外来文化汇聚、碰撞、融合，积淀形成了博大精深的草原文化，与自然生态环境密切相关的草原丝绸之路似一条绿色的传送带，连接着东西方及南北方经济和

---

① 中国国家图书馆.中国记忆项目：丝绸之路（草原丝绸之路）[EB/OL].（2013-12-26）〔2016-6-15〕.http://www.nlc.gov.cn/cmptest/cszx/scz1/201312/t20131226_79925.htm.
② 参阅周伟洲，丁景泰.丝绸之路大辞典[M].西安：陕西人民出版社，2006：5.

文化的交往。草原丝绸之路发展的历史进程表明，不同文明之间的沟通交流不仅是自身文明向前发展的内在需求，也是世界文明进步的强大动力，尽管当今时代不同文明间交往的内容和形式都发生了变革，但是不同文明间的沟通与交流仍然是全球化发展的必然趋势，草原丝绸之路所体现出来的多元、包容、互鉴、合作、勤奋、友好的精神内涵对于当今不同文明间的交流具有深刻的启示意义。继承草原丝绸之路友好交往与合作的精神内核，重新激活这条古老通道的生命力，在新的基础上为草原丝路注入新的时代内涵，丰富合作内容，创新合作方式，为世界不同文明更加全面深入的交往与互动提供新的平台。

"西南丝绸之路"又称"蜀身毒道"，是古代中国与中南半岛、印巴次大陆间文明沟通和商贸往来的重要桥梁。西南丝绸之路皆以四川成都为起点，向东南亚、南亚、西亚辐射，形成三条具体的路径：一条为西道，即"旄牛道"，从成都出发，经云南进入缅甸和东南亚，远至印度和孟加拉地区；另一条是东道，又称"五尺道"，经四川、云南中部南下进入越南及中南半岛；还有一条唐宋时期发展起来的"茶马古道"，分别由四川和云南进入西藏，连接尼泊尔与印度。作为最早联通中印两大古老文明的纽带，西南丝绸之路的存在与发展对中外政治、经济及文化的交流做出了突出贡献。

在西北丝绸之路官道开通之前，西南商贸通道已然存在。张骞在凿空西域之时，发现四川商人早已从云南经缅甸到印度从事商贸活动："骞曰：臣在大夏时，见邛竹杖、蜀布。问曰：'安得此？'大夏国人曰：'吾贾人往市之身毒。'身毒在大夏东南可数千里。其俗土著，大与大夏同。"（《史记·大宛列传》）公元前122年，汉武帝派张骞打通"蜀身毒道"，公元69年，东汉王朝因哀牢人归附而全线贯通该通道，西南丝绸之路官方道路在汉代得以形成。[①]历朝中央政府都十分重视对西南丝绸之路的经营，尤以汉唐元三朝为最：汉王朝孜孜不倦开发西南地区，在地方置官设治，深化中国内地与南亚、西亚的联系；唐朝与西亚诸国的交往十分活跃，西南丝路通行不辍；元朝政府在云南建立行省，于身毒国道沿线道路设立驿站，通过西南丝路不断加强云南与印度的

[①] 中国国家图书馆.中国记忆项目：丝绸之路（西南丝绸之路）[EB/OL].（2013-12-26）〔2016-6-15〕.http://www.nlc.gov.cn/cmptest/cszx/sczl/201312/t20131226_79927.htm.

联系。

西南丝绸之路作为内接中原，外联南亚、东南亚的重要桥梁，除了具有浓郁的商业性之外，最重要的是其内含着的文化融合性。西南丝绸之路一端连接中原文化，一端连接印缅文化，沿途所经楚文化、巴蜀文化和佛教文化，独特的自然地理环境和杂居交错的民族聚落使不同文明在多国、多地域、多民族的碰撞与融和中和谐共生、和合共荣，不断积聚与沉淀形成了丰富的、独特的、共融的西南丝绸之路文化。

"海上丝绸之路"是以泉州、广州、扬州等为起点，至朝鲜、日本、东南亚诸国、南亚诸国、阿拉伯和东非沿海诸国的海上商路，始于秦汉，兴于隋唐，盛于宋元，于明初达到顶峰。[①]由于海上贸易的货物以陶瓷和香料最为著名，海上丝绸之路又称"海上陶瓷之路"和"海上香料之路"。

秦朝时海路初探到达东南亚诸国，及至汉朝，中国南方与中南半岛、印度半岛已有交往，汉武帝时的海上航线有两条：主线是从中国出发，向西航行的南海航线；次线是从中国出发，向东到达朝鲜半岛和日本列岛的东海航线。汉朝与希腊、罗马的往来标志着贯通欧亚非三大洲的海上丝绸之路正式形成。魏晋以后，海上丝绸之路以广州为起点，经南海诸国，穿马六甲海峡，直驶印度洋、红海、波斯湾。隋唐时期，陆上丝绸之路因西域战争被阻断，作为陆上丝绸之路补充形式的海上丝绸之路迎来发展高峰。唐代开通了中国至东南亚、南亚乃至欧洲、非洲的多条航海路线，海上丝绸之路成为我国对外交往的主要通道。宋代以后，海上丝绸之路随着南方的进一步开发、造船技术和航海技术的愈加精进而日益发达，海上航路越走越远，从广州、泉州、杭州等地出发，经南洋到阿拉伯海，甚至远达非洲东海岸。元朝政府采取低税、保护和奖励市舶（海路）贸易的政策招徕各国与之贸易，海上丝路贸易趋于鼎盛。明朝海上丝绸之路进入极盛时期，以郑和七下西洋为代表的海上贸易团队曾到达亚洲和非洲的39个国家和地区，形成了盛况空前的经贸与政治文化交流。18世纪中期，

---

① 中国国家图书馆.中国记忆项目：丝绸之路（海上丝绸之路）[EB/OL].（2013-12-26）[2016-6-15].http://www.nlc.gov.cn/cmptest/cszx/scz1/201312/t20131226_79926.htm.

清政府厉行海禁，设广州一处市舶司对外互通有无，海上丝绸之路趋于衰落。[①]

与陆上丝绸之路一样，海上丝绸之路也不存在固定不变的贸易路线，其具体线路走向随着当时的运输工具、交通航线、自然条件、贸易内容等不同而发生变迁。根据海上丝绸之路的演变格局，其路线主要有三：一是东洋航线，由中国沿海港口至朝鲜、日本；二是南洋航线，由中国沿海港口至东南亚诸国；三是西洋航线，由中国沿海港口至南亚、阿拉伯和东非沿海诸国。尽管不同的历史时期，海上丝绸之路应时应势而变，但和谐共生的国家精神、和平善良的民族传统，在中外交往中为世人所公认。作为中国海洋文化精神的载体，海上丝绸之路是2000多年以来联通东西方、亚非欧交往的重要通道，海上丝绸之路的历史航迹表明中国海洋文化重视理解与包容的价值诉求，凸显对话与合作的实践体认。相异于单向度扩张式的西方海洋文化意旨，和平友好的海上丝绸之路贸易追求经济共赢、文化共生以及社会生活的共享，这种互荣互惠的合作与交流，正是中华价值体系在国际交往中的集中体现。

路径的功用在于连接和沟通，从顶层设计到互通有无，从兼容并蓄到和谐共生，从求同存异到博采众长，每一条丝绸之路都呈现出多元交往的特点。四通八达的丝绸之路发挥着事实上"惠及世界"的作用，把内陆与边疆，高山与平原，陆地与海洋，境内与境外，中央与地方，以及不同民族、不同文化、不同信仰的人们联系在一起，在物质和精神两方面都获得了共赢。进一步明晰古代丝绸之路形成、发展的历史路径，深入研究各条路径的功能、作用和精神文化遗产，充分挖掘丝绸之路的历史价值和意义，对于推动"一带一路"现实路径的甄选、促进当代世界文明间的对话与交流、导引相向而行的空间向度具有重要的意义。

三、"丝绸之路"的历史选择

"丝绸之路"的历史选择包含着中国选择"丝绸之路"以及"丝绸之路"选择中国的双重逻辑。所谓"选择"（choice）是反应者对被反应者的特征、状

[①] 参阅中国石油新闻中心："21世纪海上丝绸之路"前景解析[EB/OL].（2014-7-10）〔2016-6-15〕.http://news.cnps.com.cn/system/2014/07/10/001496569.shtml.

况、属性进行的取舍。①人的选择是自觉的目的性活动，是必然性基础上多种可能的意志与自由。在自由与选择的关系里，包含了人的理性和非理性思维，而选择的内部条件与主客体作用，则构成了自由能动与选择自觉的基础。中国选择"丝绸之路"与"丝绸之路"选择中国，均以不同的主体为轴心，通过客体与需要的比较和观照，进行效用与利害的评判，并对主体态度、目标路径进行审视和抉择。然而，既是选择客体又是选择主体的"丝绸之路"，并不会自动满足人们的需要，因而它的演化并不是框死不变的，而是根据自己的需要加以选择性的改变。因此，"丝绸之路"的双向选择不仅是既定价值需要下的筛选，更重要的是对时代的适应和对现实的超越，借此创造更高层次的自觉。

"丝绸之路"的选择源于不同人类文明之间的相互吸引。古代中原人民在日常劳作与生活经验的总结中发现鳞翅目的野蚕能吐丝结茧，可以转化为上等的纺织原料，并裁制出华丽且舒适的衣裳。精美轻薄的中国丝绸制品很早就为域外民众所知，并被源源不断地远输到中亚和欧洲。自从张骞出使西域以后，西域与中原建立了密切的联系，西域历史开始成为中国历史的一部分，陆上丝绸之路成为连接中国与西方文明的桥梁。"如果说公元前6世纪波斯帝国的建立使从地中海到中亚的商路贯通，马其顿亚历山大的东征使这条商路延伸到欧洲大陆的话，那么月氏、乌孙的西迁和张骞的出使又使这条交通线向东伸及中原。到这时我们可以说陆上丝绸之路已经全线贯通了。"②西汉张骞两次出使西域，开通道路（司马迁谓之"凿空"西域），形成横贯欧亚大陆的交通大动脉，是东西方文明交往的主要通道。古代希腊、罗马人把中国称为"赛里斯（Seres）"，"赛里斯"就是"丝绸"的意思，后来就演化成了"丝绸之路（DieSeiden-trasse）"一词。从"赛里斯"到"丝绸之路"的延伸，不仅是名称的改变，而且是内容的涵化，"丝绸之路"作为符号的指称为世界人民所接受，沿用至今，成为东西方文明互鉴与交流的代名词。

海陆丝绸之路历史性兴替，相辅相成，不仅反映了中国特定政治局势的转换，也成因于中国经济重心南移、陆上贸易的内在局限以及中国海上优势等一

---

① 参阅冯契.哲学大辞典：分类修订本[M].上海：上海辞书出版社，2007：48.
② 刘迎胜.丝绸之路[M].南京：江苏人民出版社，2014：61.

系列因素。古代丝绸之路的发展在唐代中后期，大致呈现陆路衰落、海陆发达的历史性兴替。陆上丝绸之路是中西往来的最古老的通道，其主要工具是马和骆驼。但牲畜负载有限，且成本巨大，沿途自然条件艰险，对跨境基础设施依赖性比较强，安全性没有保障。此外，陆上丝绸之路对沿途各国政治态势的变动异常敏感，局部的政治动荡往往直接影响丝路的通畅。海舶运输不仅具备周期短、运量大、成本低、安全性高的特点，而且还能选择性地避开政治局势对海外贸易的干扰，满足大中型海外贸易的承载需求。由于西北陆路长期受阻，加之经济重心南移，海路逐渐受到重视，并在宋、元时代以及明前期始终保持兴盛。相反，唐中后期逐渐失去对西域和中亚政治秩序的主导权，陆上丝绸之路也因此受到阻断，直到明朝后期，陆上丝绸之路彻底没落。在此背景下，唐中后期以后，航海技术得到发展，海上丝绸之路在中西交通中所起的作用越来越重要。15世纪地理大发现之后，海上丝绸之路逐渐取代陆路成为东西方交往的主要通道，成为古代旧大陆各国人民物质交流的友好通道。唐朝以前，丝绸和黄金是中国对外贸易的主要出口产品。随着中国陶瓷技术的迅速发展，品质优良、品种丰富的瓷器受到了海外人民的喜爱，很快成为中国海上丝路出口的大宗商品。这种世界性的中国瓷器热销网络存在几乎有1000年之久。与此同时，地理大发现以来，欧洲人大量东来，茶叶的价值以及茶文化的魅力也逐渐被发现。茶叶成为新兴的出口商品。中国通过丝绸、陶瓷、茶叶的出口换来海外的各种香料、玻璃、金银器等异域珍奇。明代郑和七下西洋，繁荣了这条海上和平互利之路。千百年来，海上丝绸之路承载着和平合作、开放包容、互学互鉴、互利共赢精神，是促进沿线各国繁荣发展的重要纽带，其影响一直延续至今。旧大陆之间通过海上丝绸之路不仅进行物质文化的交换，也进行精神文化的交往。佛教、印度教、波斯摩尼教、犹太教、伊斯兰教、天主教和基督教先后传入中国，对中华文化的发展产生了深远影响。与此同时，中华文化的影响在北至东北亚、南抵越南，包括日本、韩国等范围形成了一个具有强大生命力的汉文化圈。中国的四大发明以及绘画、历史、纸币均通过海上丝绸之路传至旧大陆各国。

在西方殖民主义东来之前，海上丝绸之路扮演着东西方物质文化交流主渠道的角色，除了十字军东征和蒙古海外征服外，海上丝绸之路基本上是和平的人文外交之路。1987年至1997年间，联合国教科文组织实施"丝绸之路考查"，在定义其正式名称时，充分考虑了其物质交往与人文交流的双重属性，认定唯有"丝绸之路"能涵盖古代东西方之间物质、文化交流的丰富内容和价值意义。联合国教科文组织的这项计划得到了许多国家政府和民间组织的积极肯定与广泛认可。对这段历史的探讨和重温，不仅有利于回顾中华文明优秀而灿烂的光荣历史，而且有益于增进"丝绸之路"沿线各国人民之间的了解，继承和发展"丝绸之路"所推崇的和平与合作的价值理念。中国在古代世界文明中举足轻重，是远东地区的文明中心，拥有独具特质的文化。在从汉代到清朝长达2000年的时间内，中国在世界上扮演着主要的文明输出国的角色。物质交往与文化交流既是一个选择的过程，也是一个融通的过程，中国也从世界其他文明中汲取了物质和文化的养分，这些文化在中国落地生根，并与本土文化交融得以延续与发展。

欧洲地理大发现之后，殖民统治和资本扩张成为西方国家资源掠夺的主要方式。丝绸之路所承载和象征的和平交往、共同繁荣的文明间交往态势逐渐被西方的坚船利炮所打破。取而代之的是新航路大发现之后西方列强对海外殖民地的暴力瓜分与掠夺。西方国家凭借其在工业革命中获取的强大经济、军事实力，秉承"国强必霸"的野蛮逻辑，疯狂从东方殖民地掠夺原材料、劳动力，霸占世界市场，拓展其殖民主义政治秩序，至此昔日连接欧亚非等地区的古代丝绸之路成为了人类文化的宝贵遗产。

马克思曾在《俄国的对华贸易》中指出，早在西方列强通过坚船利炮以及残暴的殖民主义开拓出海洋贸易之路之前，中国就已然通过和平的方式开拓出海洋贸易通道，以及经蒙古、俄罗斯通向中亚、西亚、欧洲的大陆贸易通道。对比看来，西方殖民主义性质的海洋贸易，并不是贸易自由的体现，而是事实上以破坏原有大陆贸易为代价的贸易垄断。马克思作出预言："如果中国能够通过革命实现复兴，那么，未来的中国就会重新恢复大陆贸易，并使大陆贸易与海洋贸易结合起来。"马克思在《政治经济学批判（1857—1858年手稿）》中，通过分析"亚细亚所有制形式"指出，中国的土地生产必须依赖公共水利设施，这不仅构成了中国长期"大一统"条件，也使中国成为一个"天然的共同体"。因此，现代中国的使命是为维护其古老"天然的共同体"的存续，创造一个新的人类共同体而奋斗。[1]由此,"一带一路"的选择与战略决策不仅是丝绸之路历史发展的符号翻新,而且是回应和平发展时代主题的新常态。

第二节
历史横轴中的国际秩序

秩序意指自然和社会进程中存在的某种程度的一致性、连续性和确定性。[2]《辞海》释义"秩,常也""秩序,常度也",与"无序"相对,它内含整齐与守规则之意,强调人们或事物所处之位置。与自然秩序不同,社会秩序特指人们在社会交往中形成的相对稳定的关系模式、结构系统和可延续的状态,构建和维系于社会规则。国际秩序是对在一定世界格局基础上形成的国际行为规则和相应保障机制的总称,其主要内容是包括国际规则、国际协议、国际惯例和国际组织等在内的国际政治秩序、国际经济秩序和国际法律秩序。其中,国际政治秩序强调的是作为行为主体的国家在国际社会中围绕着某种目标,依据一定规则相互作用运行的机制和模式,区分为国家间秩序、地域间秩序和全球性秩序。在现实性上,国际秩序往往以主角国家的对外战略和实施为基础,表现既相互联系又不一致的国家在国际社会中的位置和顺序,以及它所具有的相对稳定性和可持续发展状态。

空间格局中的国际秩序,是世界政治经济结构在空间维度上的阐释。作为哲学意义上的空间命题,国际秩序既是一种空间形式,也是一种社会状态。[3]作为人类社会的整体,为维持社会生活的基本或首要目标而采取的行为模式和倾向[4];作为国际政治关系的概念,国际秩序强调惯常的、稳定的与可预见的

---

[1] 韩毓海.为什么要一起读马克思[N].光明日报,2015-05-12(11).
[2] E.博登海默.法理学:法律哲学与法律方法[M].邓正来,译.北京:中国政法大学出版社,2004:227-228.
[3] 参阅金新.世界空间秩序理论初探[J].学术探索,2013,(1):62.
[4] BULL HEDLEY.The Anarchical Social: A Study of Order in World Politics[M].New York: Columbia University Press, 1977: 20.

行为描述①；作为"国际社会成员国相互和平共存的最低条件"②，国际秩序是以主权国家为代表的行为主体，以和平共处为目标，以国际规则、协议、惯例和组织为保障，在空间互动过程中形成的稳定、有序的空间状态。

当前的国际政治经济秩序承藉于17世纪中期形成的威斯特伐利亚体系，经一战后的凡尔赛—华盛顿体系，发展到二战后的雅尔塔体系。"空间是政治的，若离开意识形态或政治内容，它就不是一种科学对象；空间总是包含着政治性与策略性"③，社会属性构成了国际秩序的主要方面，然而，作为社会意义指向上的国际秩序仍然包含了不平等、不公正、不合理的因素。"一带一路"开展更大范围、更高水平、更深层次的区域合作，共同打造开放、包容、均衡、普惠的区域经济合作架构④，探索国际合作与全球治理新模式，构建更加平等、公正、合理的国际新秩序，指谓了国际秩序的变革与发展成为理论和实践上的必然。

一、威斯特伐利亚体系

1618年至1648年间，欧洲爆发了近代历史上的第一次大规模战争，各国最先为维护信仰而战，而后抛却宗教之名，直截了当为各自的国家和准国家的利益而战，这场为期30年的战争几乎席卷了欧洲所有国家。战争使欧洲各国相继认识到国家主权高于罗马教廷神权的意义，深刻认识到国家间集体安全秩序的重要性。交战方从1643年起在德意志威斯特伐利亚省的明斯特和奥斯纳布鲁克两个城镇举行和谈，至1648年10月达成共识签订和约（除土耳其之外几乎所有欧洲国家都参加了签订合约的会议），史称《威斯特伐利亚和约》。

《威斯特伐利亚和约》由《威斯特伐利亚和约——神圣罗马教皇和瑞典女王及他们各自的同盟者之间的和平条约》（《奥斯纳布鲁克条约》）和《威

---

① 参阅安德鲁·海伍德.政治学核心概念[M].吴勇，译.天津：天津人民出版社，2008：36.
② 参阅潘忠岐.世界秩序：结构、机制与模式[M].上海：上海人民出版社，2004：24.
③ PEET R.Radical Geography[M].Chicago: Maaroufe Press, 1997: 34.
④ 国家发展改革委,外交部,商务部.推动共建丝绸之路经济带和21世纪海上丝绸之路的愿景与行动[EB/.OL].（2015-3-30）〔2016-6-15〕.http://zhs.mofcom.gov.cn/article/xxfb/20150300926644.shtml.

斯特伐利亚和约——神圣罗马教皇和法兰西国王及他们各自的同盟者之间的和平条约》（《明斯特条约》）两个条约构成。《威斯特伐利亚和约》解决了欧洲领土问题与宗教问题，确立了德意志国家的体制，开创了以国际会议方式和平商议和解决国际矛盾与冲突的模式，确立了对违约国家可实行集体制裁的原则，建立了常驻外交代表机构的制度，《威斯特伐利亚和约》内容中对战俘处置及人类信仰等人权问题的关注体现了人类的文明进步。《威斯特伐利亚和约》的签订，打破了欧洲自中世纪以来的封建神权统治，迫使罗马教皇放弃了主宰欧洲及国与国关系的最高地位，民族国家登上历史舞台，作为新霸主的法国、荷兰、瑞典三国崛起，欧洲格局为此改写。《威斯特伐利亚和约》是近代史上第一个多边条约，是近代国际法及国际关系体系的源头和奠基石，其实质是资本主义国家与封建教皇国家在国家主权上的对峙。神权不再凌驾于国家权威之上，国家主权至上成为国际关系中最基本的原则，在此基础上，形成了一个具有划时代意义、里程碑式的国际关系体系——威斯特伐利亚体系。

威斯特伐利亚体系（Westphalia System）是以欧洲大陆"新教联盟"与"天主教联盟"之间30年战争的结束而签订的《威斯特伐利亚和约》为主体，基于国家之上构建的一个力量相对均衡、展现新的国际秩序的国际关系体系。该体系涵盖了不同的文明和地区，力图通过一整套国际法律和组织结构抑制世界的无序性，旨在确立可被多数国家接受的解决国际矛盾与争端的原则，并在一旦爆发战争时对各国的交战行为施加一定的限制。[1]随着西方世界的崛起，威斯特伐利亚体系的应用范围从欧洲扩展至整个国际社会，宽容、自由放任以及自我超越是作用于威斯特伐利亚体系中的三个相互联系的逻辑，正是因为存在这三大逻辑，威斯特伐利亚体系才会展现出顽强的生命力，持续地对当今国际关系产生现实的影响。[2]尽管威斯特伐利亚体系所构建的国际关系格局并不十分稳固，但它开创的以国际会议方式和平商议与调解国际间矛盾与争端的模式，各国主权独立、不干涉内政等原则沿用至今。在亨利·基辛格看来，近代国际社会之所以能保持相对稳定的状态，正是得益于威斯特伐利亚体系所构建的国

---

[1] 参阅亨利·基辛格.世界秩序[M].胡利平，林华，曹爱菊，译.[M].北京：中信出版社，2015：序言14—15.
[2] 参阅潘亚玲.试论全球化下威斯特伐利亚体系的生存能力[J].教学与研究，2001，（7）：90.

际秩序。

在威斯特法利亚体系构建的欧洲国家均势状态下，英国率先完成了资产阶级革命和工业革命，这个自称"日不落"的帝国开始了对海外殖民地的扩张，通过海上争霸进一步夺取了世界殖民霸权。法国、俄国、普鲁士、奥地利等国也紧随其后，相继走向了对外扩张与海外殖民的殖民霸权道路。欧洲各国在船坚炮利的博弈中，将世界其他地区逐渐演变为自己的殖民地和半殖民地，欧洲世界中心的地位得以巩固。但威斯特伐利亚体系所形成的欧洲均势格局并非一种神圣的稳定局面，在欧洲各国加紧对外扩张的同时，欧洲内部的平静也被打破，拿破仑帝国的扩张破坏了欧洲的均势，威胁到欧洲诸国的安全，法国一强主宰欧洲大陆日益明显，英国在欧洲的霸主地位受到挑战。

1814年3月9日，反法同盟攻入巴黎，拿破仑战败后于4月6日宣布退位，同年5月30日，反法同盟各国在巴黎与法国签订了《法国、奥地利、俄国、英国、普鲁士和平条约》（即《第一次巴黎和约》）。该条约第32条规定，参战各方于1814年10月1日—1815年6月9日在奥地利首都维也纳举行会议。在会议上，同盟各国为恢复在拿破仑战争时期被推翻的各国旧王朝及欧洲封建统治秩序，防止法国东山再起，对欧洲的领土和领地进行重新分割。战胜的欧洲封建君主们乘机扩张自己的领土和领地，尤其是在华沙公国和萨克森问题上，俄国、普鲁士和奥地利、英国互不相让，争夺十分激烈。维也纳会议曾因1815年3月拿破仑"百日政变"一度中断，同年6月9日，英国、俄国、奥地利、普鲁士、葡萄牙、法国、瑞典七国签署了《维也纳会议最后议定书》，结束了维也纳会议。以英国、俄国、奥地利、普鲁士为首的战胜国通过维也纳会议，在制裁法国的基础之上，签订了确定欧洲封建统治秩序与国际新秩序的和约，在欧洲大陆上建立起新的均势关系体系，称之为"维亚纳体系"。

维也纳体系（Vienna System）是继威斯特伐利亚体系之后，具有现代意义的国际关系体系，其核心内容由《维也纳会议最后议定书》及有关条约、宣言、文件构成，以均势原则、补偿原则和正统主义为要旨，在欧洲建立了拿破仑帝国瓦解后的新政治均势。维也纳体系构建的欧洲"正统王朝"的政治统治体系和国际关系，平抑了欧洲的领土现状，在一定时期内维系了欧洲均势。

维也纳体系体现了大国强权政治的鲜明特点，其实质是在战胜国对战败国和弱小国家宰割的基础上形成的统治秩序。维也纳体系的维护，得益于为维护君主政体、反对法国革命理想在欧洲传播而成立的"神圣同盟"组织。在维也纳会议结束后不久，俄罗斯沙皇亚历山大一世发起成立"神圣同盟"的倡议，奥地利皇帝弗兰茨一世和普鲁士国王腓特烈·威廉三世随之复议，三国于1815年9月26日在法国巴黎签署《神圣同盟条约》，奥地利首相梅特涅是"神圣同盟"组织的实际推动者和维护者，他抑制了沙皇俄国的西进，镇压了奥地利境内多民族国家内频发的骚动和起义。"神圣同盟"组织以基督教教义为基础，充满宗教主义色彩，却并未对签约国的军事义务做出实质性的明确规定，缺乏军事保障。为对"神圣同盟"做出军事补充，俄国、普鲁士、奥地利、英国四国于同年11月20日签订《四国同盟条约》，"以便就四国的共同利益进行磋商，并制定出一些适用于不同时期的措施，以更加有利于各国的稳定和繁荣，以及维护欧洲和平。"法国于1818年加入该同盟，随后，除少数国家外，欧洲各国纷纷加盟。至此，同盟的目的已超出了对法国资产阶级革命的防范，延伸到对欧洲革命乃至世界革命的镇压。

维也纳体系的发展是对历史的反动，它令欧洲在拿破仑时期已经得到解放的民族重新处于战胜国的封建统治之下，维护和恢复了欧洲的封建统治，违背了历史发展的潮流。自19世纪20年代起，西班牙和意大利相继进行了资产阶级革命，希腊开展了独立运动，随后30年代发生了法国七月革命、比利时革命、波兰十一月起义，这些革命、独立运动和改革运动接连冲击了欧洲的封建统治，1848年的欧洲革命对欧洲的封建统治造成了沉重的打击，"这些都意味着，维也纳条约体系本身，尤其是由它形成的约束法国的格局，正一步步地走向解体"[①]，1853年克里米亚战争爆发后，维也纳体系全面瓦解。

工业资产阶级力量的壮大和工业资本主义的发展，必然导致维也纳体系的瓦解。世界资本主义体系随着工业革命的扩展逐渐形成，资本主义发展至19世纪末20世纪初，由自由竞争阶段向垄断阶段过渡。这种转变使资本主义经济发展的不平衡状况日益明显，政治经济的失衡改变了资本主义国家间的力量对

---

① 唐贤兴.近现代国际关系史[M].上海：复旦大学出版社，2002：98.

比，两大军事集团因此形成，经济实力的巨大变化不断激化资本主义国家间的矛盾，最终爆发了改变世界格局的第一次世界大战。[①]马克思和恩格斯剖析了维也纳体系构建的世界政治经济格局，他们认为维也纳体系是欧洲列强分赃争利的产物，虽然维系了世界百年稳定，但仍然无法掩盖各国在政治和经济间的矛盾与斗争，其实质是以正统主义君主体系为基础构建的均势格局。

虽然威斯特伐利亚体系建立的均势并不稳固，但《威斯特伐利亚和约》确定的以平等、主权为基础的国际关系准则，在和约签订后长达几百年的时间里依然是解决各国间矛盾、冲突的基本方法。[②]总体而言，维也纳体系是欧洲列强间达成相对妥协的产物，体系内部矛盾重重，存在很多隐患，但它对维护世界秩序、构建稳定的国际关系体系具有十分重要的推动作用。维也纳体系形成了19世纪以欧洲为中心的世界政治经济格局，可视为第一个世界性的国际关系体系，其所确立的均势原则是后世制定外交政策和战略、维护国际秩序的指导原则，该体系中对各国外交代表等级的规定至今仍被大范围沿用。通过维也纳体系，英国重新掌控欧洲霸权，在欧洲构建了相对稳定的均势结构。但是任何的均衡都是相对的，不均衡是绝对的，1914年爆发的第一次世界大战，打破了欧洲持续百年占据世界关系体系中心位置的状态。

二、凡尔赛—华盛顿体系

威斯特伐利亚体系和维也纳体系构成的国际关系格局是一种相对稳定的国际关系结构，是世界上各种力量以不断的消长变化和分化组合，完成的从量变到质变的转化，作为相对稳定的均势结构，维也纳体系的解体使稳定均势被打破，以及由国际规则、国际协议、国际惯例和国际组织所构成的世界格局再也无法保持下去了。第一次世界大战是资本主义世界体系形成后，资本主义列强因经济发展不平衡、秩序划分不对等，为重新争夺世界领土、争夺全球霸权而爆发的一场世界级战役。一战改变了资本主义列强间的力量对比，为维护资本主义本身的稳定，必须要对资本主义世界体系进行重新安排。从巴黎和会到华

---

① 参阅刘勇.列宁的世界历史理论及当代价值[J].社会主义研究，2004，(3).
② 参阅李世安.历史学与国际关系学——略论国际关系研究中的几个重要问题[J].河南师范大学学报（哲学社会科学版），2004，31（1）.

盛顿会议，各大国都有各自所坚持的的计划，经过激烈的交锋，各大国放弃自己的部分计划做出妥协与让步，接受这两次会议安排的世界新秩序。

一战的战胜国与战败国于1919年1月18日—1920年1月21日期间，在法国巴黎凡尔赛宫召开和平会议，1919年6月28日协约国与德国签订了《协约和参战各国对德和约》（通称《凡尔赛和约》），随后协约国相继与奥地利签订了《圣日耳曼条约》（1919年9月10日）、与保加利亚签订了《纳依条约》（1919年11月27日）、与匈牙利签订了《特里亚农条约》（1920年6月4日）、与奥斯曼帝国签订了《色佛尔条约》（1920年8月10日）。对德条约，规定了战后德国的新疆界、限制德国军备及确定德国的战争赔款、德国放弃海外一切殖民地及领地，其中大部分被英国、法国、日本以国际联盟委任统治的形式所瓜分。对奥地利条约，规定匈牙利、捷克斯洛伐克、塞尔维亚—克罗地亚—斯洛文尼亚王国独立。对保加利亚条约，规定将其大片领土割让给罗马尼亚等国并丧失通往爱琴海的出口。对匈牙利条约，规定将其三分之二领土划给罗马尼亚等国。对奥斯曼条约，规定其大部分领土归国联委任统治的形式之下。

凡尔赛体系（Versailles System）是以《凡尔赛和约》为主要内容，由《圣日耳曼条约》《纳依条约》《特里亚农条约》《色佛尔条约》一系列条约共同构成的，反映这一时期各国力量对比的国际关系新体系。该体系是帝国主义大国按照其力量对比，以重新瓜分世界、反对和镇压各国革命运动及民族解放运动为主要目的构建的以欧洲为主的帝国主义世界的和平秩序。各大国通过凡尔赛体系确立了战后资本主义在欧洲、西亚、非洲的统治，巩固了帝国主义大国的既得利益，维系了资本主义世界的暂时均衡，对第二次世界大战前的世界特别是欧洲产生了巨大的影响。

尽管凡尔赛体系调整了战胜国在西方的相互关系，但远东太平洋地区的矛盾依然尖锐。出于对巴黎和会结果的不满，1921年11月12日—1922年2月6日举行了华盛顿会议，美国、英国、日本、法国、意大利、荷兰、比利时、葡萄牙、中国九国出席。华盛顿会议是对巴黎和会的继续和补充，其主要议题是削减和限制海军军备，缓和激烈的军备竞赛，协调列强在远东及太平洋地区的矛盾，重新划分势力范围。华盛顿会议期间，美国、英国、法国、日本签订了《美国、英国、法国、日本关于太平洋区域岛屿属地和领地的条约》（1921

年12月31日，通称《四国条约》），美国、英国、法国、意大利、日本签订了《美国、英国、法国、意大利、日本关于限制海军军备的条约》（1922年2月6日，通称《五国条约》），九国共同签订了《美国、英国、日本、法国、意大利、荷兰、比利时、葡萄牙、中国关于中国事件应适用各原则及政策之条约》（1922年2月6日，通称《九国公约》），确立了战后帝国主义在东亚、太平洋地区的统治秩序。其中，《四国条约》规定终止英日同盟协定，其补充条约规定岛屿属地和岛屿领地对日本只适用于库叶岛南部。《五国条约》规定了五国主力舰的吨位及比例，言明除夏威夷群岛等地外，不得建立新的海军基地和要塞。《九国公约》规定，在中国实行门户开放机会均等，削弱日本在中国的绝对优势，使中国沦为列强共同宰割的对象。华盛顿会议对推动美国在战后全球势力的迅速膨胀起重要作用，是美国外交史上的重要成果和极大胜利。资本主义列强通过华盛顿会议安排了东亚和太平洋地区的新秩序，这种构建在《四国条约》《五国条约》和《九国公约》基础上的远东国际关系体系，称为"华盛顿体系（Washington System）"。[1]

凡尔赛—华盛顿体系（Versailles-Washington System）是凡尔赛体系与华盛顿体系共同构建的一战后资本主义国际关系体系，是战胜国对战败国的重新瓜分，是帝国主义列强对殖民地半殖民地人民的重新奴役。该体系体现了资本主义世界整体性安排的特点，是一战后资本主义大国对世界格局的重新安排。国际联盟的成立和凡尔赛—华盛顿体系各条约中对限制海军军备的规定，都反映了20世纪世界政治的整体化趋势。帝国主义战胜国经此体系确立了其在欧洲以及远东地区和太平洋地区的力量对比关系，确定了一战后国际关系的总格局。[2]

凡尔赛—华盛顿体系是资本主义强权政治的产物，是战胜国为自身利益而作出的暂时妥协，并未解决存在于资本主义大国间和资本主义列强与殖民地半殖民地人民间的矛盾，也并未从本质上改变世界的基本格局，其构建的资本主义国际政治经济新秩序并不稳定。第一次世界大战结束后，殖民地与半殖民地受压迫和剥削的人民为争取民族独立和民族解放，不断发起对帝国主义的反

---

[1] 参阅李琮.世界经济学大辞典[M].北京：经济科学出版社，2000：365.
[2] 参阅王捷，杨玉文，杨雨生，等.第二次世界大战大词典[M].北京：华夏出版社，2003：27—28.

抗；被压制的德国不满该体系对其的制约，力图恢复和发展军国主义；德国、意大利、日本三个法西斯国家的向外扩张使各国军备竞赛愈演愈烈，进一步激化了帝国主义各国间的矛盾；资本主义世界经济危机不断加深，社会主义国家苏联打破了资本主义包围，不断发展壮大，作为资本主义新秩序的凡尔赛—华盛顿体系接连遭受冲击。

世界资本主义体系发展的不同形势决定了现代资本主义国家要采取不同的政策：或者战争，或者相对联合。一方面，国家或者国家集团间因各自利益问题使矛盾进一步激化，产生不可调解的争端与冲突时，势必会爆发战争；另一方面，当战争冲击到世界资本主义体系存在的基础时，不同国家或不同的国家集团会采取相对联合的方式平息战争，同时，资本主义国家为维护自身经济政治秩序的稳定发展，也会主动增进彼此间的联合。所以在现代国际关系发展史上，这种资本主义国家间的相对联合趋势表现得越来越明显。但在凡尔赛—华盛顿体系构建的国际秩序下，资本主义国家间相对联合的发展刚刚开始，是不成熟不稳定的，所以资本主义大国选择通过战争来解决矛盾与冲突。正如法军元帅福煦所预言"这不是和平，这是20年的休战"，1939年9月1日，德国突袭波兰，第二次世界大战全面爆发，凡尔赛—华盛顿体系彻底崩溃。

三、"联合国""关贸总协定与世界贸易组织""布雷顿森林体系"

第二次世界大战后期，为尽快打败法西斯侵略者，对战后世界和平与安全等问题做出安排，先后举行了开罗会议（1943年11月22日至11月26日）、德黑兰会议（1943年11月28日至12月1日）、雅尔塔会议（1945年2月4日至2月11日）和波茨坦会议（1945年7月18日至8月2日）等一系列大国首脑会议。会议就对德日作战问题、处置德国问题、波兰问题、远东问题、未来的国际组织问题达成主要协议，以公报、宣言和协定等形式确立了美国、苏联、英国三国安排的战后世界秩序[1]，设计和构建了一整套国际关系体系，该体系以雅尔塔协定为主体，故称"雅尔塔体系"。

---

[1] 参阅王捷，杨玉文，杨雨生，等.第二次世界大战大词典[M].北京：华夏出版社，2003：717-718.

雅尔塔体系（Yalta system）是对1945—1991年间国际政治格局的称呼，是继一战后形成的凡尔赛—华盛顿体系后，20世纪建立的第二个国际关系体系，对二战后的国际政治经济发展产生了深远影响。作为大国间实力对比和相互妥协的产物，雅尔塔体系体现了大国强权政治的特点。因欧洲在二战中实力被严重削弱，美国和苏联的军事经济力量迅速崛起，所以雅尔塔体系以美国、苏联这两个超级强国为中心，在欧洲和亚洲形成了社会主义和资本主义两大阵营对抗的、两极对立的战后政治格局。[1]雅尔塔体系的形成实现了世界由战争向和平的转变，促进了民族解放事业和第三世界国家的发展，推动了二战后科学技术的进步，但这种因大国强权政治形成的两极对立的政治格局，造成了不平等的国际关系和经济秩序，导致了地区间的不断冲突。

社会主义阵营因20世纪60年代苏联推行霸权主义政策导致中苏关系恶化而瓦解，资本主义阵营因20世纪70年代欧共体和日本要求在经济及政治上独立自主而分裂，世界经此由两极格局向多极格局转化，雅尔塔体系受到严重的影响和冲击。20世纪80年代末至90年代初，东欧剧变，两德统一，华沙条约组织解体，东西方冷战正式告终，特别是1991年苏联解体，标志着以美国和苏联两大军事集团对峙为基本的国际秩序发生根本变化[2]，雅尔塔体系瓦解。

"联合国（United Nations）"这一称号由美国时任总统罗斯福提出，在1942年1月1日由21个反对轴心国的同盟国家代表签署的《联合国家宣言》文件中被正式采用。通过以雅尔塔会议为代表的一系列重要国际会议，美国、苏联、英国、中国就建立一个"维护世界和平与安全"的国际机构这一目标达成一致。1945年6月26日，参加旧金山会议的50个国家签订《联合国宪章》，同年10月24日《宪章》正式生效，联合国正式成立。《联合国宪章》是联合国的基本大法，它确立了联合国的宗旨、原则和组织机构设置，规定了成员国应负的责任、权利和义务。《联合国宪章》以维护国际和平与安全、发展国际间友好关系、促进国际间交流与合作、构成一致协调的各国行动为宗旨，遵守尊重他

---

[1] 参阅庞正元，丁东红.当代西方社会发展理论新辞典[M].长春：吉林人民出版社，2001：485-486.
[2] 参阅张文木.变动中的世界政治与日本问题[J].中国软科学，2006，(5)：7-8.

国主权和领土完整、和平解决国际争端、不干涉内政等一系列重要原则，体现了人类对于两次世界大战的深刻反思，描绘出世界人民共建美好世界的宏伟蓝图，具有强大的生命力和重要现实意义。《联合国宪章》第三章第七条规定，联合国设有联合国大会、联合国安全理事会、联合国经济及社会理事会、联合国托管理事会、国际法院和联合国秘书处六个主要机构。第五章第二十三条规定，美利坚合众国、苏维埃社会主义共和国、大不列颠及北爱尔兰联合王国、法兰西第五共和国和中华民国为联合国的五大常任理事国。

当今世界的国际关系体系是以联合国《宪章》、宗旨、原则以及相关机构为核心载体，致力于世界和平与发展的国际合作体系。作为第二次世界大战后由主权国家组成的国际组织，联合国致力于维护世界和平、缓解国际紧张局势、解决地区争端与冲突、协调国际经济关系，在促进世界各国经济、科技、文化的交流与合作方面发挥了积极作用。

20世纪30至40年代，世界贸易保护主义盛行，第二次世界大战后，美国为推动国际贸易自由化，向联合国经济及社会理事会提出召开世界贸易和就业会议，成立国际贸易组织。为解决因各国间贸易的相互限制造成的世界经济萧条，联合国经济及社会理事会在1946年2月进行的第一次会议上，呼吁起草国际贸易组织宪章，并设立筹备委员会，1946年10月筹备委员会召开第一次会议，起草国际贸易组织宪章，在1947年11月的哈瓦那会议上，筹备委员会通过国际贸易组织宪章草案，通称《哈瓦那宪章》。根据《哈瓦那宪章》中有关国际贸易政策的内容，美国、中国等23个国家经过多次会议谈判，于1947年10月30日在日内瓦正式签订了关税及贸易总协定，1948年1月1日该协定正式生效。

关税及贸易总协定（General Agreement on Tariffs and Trade，GATT，简称关贸总协定）是由政府间缔结的有关关税和贸易规则的、国际上唯一权威的国际经济贸易多边协定，是各缔约国之间制定贸易政策、进行贸易往来的活动准则，有"经济联合国"之称。关贸总协定旨在削弱关税和其他贸易壁垒，通过削除国际贸易中的差别待遇，充分利用世界资源，对促进国际贸易自由化、扩大商品的生产与流通、促进各成员国的经济发展方面有积极作用。由于关贸总协定只是国际贸易组织创立前的一个过渡性协定，并非正式的国际组织，所以它在体制和规则上存在部分机制不健全、部分规则缺乏法律约束、缺乏必要的监督和检查手段等诸多局限性。随着世界经济特别是发展中国家经济的迅速发展以及经济全球化趋势的不断拓展，世界贸易在迅速发展的同时出现了许多新的矛盾和争端，为更好地解决因关贸总协定的局限性而产生的贸易争端和贸易摩擦，1994年4月15日，在乌拉圭回合的最后一次会议上，各缔约方作出了正式结束关贸总协定这一组织和建立世界贸易组织的决议，签署了包括《建立世界贸易组织协定》在内的《多边贸易谈判乌拉圭回合各项成果的最终文件》，关贸总协定这个过渡性的准国际贸易组织最终被世界贸易组织所取代。

世界贸易组织（World Trade Organization，WTO，简称世贸组织），是一个致力于监督和促进世界贸易的国际组织，于1995年1月1日在关贸总协定的基础上成立，总部设在瑞士日内瓦。根据《建立世界贸易组织协定》，世贸组织的宗旨是：提高生活水平，保证充分就业，保障稳定提高实际收入和有效需要，扩大货物和服务的生产与贸易按照可持续发展的原则，有效利用世界资源；积极努力达成互惠互利协议，消除国际贸易中的歧视待遇，确保发展中国家尤其是不发达国家在国际贸易增长中获得的份额。[1]世贸组织的最高权力机构是部长级会议，下设包括货物贸易理事会、服务贸易理事会、知识产权理事会、贸易与发展委员会、国际收支委员会、行政预算委员会在内的总理事会和秘书处。为了巩固关贸总协定为贸易自由化所做的努力和乌拉圭回合多边贸易谈判的所有成果，世贸组织始终坚持最惠国待遇原则、国民待遇原则、透明度原则、自由贸易原则和公平竞争原则，建立一个完整的、更加适用的、更加持久的多边贸易体制。[2]世贸组织的职能是制定、执行、管理和实施国际多边贸易规则，组织国际多边贸易谈判，解决成员国间存在的贸易争端问题，审议各成员国的贸易政策，与国际货币基金组织和世界银行及其附属机构进行合作，以增强全球经济决策的一致性。除上述基本内容之外，《建立世界贸易组织协定》在附件中对货物贸易多边协定、服务贸易总协定、与贸易有关的知识产权协定、贸易政策审议机制、诸边贸易协定问题也做了明确解说与规定。

在二战即将结束之际，为避免世界经济秩序重回战前的混乱状态，促进国

---

[1] 参阅刘树成.现代经济词典[M].南京：江苏人民出版社，2005：930.
[2] 参阅刘树成.现代经济词典[M].南京：江苏人民出版社，2005：930.

际间经济合作和全球经济发展，1944年7月1日，44个国家参加了在美国布雷顿森林召开的国际金融会议，在此会议上签订了《国际货币基金规定》和《国际复兴开发银行协定》，关贸总协定作为布雷顿森林会议的补充，连同布雷顿森林会议决定的各项议定，统称为"布雷顿森林体系"。

布雷顿森林体系（Bretton Woods System）是二战后建立的一种以美元为中心的国际货币体系，该体系是在其他资本主义国家经济明显衰弱，美国经济力量空前强大的形势下建立的，以外汇自由化、资本自由化和贸易自由化为主要内容的多边经济制度，构成资本主义集团的核心内容，其实质是按照美国利益制定的原则，实现美国经济霸权的国际货币体制。布雷顿森林体系建立国际货币基金组织作为永久性国际金融机构，规定以美元作为最主要的国际储备货币，实行美元—黄金本位制，将其他国家货币与美元挂钩，实行固定汇率制。

布雷顿森林体系结束了战前国际货币金融领域的混乱局面，建立了战后资本主义世界的货币秩序，保持了国际金本位制度相对统一性和稳定性的特点，维持了战后世界货币体系的正常运转，形成了相对稳定的国际金融环境。它加强了各国在经济领域尤其是金融方面的协调与合作，促进各国国内经济的发展，在相对稳定的情况下扩大了世界贸易，对国际贸易和世界经济的发展起了积极的推动作用。但这种建立在美国经济霸权基础上的美元—黄金本位制金融体系本身存在不可调和的矛盾，它的顺利运转要依靠美元坚挺稳定的地位和美国对外经济实力的优势，美元币值稳定要求美国有足够的黄金储备，且美国的国际收支必须保持顺差来保证黄金不断流入，而世界获得充足外汇储备要求美国的国际收支保持大量逆差，逆差的增大使美元不断贬值，美国黄金储备不断减少。20世纪60年代起，频发的美元危机严重削弱了美元的霸权地位，美元不再能兑换黄金，以美元为中心的固定汇率制度受到剧烈的冲击难以维持。

布雷顿森林体系较之历史上其他的国际货币制度有明显的改进，它建立了两大永久性的国际金融机构：国际货币基金组织（International Monetary Fund，IMF）和世界银行（World Bank，WB），签订了具有一定约束力的《国际货币基金协定》，建立了现代国际货币管理所必须的各项制度。布雷顿森林体系削弱之后，国际货币基金组织和世界银行作为重要的国际组织仍得以存在：国际货币基金组织负责监察货币汇率和世界各国贸易情况，向成员国提供短期资金借贷,保障国际货币体系的稳定,确保全球金融制度正常运作;世界银行将"重建"作为主要目的之一,规定参与国必须首先是国际货币基金组织的成员国,向成员国提供中长期信贷,以此来促进成员国的经济复苏,通过实现包容性和可持续性的全球化减少贫困,二者对世界经济的恢复与发展起积极作用。

第三节
纵横交互中的"一带一路"

"一带一路"倡议的历时态发展,以中华文明对外交往的时空向度,对接于传统丝路实然脉络的历史纵轴中;国际秩序的共时态集聚,以关系范式、系统功能、作用程式的时代拓展,展演于全球空间结构的历史横轴中;均衡普惠的区域合作框架和民心相通的全球治理新模式,以中华民族价值体认的"和衷共济",探索于"一带一路"战略的现实延伸中。历史脉络纵轴与国际秩序横轴的源流碰撞、现实交互、变化发展,在历史与现实的连接下、在理论与实践的向度里、在文明互鉴的共进中,指谓和呈现了"一带一路"连接古今的历史逻辑、变革秩序拓展关系的创新逻辑以及互惠互利相向而行的发展逻辑。

一、传统丝路的现实延伸

"一带一路"战略是"丝绸之路"精神的继承与发展。相对于传统"丝绸之路",继承性决定了"一带一路"性质上的相承、统一和一以贯之,进而决定了发展的连续性和渐进性;发展性决定了"一带一路"战略的新质、对传统的丰富与充实,进而决定了演进的跨越性和突进性。由此出发,在古代海上和陆上"丝绸之路"动态演进和功能转换的时空下,"一带一路"倡议试图打造一种新兴的跨文明之间陆路、水道或混合类型通路,促进不同地域、文明、民族之间多维立体的基础设施、贸易以及思想、知识和价值的互联、互惠、互通,以生成文化与文明在时间和空间上的互鉴与滋养。因此,"一带一路"倡议不仅继承了"亲、诚、惠、容"的古丝路传统,而且在空间和性质上实现了对古丝绸之路的超越。其基本内涵包括:集北方"丝绸之路经济带"和南方"丝绸之路经济带"于一体的"丝绸之路经济带"、"21世纪海上丝绸之路"、"一带一路"所承载的丝路精神等三个方面。在新的时代境遇中,丝绸之路演化为多元、自主的"带路辐射空间",通过境内外经济、交通、人文的合作与普惠,带动沿线国家与地区和平与发展的进程,致力于打造共商、共建、共赢的区域合作新常态,积极探索全球治理新模式。因此,作为传统丝路现代延伸的空间战略,"一带一路"既是对古丝绸之路的传承与观照,又是顺应潮流和时代发展的重要之举。

在"一带一路"的空间布局中,北方"丝绸之路经济带",主要是经张骞出使西域所经路线,继续向西延伸至西欧。这条线以西安为起点,境内经陕西、甘肃、青海、宁夏、新疆,境外经中亚、中东、中东欧、西欧,联通太平洋和欧洲波罗的海,贯通亚太经济圈和欧洲经济圈。南方"丝绸之路经济带",主要是经古老的"蜀身毒通"—"茶马古道"—滇缅公路、中印公路、滇越公路,连接孟中印缅,建设中巴经济走廊和大湄公河次区域。"21世纪海上丝绸之路",主要是在郑和下西洋航线的基础上,延伸至地中海和波罗的海,到达非洲西海岸。作为沿欧亚大陆"边缘地带"航行的大通道,"21世纪海上丝绸之路"以向西开放为重点,经太平洋、印度洋到大西洋波罗的海,境内所涉地区包括东部沿海各省市,并遥相呼应陆上"丝绸之路经济带"。境外部分,"印太"地区拥有世界一半以上的人口,分布着重要的贸易通道,其地缘空间延伸至非洲和拉丁美洲。

具体而言,"一带一路"倡议是在继承传统陆上丝绸之路和海上丝绸之路优秀内核基础上的发展,其意蕴不仅被赋予了更丰富的时代内涵,而且在实践层面上成为中华民族对外开放更加深化的时代之举。"一带一路"推进的核心思想,是以点带面,从线到片,逐步形成区域合作乃至国际合作的新区位、新结构、新空间。就境内而言,"一带一路"通过带动中国西部地区的大开发,塑造东部和西部互动的对外开放大格局。其中,西部地区可依托"一带一路"下的地缘优势,并内举外联和东引西进,而东中部地区则可以扩大对西部开发的深度参与,借此实现产业结构的改造与升级。与此同时,把握构建面向未来的亚太伙伴关系的契机,搭建APEC成员可共同参与的亚太自由贸易区。在基础设施建设方面,"一带一路"战略以互联互通连接亚欧大陆,建设的内容指涉公路、铁路、水运、电力、通信等各个领域。中国到东南亚、南亚以及亚欧大陆的公路网和铁路网，中缅国际陆路光缆工程，渝新欧铁路干线，从中国西部、中部、东部到欧洲的铁路线等，都在积极推进和完善之中。"一带一路"战略还将打通中国西南部的国际大通道，借此实现"两洋出海"的战略构想。孟中印缅经济走廊和中巴经济走廊，亦将极大地拓展中国的经济通道，使之延伸至印度洋。"一带"与"一路"的贯通，不仅为新疆、甘肃、青海等中国内陆省份，同时也为中亚国家打通至印度洋的最近出海口，连通南海域内相关国家对接"21世纪海上丝绸之路"的建设提供帮助。

"一带一路"倡议借用古丝绸之路的历史文化符号，以和平发展、合作共赢为基础，是"古代海陆丝绸之路"的当代发展与现实延伸。"一带一路"境内综合国力的迅速增长、在全球贸易中所扮演的角色，深化了全球空间格局中的位置，互利共赢的丝路精神薪火相传，推进了人类文明的进步。"一带一路"战略以经贸合作为基石，以政治外交为推进，以文化交流为纽带，以化解风险为目的，连接欧洲文明、中华文明、印度文明和伊斯兰文明，与沿线国家合力打造世界上最长、最具发展潜力的经济大走廊。"一带一路"所涉人口约44亿，占全球总人口的63%，经济总量20多万亿美元，约占全球总量的29%，通过"一带一路"，结成新型互动关系，实现资源的优势互补，构建以欧亚为轴心的大型自贸区。与此同时，"一带一路"战略彰显了新的历史节点上，中华民族秉承"开放""包容""和平""友好"的文化价值传统，致力于构建国际间互利共赢的新型合作关系，共同打造政治互信、经济融合、文化包容的利益共同体、责任共同体、命运共同体、生态共同体，对接中国梦、亚洲梦、欧洲梦、非洲梦、世界梦。

二、国际合作的时代拓展

国际体系之下的全球治理模式，代表了一个时代国与国关系的生存方式和生存理念。"体系"是指同类事物有规律的相互联系、相互作用，并按照一定的秩序和内部关系组合而成的稳定的统一体。体系的概念扩充到国际关系的范畴，特指各种国际行为主体之间以各种形式发生的关系，以及由这种关系汇聚而成的整体。沃尔兹体系将此定位为"一组互动的单位,由结构和互动的单位构成",其中包含了"国际体系"与"体系单位"这样两个基本要素。国际体系以地域范围和集聚规模的双向变化,演绎成局部结构层次和总体结构层次的类别,国家和非国家构成了这些层次中的行为主体,它们的冲突与依存、竞争与合作构成了相互影响和相互作用的系统方面。作为空间实体的重要部分,主权国家生存和发展于一定的空间——既包括基于国家领土的物理空间,又包括基于国家利益的社会空间。[①]在现行国际体系下,几乎所有的国际行为主体都被卷入其中,以此构成了国际体系的整体性;体系层次或次体系层次中的行为主体之间直接或间接的关系,构成了国际体系的普遍联系性;不同的综合实力和它们的差异导致国家间权力的失衡和事实上的不平等,构成了国际体系的非对称性;体系内各行为主体联系与作用产生的整体结构与功能,远甚于单个国家政策与行为之和,构成了国际体系的系统结构性。就国际体系的演化与过程而言,莫顿·卡普兰在《国际政治的系统和过程》一书中,以均势体系、松驰的两极体系、牢固的两极体系、环球体系、等级体系、单位否定体系,提出并创设了国际体系的系统模型,分别指谓18世纪到20世纪初的均势格局、二战之后初期出现的两极格局、发生在20世纪50至60年代的冷战对峙、60年代末以来的多极趋势、大国称霸的局势、出现"一国的威慑力量足以影响和阻止别国行为的情势"[②]。

和平与发展是空间变革的时代主题,同时也是国际合作、全球治理的时代主题。时代主题特指一个时期内有关世界全局性、战略性的基本问题或中心任务的理论概括,其内涵由世界范围内不同阶段的主要矛盾所决定,并随着时代的变迁、主要矛盾的变化和构成形式的发展而变化。国际秩序亦不是恒定不变的系统,正如"空间不是被动和一个空的容器,它是社会生活中的主动因素,是人们的空间实践形成的"[③]。国际秩序与时代主题相续在空间的演化和推进,不仅构成了国家关系共时态丰富的内容,而且构成了国际结构历时态变革的向

---

① 参阅金新.世界空间秩序理论初探[J].学术探索,2013,(1):63.
② 倪世雄,蔡翠红.西方国际体系论探索——从科学行为主义到建构主义[J].国际观察,2006,(4):19.
③ 强乃社.空间转向及其意义[J].学习与探索,2011,194(3):14.

度。"现在世界上真正大的问题,带全球性的战略问题,一个是和平问题,一个是经济问题或者说是发展问题。"[①]和平问题是指维护世界和平,防止发生新的世界大战;发展问题主要是指世界范围内人类社会的繁荣和发展,它是事物内部矛盾运动的结果,是量变与质变的统一,是构成当代世界政治经济核心问题的主要矛盾。发展是一个十分广泛的概念,在内涵上是指经济、社会、文化和科技等各个领域的综合协调,在外延上指全球各种类型的国家共同发展。"和平与发展"已经成为全球不同国家、地域、民族人民的共同愿景和现实需求,成为这个时代不可抗拒的潮流,同时亦成为国际秩序变革与国际合作拓展的大势。

回眸国际秩序演化的历史,"和平与发展"是人类社会无数次战争和苦难得出的教训和总结。历史上发生的每一次大规模战争几乎都催生了战后的国际性会议,会议的内容和结果均对国际关系格局和国际秩序变化产生了深远的影响。1618至1648年在欧洲进行的30年战争,兼有德意志内战和欧洲国际混战的两重性质,直接催生了《威斯特伐利亚和约》,进而引发了历史上第一个具有现代意义的国际关系体系——威斯特伐利亚体系,而它所确立的国家主权和国家关系原则,则构成了现代国际法的基础。曾经是欧洲最强大的封建君主专制国家的法国,1789年爆发的资产阶级革命,最终打破了威斯特伐利亚体系所构建的欧洲多极均势,直接后果就是拿破仑战败后维也纳会议的召开。从维也纳会议的条款来看,强权政治是其一大特色,和会在欧洲大陆恢复了旧的封建专制制度,并通过战胜国对战败国财产的瓜分,满足列强的领土野心,形成新的欧洲大陆均势。在此之下,维也纳会议建立的政治、军事、领土的新平衡与新均势,构成了维也纳体系的重要内容,作为重要补充的《神圣同盟条约》和《四国同盟条约》同时被视为维也纳体系的重要组成部分。

凡尔赛—华盛顿体系是第一次世界大战之后,战胜国英国、法国、美国、日本、意大利等帝国主义大国通过巴黎和会和华盛顿会议,以及这二次国际会议形成的关于西方的五个条约和关于东方的三个条约,及以国际联盟为代表的国际组织机构,重新建立的国际关系体系和新的国际秩序。凡尔赛体系主要调

---

① 邓小平.邓小平文选:第3卷[M].北京:人民出版社,1993:105.

整了帝国主义国家在西方的关系，远东和太平洋地区的势力和殖民划分则由后来的华盛顿体系来调整，两者构成了凡尔赛—华盛顿体系的主要内容，并维系着第一次世界大战后的空间秩序。随着帝国主义政治经济发展不平衡规律对此秩序的打破，第二次世界大战拉开帷幕。战后，世界大国依据雅尔塔会议等国际会议确立的基本原则，重新划分世界版图和势力范围，新的国际关系格局就此形成，即所谓的雅尔塔体系。雅尔塔体系建立在美苏实力均势的基础上，事实上划分了美苏的势力范围，深深打上了大国强权政治的烙印。[1]尤其是经济军事实力空前膨胀的美国与战争中被严重削弱的欧洲此消彼长，奠定了国际关系和国际秩序构造主角国家的地位。无论是从以"联合国"为代表的政治体系、以"关贸总协定及世界贸易组织"为代表的贸易体系，还是从以"布雷顿森林体系"为代表的金融体系，均可一探作为空间秩序的国际政治经济结构，"空间不仅是一个物质产物，而且是相关于其他物质产物而牵涉于历史决定的社会关系中，这些社会关系赋予空间以形式、功能和意义。"[2]

　　进入21世纪，国际合作与全球治理面临着时代发展的深刻变局。当今世界，国际金融危机的影响深层显现，世界经济既缓慢复苏又发展分化，一场深刻的国际投资贸易格局和多边投资贸易规则的调整正在酝酿，任何一个国家都不可能孤立地解决自身的发展问题。顺应经济全球化之上的世界多极化、文化多样化和社会信息化，"一带一路"倡仪旨在维护全球自由贸易体系和开放型经济，探索更深入的国际合作和全球治理新模式。作为"一带一路"战略背景和驱动力之一的经济全球化，是当代世界经济发展最根本的特征和不可抗拒的历史潮流，它是一种以国际化为基本前提、以市场化为体制保障、以信息化为运行载体的运动、过程和态势。经济全球化又是一种社会实践和一种思想理念。它既表现为资本扩张与增值的经济过程，又表现为文化激荡与碰撞的政治过程。作为经济和政治过程的统一，经济全球化在产生整合的同时制造分裂，在推动合作的同时引发冲突，在呼吁普世化的同时凸显特殊。[3]为全球治理与

---

[1] 张宇燕.雅尔塔体系的终结与当今世界格局[J].当代世界，2005，(5)：9.
[2] 卡斯特.网络社会的崛起[M].夏铸九，王志弘，译.北京：社会科学文献出版社，2003：505.
[3] 詹小美.论民族凝聚力的新挑战[J].南方论刊，2003，(7)：18.

国际合作带来新的问题和新的变数。在此过程中，经济实力越来越具有决定性的作用，各国都致力于实现长期、稳定和持续的经济发展。

"一带一路"倡议对空间秩序的集聚态势是经济全球化条件下对和平发展时代主题的深刻展演。"一带一路"国际横轴的世界图景勾勒出从威斯特伐利亚体系到维也纳体系再到凡尔赛—华盛顿体系、雅尔塔体系以及冷战格局的世界秩序的变迁与演进。在此过程中，全球治理模式与世界秩序正在完成一个由战后妥协秩序向合作治理格局的新转变。"一带一路"战略基于政治、经济、文化的深入合作与互联互通，力图改变国际政治关系的以大欺小、以强凌弱、以富压贫，力图改变国际生产体系的不合理分工、国际贸易体系的不等价交换、国际金融体系的不平等地位、国际技术转让的控制与被控制。"一带一路"建设以经济为基础、政治为中介、文化为导向，带动并打通"带路辐射空间"多国家主体间经济、人文、安全为主的世界文明交往。因"一带一路"倡议所演化而成的"和衷共济"的全球治理模式与区域合作框架，以和平与发展的当今世界时代主题为精神内核，破局"国强必霸"的世界丛林逻辑，演绎和睦相处、合作共赢的价值特质，不仅指向了国际秩序演化的空间维度，而且指向了世界治理模式和人类文明交往探索的时间向度。就此意义而言，对于全球治理与区域合作模式探索本身，建立公正合理的国际政治经济秩序的中国主张，不仅凸显了独具特色的东方智慧，而且表征着国际秩序时代拓展的主体多元、结构平等和规范合理的新常态。

中国"一带一路"倡议，秉持开放的区域合作精神，恪守联合国宪章的宗旨和原则，遵守和平共处五项原则，致力于打造和平、和谐、自主、多元的合作性全球治理模式。它不同于欧洲30年战争之后所形成的威斯特伐利亚体系，拿破仑政权被颠覆以后的维也纳体系，一战后形成的凡尔赛—华盛顿体系以及二战以后形成的冷战格局。这些体系都是人类战争以后的各个国家之间对利益调试的妥协，存在不平衡的隐患和风险，甚至酝酿着新的危机，其本质是"国强必霸"的野蛮逻辑。"一带一路"倡议是中华民族以和谐、合作、包容、开放的真诚意愿和致力于世界和平与发展事业的大国担当与责任意识，探索新形势下国际经济合作与发展的新模式。为共建成果惠及更广泛的区域，"一带一路"着重于推动互联互通的实现，为沿线国家加强经贸往来创造物质基础和便利条件。合作范围不限于传统丝绸之路，各国与各地区组织均可参与；不仅不排斥与其他区域的经贸合作，而且以经济大走廊对接更多的国家和地区、融通更多的合作形式。在平等、包容、合作、共赢的基础上，"一带一路"将续写共同发展的新篇章，最终形成互利共赢的利益共同体，发展繁荣兴旺的命运共同体。

在平等合作的框架下，"一带一路"提供的是一个开放、包容、独立、均衡的发展平台、对话平台和共赢平台。为此，坚持独立自主、开放自由、平等对话，倡导彼此尊重、相互包容、和而不同，为区域和全球的和平与发展发挥建设性的作用。正如《愿景与行动》指出的那样：原则上，尊重各国主权和领土完整、互不侵犯、互不干涉内政、和平共处、平等互利，尊重各国发展道路和模式的自主选择，坚持求同存异、兼容并蓄，遵循市场规律和国际通行规则、坚持市场运作，兼顾各方利益和关切，寻求利益契合点；合作机制上，发挥上海合作组织、中国—东盟（"10+1"）、亚太经合组织、亚欧会议、亚洲合作对话、亚信会议、中阿合作论坛、中国—海合会战略对话、大湄公河次区域经济合作、中亚区域经济合作等现有多边合作机制的作用，充分利用沿线各国区域、次区域相关国际论坛、展会以及博鳌亚洲论坛、中国国际投资贸易洽谈会等平台，鼓励沿线国家和地区挖掘历史文化遗产，联合申报世界文化遗产等。[1]

三、文明互鉴的关系共演

古代海陆丝绸之路曾是中国联系东西方的"国道"，是中国、印度、希腊三个文明交汇的桥梁。几大文明在这条通路上汇集并展开了广泛而深入的政治、经济、文化交往。"古丝绸之路不仅是历史上东西方交流的一个经贸通道，也被喻为世界历史展开的主轴、世界主要文化的母胎、东西方文明的桥梁，是世界公认的、人类历史遗留的珍贵的文化财富。"[2] "一带一路"倡议复

---

[1] 国家发展改革委，外交部，商务部.推动共建丝绸之路经济带和21世纪海上丝绸之路的愿景与行动. [EB/OL]. (2015-3-30) [2016-6-15]. http://2hs.mofcom.gov.cn/article/xxfb/201503/2015030092664.shtml.

[2] 马丽蓉.思路学研究——基于中国人外交的阐释框架[M].北京：时事出版社，2014：1.

兴了古代丝绸之路，传承并创设国际交往和文明交流的新丝路精神。新丝路精神既保有中华民族文化和平、包容、真诚、合作的价值特质，又融通了全球化时代开放、民主、平等、公平的时代精神。"一带一路"沿线不同种族、不同文化背景的国家和人民秉承包容互鉴、彼此尊重、文明互补、相互借鉴的理念共同参与到"一带一路"建设中，形成"你中有我，我中有你"的文明交流态势，形塑和重构全球视野下文明交流的东方价值体系，突破西方国家长期主导的东西方文化交流的话语权，推动全球化向更加包容的方向发展。

作为"一带一路"倡议提出的深刻时代背景，经济全球化的演进和扩张已经成为当今时代不可逆转的潮流。经济全球化按照资本的逻辑通过世界市场的扩张、资本的全球流动和跨国公司的运作，在展现资本主义价值哲学的同时，也形塑着世界的面貌。经济全球化一方面给全球不同地域、种族、文化的本土主义带来挑战，另一方面也为其提供转变、创新、飞跃的现实机遇。"资本自由流动协议可以理解为一种工具，即以减少贸易壁垒为名义，对凡是阻碍全球世界市场经济的法规、政治、习俗都可以进行改变，或者允许重新讨论。"[1]"全球化不仅是货物和服务的流动，而且还是思想与资本的流动。"[2]经济全球化虽然给本土主义带来了一定的侵袭，土著的民族从区域走向世界，从封闭走向开放也必然会夹带着痛苦，但是人们也意识到每一个独特的文明都无法孤闭地生存在多样的文明之中，其自身都需要在与其他文明的交往与交流中，取长补短、优势互补、互鉴互进，才能实现自身的生存与发展。经济全球化所蕴含的开放与交流、互鉴与发展、竞争与合作的内在逻辑已经也必将在人类文明间的交往与繁荣中得到深刻体认与认同，成为不可逆转并演化拓展的历史潮流。

"一带一路"建设中，经济因素发挥着基础性支撑作用。在经济全球化的时代背景下，国际之间的竞争与合作关系越来越受到以经济为基础的综合国力的深层影响。"一带一路"建设致力于打造合作型国家间关系的新形态，也必然以经济建设为双方合作的基础着力点。加强"一带一路"

---

[1] 阿兰·努瓦.面向全球化[J].泰洛斯，1996，夏季号（108）.
[2] 乔治·罗斯.走向全球开放社会[J].太平洋月刊，1998，（1）.

沿线国家的基础设施建设，促进欧亚非不同国家之间的互联互通，打通沿线各国经济交往与合作的发展动脉，是推动"一带一路"共商、共建、共享的基础要件。"一带一路"沿线国家间的关系必然依托于彼此的经济基础和综合国力，由此形成的"带路空间"国家关系集聚的态势，决定国际合作的向度与形态，同时，合作的重要目的是推进"一带一路"沿线区域经济的整体发展与成果共享。"一带一路"建设立足于经济发展，同时也服务于经济发展。只有充分明晰沿线国家的经济形态、向度、优劣势以及差距，才能充分调动多样的经济元素和经济力量，在深层的合作与交往中，实现优势互补、资源优化配置以及利益最大化。同时，也只有参与到"一带一路"建设中的国家真正地感受到经济发展的实惠，"一带一路"建设才能更持久地延续、发展进而演化成常态化的全球治理模式。世界经济危机自布雷顿森林体系弱势以来周期性发生，世界经济重心因欧洲经济的严重衰退转移到亚洲，为顺应世界经济重心的转移与发展，在跨国基建融资平台上，亚洲基础设施投资银行（Asian Infrastructure Investment Bank，AIIB，简称亚投行）正式成立，吸纳了亚洲、欧洲、非洲、拉丁美洲等地区60多个国家成为会员国。作为旨在促进亚洲区域建设互联互通化和经济一体化进程，加强中国及其他亚洲国家和地区合作的一个政府间性质的亚洲区域多边开发机构，亚投行和"一带一路"交汇于基础设施建设，亚投行与"一带一路"的顺利对接，有助于"一带一路"改善投资环境、防范投资风险和平衡国家间利益。[1]紧随其后的"亚洲金融合作协会"（简称亚金协）倡议的正式发起，将进一步促进亚洲区域内外金融机构的信息互通，进一步推进亚洲金融业在基础设施、金融业务和风险防控等方面的合作，进一步提升亚洲金融机构在国际金融市场的影响力。亚金协的实质是将金融与经济实体相糅合，以中国金融为核心构建的维护亚洲金融规则体系、推动亚洲经济发展、控制亚洲金融风险的平台，是"一带一路"境内可持续发展的技术需要，是"一带一路"境内综合实力发展的具体体现，是"一带一路"境内金融触角向亚洲及世界的进一步延伸。在

---

[1] 参阅刘翔峰.亚投行与"一带一路"战略[J].中国金融，2015，（9）.

"一带一路"战略下,亚金协将极大地推动亚洲金融行业的相关标准建设、互联互通和金融监管,进一步推动亚洲的投融资和贸易发展。由此,不难看出,"一带一路"建设所推动的互联互通,既是经济交流的前提,也是经济全球化的必然产物,对地域、语言和文化的打通,使得经济不再拘泥于一定的地域或者政治环境之中,经济作为文明的重要组成部分,在不同的地方发源并成长,但是只有在广泛的世界性交流过程中,才能实现更大的发展。

"一带一路"建设中,政治因素发挥着推动的中介性作用。"一带一路"从深层次上说是国际政治、经济发展到一定程度的必然产物。人们经历过人类野蛮战争的教训,面对和平与发展的时代境遇,必然要尝试探讨新型的世界治理和区域合作模式。以往的霸权强国奉行"国强必霸"的霸权逻辑,其自身无法自我扬弃,而中华文明长期处于古代丝绸之路的中心,并且保有了历史上对外交往中"亲诚惠容"的和平基因。在国际政治体系的转型中,全球政治经济重心正在向亚欧转移,美国对此施行了"亚太再平衡战略"。以此相对,"一带一路"战略不仅为欧亚非的经济发展带来新的机遇,而且赋予丝绸之路更多宏观性的全球政治战略品格。在全球政治经济高度一体化的背景下,"一带一路"的辐射空间不仅涵盖了全球能源储备和需求的中心地带,同时是牵系分离主义、恐怖主义集结的敏感地带,安全与非传统安全的严峻挑战,构成了"一带一路"战略必须做出回应的政治境遇。以命运共同体为宗旨的"一带一路"治理模式在推进世界安全治理进程、维护国际合作与交流的和平环境中发挥着基础性的政治作用。

"一带一路"建设中,文化发挥着价值引领的导向作用。"一带一路"全球治理中的"中医学""东方智慧"与"中国方案",是中华民族价值特质的时代拓展。随着全球化的深入发展,多元文化的共存已经构成世界人民共同面对的生存处境,"文明的冲突"在一定程度上形成了解释和回答全球化诘问的意义框架。多元文化中所蕴含的异质价值间的交流、交锋、交融,展演着不同民族的文化特质以及国际的文化力。作为内涵性、意向性、价值性的精神存在,文明的互鉴以公共行为、公共文化产品为承载,生成无形的集体认同感和价值感召力。这种文化力在很大程度上取决于综合国力在国际政治经济结构中的演化；取决于地理要素、自然资源、工业能力、军事储备等客观存在的国家潜力"激活"的可能，"演化"与"可能"生成现实的影响力和控制力[①]。处于强势的文化能够通过对国家潜力的最优化配置、组合和协调，最大限度地将其激活、发挥出来；处于弱势的文化向心力弱、集体认同感低、社会堕化现象严重，窒息原本巨大的国家潜力。[②]因此，在国际舞台上，国家间话语权的生成越来越依赖于其所推崇的文化价值观所获得的价值认同感。人文外交从提供物质产品到提供价值沟通的文化产品的方向转变，通过文化价值观所彰显的国家传播信誉，形塑着世界舞台上的形象政治和信誉政治。

"一带一路"倡议所推进的不同文明间的互通互鉴，意涵欧亚非不同国家、民族、区域基于经济融合、政治互信、文化包容的全方位深入交流与合作。在此过程中，各国以经济的深度合作与融合为基础，通过制度、政策、决策等政治的中介性作用，并以文化所蕴含的多元价值内核为引领，积极参与到"一带一路"所搭建的全球互动模式中，参与国际合作，谋求世界和平、打造不同文明之间政治、经济、文化的共系共进。"一带一路"倡议致力于打造不同文明之间共融互鉴的利益共同体、责任共同体和命运共同体，"共同体"的话语表达意涵着一种文明间共系共进的整体协同。命运共同体是共同体形式里面的高级形式，其基础层次是基于各国之间政治互信的全球安全共同体，这是一切共同体形式的基础要件和必备环境。利益共同体与责任共同体相互支撑，是命运共同体的题中之义，构成了安全共同体与命运共同体的前提和保障。"一带一路"所推崇的"人类命运共同体"区别于西方推动的"人类价值共同体"的诠释。世界的现代历史进程证明，"人类价值共同体"的西方语境是西方文化基因之上独占性的产物，是排他性的"普世"幻想，并且已经给人类文明带来了沉重灾难。"一带一路"倡议区别于英美全球扩张的霸权逻辑以及其所标榜的"普世主义"，主张打造多元文明互鉴共荣的全球共同体。这种新型的全球多元性共同体的深层价值理念不仅传承与发扬了传统丝绸之路所承载的东方儒家价值，使得"仁""礼""和

---

① 李智.试论美国的文化外交：软权力的运用[J].太平洋学报，2004，（2）.
② 李智.文化外交：一种传播的解读[M].北京：北京大学出版社，2005：5.

谐"思想得到延续与传扬，而且实现了自身的现代性转化。随着"一带一路"文明互鉴的相向而行，它所承载的"和"与"合"呈现出深度交流、对话合作、多样包容的时代特质，以及和谐互利、共生共赢的价值归旨。

"一带一路"促进的"联通、畅通、融通、沟通、相通"的"五通"，致力于实现命运、利益、责任、生态人类共同体，区别于排斥性的西方文化基础之上的"人类价值共同体"；"一带一路"倡导的仁义和谐、公平公正、自由兼容的全球治理思想体系，区别于单向度的西方巧实力扩散之上的"传播、交际、公关"；"一带一路"实施的共商、共建、共享的跨文化实践，区别于殖民主义和扩张主义色彩的英美全球化战略。作为"一带一路"实施的润滑剂和助推器，传播模式向沟通模式的转换，从包容到传播、从传播到沟通、从沟通到融合，蕴含了平等对话、倾听交流的双向性和主体间性。由此出发，"一带一路"的空间推进，标志着中华文化"和而不同"的人文关怀与"和衷共济"的价值体认；"一带一路"的空间承载，标志着"容—传—通—融—同"机制胸怀天下和放眼全球的内涵；"一带一路"的文化外延，标志着"求同存异"开放和包容的价值归旨。"一带一路"所建设的利益共同体、责任共同体、命运共同体和生态共同体，以独具特质的东方韵味形成文明互鉴的精神内核，以"和而不同"的东方智慧搭建文明互鉴的战略平台，以"和衷共济"的东方模式推进文明互鉴的相向而行。

第三章
"一带一路"文化蕴涵的东方语境

　　语境是人们在交往过程中表达思想感情的语言和社会环境。语法学的"语法场"、社会学的"语域"、心理学的"语意心境"、修辞学的"题旨情境"等都是"语境"一词的具体运用。"一带一路"是中华民族对外开放的总体方略，具有国家推动、通盘谋划、整体布局的"战略"特质；"一带一路"同时是提议、倡导和发起，具有激发沿线各国共同参与、努力打造、造福彼此的"倡议"特性。从战略的特质出发，经济战略、政治战略、文化战略既各自独立又相互配合，构成了"一带一路"经济合作、政治交往、互学互鉴的战略归旨；从倡议的特性出发，作为全球空间和区域发展合作共赢的现实导向和价值引领，"一带一路"在推进经济、政治、文化交往的同时，亦在促进沿线各国彼此承认、理解沟通的优势互补。就战略和倡议的互构支撑与影响而言，"一带一路"文明互鉴的相向而行，不仅指谓了其文化蕴涵"和衷共济"的东方智慧，而且指向了与西方语境相对的平等、包容、对话、合作的题旨情境。

第一节
"一带一路"的文化蕴涵

全球化与现代化交织的世界图景是"一带一路"文化蕴涵展示的现实场,彼此承认、平等交往、理解沟通、优势互补是"一带一路"的文化蕴涵延伸的意义域。现实场与意义域的结合,特别指谓了历史记忆和文化符号的借助,搭建沿线各国不同文明形态、不同文化模式之间的对话平台与空间,指向了"一带一路"相向而行的话语语境和软实力建构的释放。在现实性上,东方话语语境创设的世界图景、价值归旨和价值特质在"一带一路"文化蕴涵中的彰显,以全球治理与区域合作命运共同体、利益共同体、责任共同体的打造,拓展了沿线各国文明互鉴的情感空间、利益空间和责任空间,以目标关系系统、范式关系共性和发展关系聚合,映射了"一带一路"创设范式的共商、共建、共享,以经济基础之上、政治中介之下和文化导引之中的"五通",明晰了"一带一路"不同文明主体之间相向而行的举措与路径。

一、"一带一路"文化蕴涵的世界图景

当代世界经济发展的根本特征集中于经济全球化,这是"一带一路"文化蕴涵东方语境创设的背景域。货币、贸易、征服和移民运动的全球性展开与世界性对接,不仅是全球化劳动分工和生产者专业化扩张的产物,而且是全球化地域性发展与世界性对接的结果。全球化的资本逻辑以资本主义的全球扩展为先导,涵盖世界经济、政治和文化,触角深入人们生活的各个方面,必然带来强势文化价值的效仿与崇拜,形成西方语境普适化的假象,同时也会带动与之相对的民族原质的反思与觉醒,呼吁多元化与差异化并存的话语表达的出现。其过程不仅包含了资本运行的扩张与增值,而且还包含了文化的交锋与交融。作为西方主导的"工具性思维"的产物,西方话语语境的强制主导凸显了强势推进的物质承载、制度设计和价值表达,由此证明了"在诸文明的起源问题

上，挑战与应战间互动是超出其他因素的决定性因素"[1]。由此出发，西方话语语境的均质化要求与发展中国家话语表达的回应，构成了"一带一路"文化蕴涵东方语境创设的矛盾与张力。

既互为过程又互为结果的现代化和全球化，代表了"一种将世界各地的人群组合成一个整体的全球社会的趋势"[2]。现代化导引的市场整合和结构性调整，使经济全球化"可以视为世界范围内，社会性联系的加强，由此发生在各个地域的事件，其影响可以波及原来被认为遥不可及的地方和人群"[3]。概言之，经济全球化的时空分延"使在场和缺场纠缠在一起，让远距离的社会事件和社会关系与地方性场景交织在一起"[4]。其间，以社会力量面目出现的资本杠杆不断地推动着工业资本向知识资本的递进，这在相当意义上代表了工业社会向后工业社会的转型，缩影着工业现代化进入经济全球化的历史进程。根据马克斯·韦伯的观点，现代资本主义精神的实质就是对金钱的追求[5]。在资本扩张的现实场景中，我们看到"从世界性商品链中产生的总的剩余价值在任何时候都是有限的，这些剩余价值在任何时候都不是在商品链的所有环节上平均分配，而总是集中于一些特定的环节和地区"[6]。经济的政治表达是如此，文化价值的话语表达更是如此。

经济全球化不仅促成了世界市场的形成，而且促成了网络化信息沟通方式的重大变革，由此引发语话表达对话机制的重大变化。这一变化"可以认为开始于15世纪末的航海大发现。航海技术克服了海洋障碍，人类的洲际交通成为可能，加上后来以机械化大生产为特征的工业革命，使西方生产力领先的国家向世界各地扩张成为现实。它们对世界市场的拓展和向亚非国家的殖民活动

---

[1] 阿诺德·汤因比. 历史研究[M]. 郭小凌, 等译. 上海：上海世纪出版集团, 2005：82.
[2] 李鑫炜. 体系、变革与全球化进程[M]. 北京：中国社会科学出版社, 2000：15.
[3] 李鑫炜. 体系、变革与全球化进程[M]. 北京：中国社会科学出版社, 2000：15.
[4] 安东尼·吉登斯. 现代性与自我认同：现代晚期的自我与社会[M]. 赵旭东, 方文, 译. 北京：生活·读书·新知三联书店, 1998：23.
[5] 马克斯·韦伯. 新教伦理与资本主义精神[M]. 彭强, 等译. 西安：陕西师范大学出版社, 2002：19.
[6] STEIN I W. Development: Lodestar or Illusion? //[M] Unthinking Social Science: The Limits of Nineteenth Century Paradigms. Cambridge: Polity Press, 1991：109.

是全球化过程开始阶段的根本特征"①。两次世界大战之后，尤其是第三次科技革命的到来，交通运输、电子通讯技术基础之上的人员、物资、信息的全球自由流动打破了地域空间的阻隔。在阿兰·佰努瓦看来，全球化最明显的特征之一，就是出现了能够以全球规模规划其发展并实施其世界整体策略的工业公司。跨国公司在整合世界市场并推动生产要素的全球配置的同时，大大提高了经贸合作的规模和人文交流的频率。由此证明了，"'国际惯例'即市场上共同的'游戏规则'的出现，是经济全球化进程在贸易交往制度上的反应，是经济活动伴生的文化现象"②，是话语表达世界图景的一部分。

作为文化资本主义发展的必然向度和必经阶段，经济全球化使西方语境的中心文化，以世界秩序的制度话语权施加对边缘文化的影响，服务于"主角国家"的经济扩张和政治推进。正是在同质化与异质化的紧张对峙中，产生和突出了以寻求自主性为特征的社会运动和话语表达。如同民族国家拥有主权一样，文化也需要得到承认，摆脱外来的压力、影响以及限制（他律）并以自己的方式发展，从而在某些最为重要的领域获得自主权。要获得文化自治，我们不得不将文化理解为具有能动性（agency）的，但正如汤姆林森（Tomlinson）所说，文化有无能动性尚存争议，因为文化不是事物，而是行为实践。事实上，西方语境经济和政治话语的文化表达，不仅局限于音乐和文学，而且延伸到消费主义模式、消费品本身以及经济和政治制度本身。"帝国主义像过去一样，在具体的政治、意识形态、经济和社会生活中，也在一般的文化领域中继续存在。"③伴随着冲突与整合的过程，多元文化的相遇和碰撞，西方强势文化的话语表达和话语语境始终扮演着"兼并"与"异化"的角色，并在事实上以文化强势的面目进行渗透式的感染与同化。所有这些"由全球完全资本主义化所产生的对非欧洲文化的现代化压力变得更为强大而且广泛存在"④的现象，无不指向了东方话语表达的权力和话语语境创设的世界图景。

---

① 费孝通.中国文化的重建[M].上海：华东师范大学出版社，2014：40.
② 费孝通.中国文化的重建[M].上海：华东师范大学出版社，2014：41.
③ 萨义德.文化与帝国主义[M].李琨，译.上海：生活·读书·新知三联书店，2003：10.
④ 特茨拉夫.全球化压力下的世界文化：来自各大洲的经验和反应[M].吴志成，韦苏，陈宗显，等译.南昌：江西人民出版社，2001：15.

在全球化与现代化交织的时代背景下,"一带一路"倡议与中亚、西亚、欧洲、北非等60多个国家,近40多亿人口建立广泛的互联互通与交流合作新平台,凸显了与西方单边主义话语表达相对的东方智慧。当今社会,和平与发展是人类永恒的向往,民主与平等是人类诉求的价值。事实上"没有一种文明可以毫无流动地存续下来:所有文明都通过贸易和外来者的激励作用得到了丰富"①。与西方单边主义话语语境强调文明的斥异性和冲突性不同,东方语境的多元互补、相互依存、平等对话与协同进步,代表了世界文明共融共通的应然态势。"一带一路"建设正是以不断发展的经济规模和政治效应为基础,结构性地拓展文化交流与团结合作的新格局。在共商、共建、共享原则下,"一带一路""和衷共济"的话语表达和语境创设,对接不同文明主体之间的互联互通,强调文化认同对地区差异的消解,主张价值认同对民族间隔的弥合,其文化蕴涵展示的人文交流与平等对话,将全面提升文化创意的理念和层次,催生不同文明之间的民心相通,以此生成世界图景中经济合作的"润滑剂"和政治交往的"软助力"。

二、"一带一路"文化蕴涵的价值归旨

"一带一路"以丝绸之路的历史符号与时空范围为承载,是关于沿线不同文明之间政治、经济、文化合作与共同发展的理想和倡议。事实上,"真正把人们维系在一起的是他们的文化,即他们共同所具有的观念和准则"②。陆上丝绸之路与海上丝绸之路曾经是最重要的亚欧大陆商贸文化通道,凝结了沿线国家共同的历史记忆与文化符号。作为战略与倡议相结合的文化价值底色,"一带一路"集团内战略和国际倡议于一体,其文化图谱的结构性调整在东方语境创设中的重塑,构成了"一带一路"文化蕴涵的价值表达与现实意义。在此之上,"一带一路"集目的性和指向性于一体,它以全方位的务实合作和互学互鉴,打造和谐包容、平等互利的人类文明共同体。由此出发,命运共同体、利益共同体、责任共同体构成了"一带一路"文化蕴涵价值归旨的目标系统。就

---

① 布罗代尔. 文明史纲[M]. 肖昶,等译. 桂林:广西师范大学出版社,2003:30.
② 本尼迪克特. 文化模式[M]. 王炜,等译. 北京:社会科学文献出版社,2009:11.

"一带一路"文化蕴涵的整体结构而言，命运共同体是文化蕴涵价值目标的始点，利益共同体是文化蕴涵价值目标的基质，责任共同体是文化蕴涵价值目标的牵引。就"一带一路"建设的依托而言，既有的双边和多边合作机制的深挖与利用，强调经济合作的载体，政治伙伴关系的介质，文化合作的平台，推动经济的共生、政治的发展和文化的融通。经济上，以多维合作的交流促进全方位的经济融合；政治上，以深度的政治互信打造和平安全的政治生态；文化上，以兼容并蓄的和合与共进行互学互鉴的相向而行。

生存与发展所催生的交往与合作，不仅是不同文明模式和文化形态所共同遵循的基本价值，而且是"一带一路"东方语境承载和表达的现实确证与本质体现。事实上的文化传播，受制于文明主体的差异性和多样性，陌生感、变动性、焦虑感和排斥性并存。基于"丝路"经济带的支点连接更为广阔的地域空间，"一带一路"在创新区域合作模式的同时，搭建不同文明主体间互学互鉴的平台。"一带一路"文化蕴涵的价值归旨展演于文化传播的多维度和多渠道，基于不同文明主体之间的认知、了解和理解，实现观念体系的交流与沟通。与此相适应，文化传播是文化认知、理解、交往与合作的基础，民心相通则是不同文明主体求同存异同一性与默契感产生的前提。"一带一路"建设通过对丝绸之路文化资源的保护、传承与创新，形成多元一体的文化交流、文化传播、文化贸易的新格局，为沿线各国的人文交流提供新机遇，旨在加强不同文明之间的交流互鉴，促进多元文化的共生共融。在"一带一路"的倡议下，文化交流、学术往来、人才合作、媒体互动等活动，拓展更为深厚的民意基础。由此出发，"一带一路"文化蕴涵的价值归旨不仅顺应了世界文化发展的趋势，而且体现了东方语境话语表达的特质。

文化先行的软实力释放，在民心相通的社会心理上引领经济交往与合作，提高政治互信，增强共同体的责任意识，是"一带一路"文化蕴涵价值归旨的诠释与释放。在现实性上，"一带一路"价值归旨的现实表达，强调的是国际交往和文化互动中产生的吸引力、感召力和向心力；"一带一路"价值归旨的软实力生成，强调的是文化软实力与物质硬实力相互配合、相互支撑的综合与竞争。价值归旨的现实表达是基于物质硬实力之上的文化伸张，价值归旨的软实力生成为经济发展模式、政治制度模式和社会生活模式提供现实的支撑与论证。"一带一路"的互联互通，推进不同地域、民族、国家之间的优势互补，以取长补短的资源共享，实现文化的兼蓄、繁荣与发展。战略与倡议相结合的"一带一路"，以文化蕴涵的价值表达，影响周边的生态文化和不同文明主体之间的互学互鉴，以文化交流的先导进行经济交往和政治合作的引领，减少硬摩擦，助力于各项事业的推进与发展。具体而言，文化的话语表达与软实力释放，不仅包含了文学、艺术、精神、感性的价值意涵，而且蕴含着物态化和实体化转换的实践指向。由此出发，"一带一路"文化蕴涵的价值表达，是经济基础和政治中介反映的文化目标，是文化经济力和政治硬实力支撑的软实力伸张，不仅代表了当今世界多元碰撞的文化境遇，而且凸显了"和衷共济"共同发展的目标图景。

"一带一路"的深层交往不仅在于经济、政治、文化行为与信息的互动与交换，而且在于社会民众等民间主体的交往与亲和。在现实性上，民间交往的沟通不仅依赖于文化交流的推进，而且影响于民心相通的共融，推进与共融正是"一带一路"文化蕴涵的现实表达和价值归旨的实践诠释。事实上，经贸往来的"硬支撑"与人文交往的"软助力"，二者相得益彰、相互支撑。人员交往与文化互动增进信任、加深感情的生活化和世俗化，是打破历史背景、宗教文化、社会制度隔阂的基础。"一带一路"文化蕴涵价值归旨的表达与实现，更多地是立足于现有的合作基础，探索和创建不同领域的新拓展和新推介，尤其是艺术、旅游、教育、饮食、文化产品作为载体的互学互鉴。在此之下，"一带一路"建设的推进，强调不同文明主体之间政府合作机制的中介性，强调各种合作协定、平台搭建、执行计划的切实可行性，强调民间交往频次的加快和合作交往内容的丰富，强调诸如电影节、文化年、旅游活动多个形式文化主题的渗透。"一带一路"文化蕴涵价值归旨的表达与实现，连接中国梦、亚洲梦、欧洲梦、非洲梦，对接个人梦、国族梦、区域梦。在此之下，"一带一路"建设的推进，重视沿线各国人民友好感情的加深，重视国际合作民意基础和社会基础的夯实，重视国际交往潜移默化影响功效的发挥，它以东方文化柔性力量的凸显和释放，提升话语表达的引领力和感召力，拓展文化交往的价值空间。

三、"一带一路"文化蕴涵的价值特质

"一带一路"战略与倡议的结合,不仅表征着文化蕴涵权力话语的现实建构,而且指谓着文化蕴涵价值特质的现实诠释。与此相适应,"一带一路"坚持共商、共建、共享的实施范式,打造政治互信、经济融合、文化包容的命运共同体、利益共同体、责任共同体,不仅体现了东方文明崇尚和平、平等、集体、包容、合作的对象性活动,而且彰显了不同文化求同存异、和谐并蓄、互补互鉴,文明融新、共同繁荣的价值追求。范式作为符合某种级别的关系模式的集合,它所蕴含的特殊性与重要性,在本原上规定了"一带一路"文化蕴涵彼此承认、平等交往、理解沟通、优势互补的发展方向和创设原则。基于各文明主体发展战略相互对接的图式与场景,共商、共建、共享的关系范式,指向了"一带一路"文化蕴涵指涉的建设过程和融通向度,其价值体认的现实表达,以不同文明之间的文化元素、关系定制和过程细化,彰显东方文明的文化特性与价值特质。

追求文化多元性的交流与合作,实现不同文明主体之间的合作与共赢,构成了文化多样性与包容性并存的东方智慧与价值特质话语表达的意义域,这是东方文明精神文化的价值内核和价值外显。作为东方文明"和衷共济"智慧的具体表现,"一带一路"文化蕴涵的价值体认,兼顾各文明主体的切身利益和现实需求,"君子养心莫善于诚。致诚则无它事矣,唯仁之为守,唯义之为行。"(《荀子·不苟》)"一带一路"的文化蕴涵突出关系共生,以互尊互信、平等合作、开放包容为核心,强调各文明主体在政治、经济和文化上的彼此平等,尊重各国选择的发展道路。"一带一路"的文化蕴涵突出关系共生,意味着参与主体的彼此承认,即导引文明发展差异和历史进程分歧的消解;"一带一路"的文化蕴涵突出关系共生,意味着平等交往,即尊重彼此文化的精华与结晶;"一带一路"的文化蕴涵突出关系共生,意味着理解沟通,即各美其美、和而不同;"一带一路"的文化蕴涵突出关系共生,意味着优势互补,即共同构建文明主体互信的场域;"一带一路"的文化蕴涵突出关系共生,以相互尊重、相互理解为先导,积极利用现有的双边和多边合作机制,展开多层次、多渠道、多形式的对话和沟通,在公正、公开、透明的前提下,奠基"一带一路"文明互鉴的政治基石。由此出发,"一带一路"文化蕴涵的价

值特质，正是在关系共生的互鉴里，在关系共生的包容中，寻找"我"到"我们"的归属，在互鉴交往的融通中明晰"他者"的向度，在传统与现实的连接中实现"和而不同"的发展。

"一带一路"历时态的发展演变，于海陆丝绸之路的时空对接中勾勒出中华文明对外人文交往的历史脉络。在现实性上，"一带一路"首先是丝路精神的当代唤醒和延续，它所承载的历史使命和蕴含的精神理想，与融合中西文化、广纳八方精华的"汉唐风格"一脉相承。东方文明的价值理念表征在丝绸之路沿线的互学互鉴，自古以来都是沿线多国共同维护与发展的结果。古陆上丝绸之路从伊斯坦布尔、伊斯法罕、希瓦、撒马尔罕、奥什，再到西安，是一条横跨亚欧的经贸大陆桥。海陆丝绸之路历史性兴替，相辅相成，既反映了中华文明特定政治局势地缘格局的转换，同时也是经济中心南移、陆上贸易的内在局限、航海技术的优势等系统因素共同促成的，在世界格局的共时展演中，同时反映了"国家强盛、丝路通畅，互学互鉴、文化繁荣"的历史逻辑。19世纪中后期，欧洲强国之间的大国博弈和对世界的划分，传统丝绸之路由于政治动荡因素的障碍而被迫中断。传统丝绸之路连接亚欧非几大文明的贸易和人文交流，承载着"和平合作、开放包容、互学互鉴、互利共赢"的丝路精神，千百年来薪火相传，成为推进了人类文明进步、促进区域性发展团结合作的重要纽带，成为东西方交流合作共赢的象征。作为世界各国共有的历史文化遗产，丝路精神所孕育的"一带一路"话语表达的价值特质，从传统与现实的链接中，彰显了东方智慧的内核和"一带一路"特质的承袭。

在古海陆丝绸之路具体和历史的动态演变中，"一带一路"建设打造了一种新兴的跨文明之间陆路、水道或混合类型通路，以此促进文明主体之间的基础设施、商品、思想、知识和价值的互联、互惠、互通，生成文化的互鉴与滋养，体现了其文化蕴涵的价值特质。"一带一路"的文化线路不仅继承了"亲、诚、惠、容"古丝绸之路精神，而且在空间和性质上超越了古丝绸之路。在新的时代境遇中丝绸之路演化成"带路辐射空间"，通过中外经济、人文、和平为主的合作带动沿线辐射国家与地区间的和平与发展进程，致力于打造共商、共建、共赢的合作性全球治理模式。"一带一路"现实推进，立体、鲜活，既充满历史底蕴又与时俱进。文化共识及价值认同的基础性作用，是"一带一路"文化蕴涵话语表达之维，其价值特质的影响力对时空限域和国界阻隔现实消解，构成了不同的文明主体彼此承认、平等交往、理解沟通的优势互补。在命运共同体、利益共同体、责任共同体的价值目标下，在共商、共建、共享的创设范式下，"一带一路"建设承袭东方文明崇和向善的传统，从"同舟共济"到"亲、诚、惠、容"，贯通欧亚非三大陆、60多个国家、40亿人口，幅射多姿多彩的文明形态，集聚人文交流与文明互鉴的资源与财富。由此出发，"一带一路"文化蕴涵所蕴含的文化亲和力与价值感召力，是东方文明价值特质的文化融通，是文明互鉴人文交往的价值指向，是不同主体共同繁荣的价值体认。就此意义而言，"一带一路"不仅仅是空间概念的文化传播与文明互鉴，而且是文化概念历史承袭的软实力构成。

在人类历史上，全球性的通路所构造的空间场域都是大国之间展开博弈以谋取结构性霸权的地方。近代世界，以英国为代表的全球拓殖使得世界范围内的不同文明被迫纳入西方文明主导的秩序中，在本土文化伸张与资本主义文化强势席卷中艰难地塑造着新的国家认同、政治认同以及文化认同，这正是单边主义的西方话语价值表达的派生物。斯派克曼认为：夺取权力的竞争是人类关系的根本实质，在国际事务的领域内尤其如此——其余一切都是次要的，因为到最后唯有强权才能实现外交政策的目的。[1]正如豪斯霍菲尔所说：以往的"地缘政治学是公正地分割世界地表的生存空间、呼吸空间的斗争手段。"[2]而"一带一路"国际横轴的世界图景勾勒出从威斯特伐利亚体系到维也纳体系再到凡尔赛—华盛顿体系、雅尔塔体系以及冷战格局的世界秩序的变迁与演进。在此过程中，全球治理模式与世界秩序正在完成一个由战后妥协秩序向合作治理格局的新转变。"一带一路"文化蕴涵辐射空间是一个多文明体系共存的独特文化圈，其文化蕴涵的东方特质强调具有世界性、包容性、开放性的价值体系的建构与完善，强调多元文化主体间的平等对话，强调历史与传统的彼此尊重，强调体制与文化的多样性和融洽性。

"一带一路"共时态全球空间的集聚态势，展现着和平与发展时代主题

---

[1] 转引自爱·麦·伯恩斯. 当代世界政治理论[M]. 曾炳钧，译. 紫金如，校. 北京：商务印书馆，1983：479.
[2] 转引自张文奎，刘继生，阎越. 政治地理学[M]. 南京：江苏教育出版社，1991：55.

下，东方文化智慧对全球治理与区域合作模式的创新，同时也凸显了东方文化价值追求之下的全球治理愿景与价值推崇。"一带一路"通过"五通"所推进的沿线文明圈命运共同体，是一个具有和平包容性质的文化价值共同体，蕴含着安全、命运、利益、责任、生态的意涵。不同文明形态构成的文化格局，同样可以在包容并蓄、多元共存、互学互鉴的精神特质里共生共荣。"一带一路"文化蕴涵所建设的互学互鉴的文化圈，试图构建多主体、多中心的文明交往框架，"通过开放性和互动性的动态平衡，不断调整和更新文化理念来适应变化了的环境，以创造和传承民族文明"[①]。"一带一路"文化蕴涵的实践形态，不仅是文明发展的继承，而且是与世界对接的适应性发展。基于政治、经济、文化的深入合作与互联互通，"一带一路"建设以经济为基础、政治为中介、文化为导向，带动并打通"带路辐射空间"多国家主体间经济、人文、安全为主的世界文明交往。因"一带一路"倡议所演化而成的具有东方特质的全球治理模式与区域合作理念，以和平与发展的时代主题为内核，以"和衷共济"的精神理念为依托，打破"国强必霸"的世界丛林逻辑，演绎着和睦相处、合作共赢的文化基因，以此彰显了东方文明独具特质的价值体认。

第二节
"一带一路"的软实力建构

软实力是一个国家维护和实现国家利益的基本能力，包括政府的决策力和民众的行动力。正如约瑟夫·奈在《软实力——国际政治的制胜之道》一书中所指出的那样：是基于该国在国际社会的文化认同感而产生的亲和力、吸引力、凝聚力和影响力。简而言之，特指一个国家或地区文化的影响力、凝聚力和感召力。"一带一路"文化战略借助古代丝绸之路的文化符号建构当代国际社会合作发展的新平台、新机制，它是区域合作与协同发展的文化指谓，不仅是全球经济发展与国际合作拓展的策略指向和沟通渠道，同时也是国际话语表

---

① 彭树智.文明交往论[M].西安：陕西人民出版社，2002：23.

达与建构的重要方式。"一带一路"推进的软实力建构,代表着全球空间格局中多元文化形态交往模式的转向与趋势。它意味着"某种政治秩序被认可的价值"[①]文化功能的拓展与延伸。其中,文化价值的宣称与表达,文明互鉴的共赢共通,构成了软实力建构空间推进的东方话语表达。

一、软实力话语的当代凸显

"软实力"是"软权力"(Soft Power)的概念转译,最早由美国政治学家、哈佛大学教授约瑟夫·奈在《注定领导》(Bound to Lead)一书中提出。"软实力"的概念问世之后,立即引起了国际社会极大的关注,得到了学者和政治家们的反复使用和多重阐发,提高民族文化的软实力更成为许多国家提高综合实力的基本国策和奋斗目标。正如约瑟夫·奈本人所说的那样,软实力的概念一经提出,就"成为公共话语,被美国国务卿、英国外交大臣、亚欧的政治领袖和专栏作家等广泛使用"[②]。软实力概念盛行本身,代表着国际政治的新特点和国际交往的新要求,即朝着文化形态发展的综合国力演变的新趋势。软实力不是空穴来风,在社会结构中,它离不开经济、科技、军事等硬实力的支撑。然而,经济、科技和军事力量的强大,并不一定带来国家软实力的发展,更不等同于民族文化影响力的提升,离开了以软实力为后盾的经济、科技、军事的发展亦不可能长久。正是基于这一思想,约瑟夫·奈等研究软实力的学者们一再强调,美国国力和影响力以往的强大来源于其软、硬实力的遥相呼应和相辅相成,而近年来的衰退则是其软实力不断消减的结果。

在软实力概念问世和被强调之前,人们习惯于用硬实力,尤其是经济实力来展示和规划一个民族和一个国家的力量与未来。以硬实力为主导的经济价值观,视财富的最大增长为社会发展的总体目标,强调的是民族成员生活领域广泛存在的物质需要和物质满足。围绕着这个中心,世界各国纷纷以它们的国内生产总值、经济增长率和人均国民收入为综合国力的代表,强调的是生产、消费、投资等经济指标的增长。经济作为整个社会运行的核心,推动着国家、

---

① 哈贝马斯. 交往与社会进化[M]. 张博树, 译. 重庆: 重庆出版社, 1989: 184.
② 约瑟夫·奈. 硬权力与软权力[M]. 门洪华, 译. 北京: 北京大学出版社, 2005: 7.

社会、个人的前行和发展，成为国与国交流和国际竞争的基础。然而，随着全球化时代的到来，凭借自身强大的军事实力威逼他国的臣服，日益显示出更高的社会成本和代价。与此形成对比的是，以往被西方国际关系学者所忽视的软实力则表现出强大的全球塑造力，以文化为代表的政治影响力有可能以较低的政治成本和社会代价赢得"文明冲突"中的胜出并获取国家利益。在新的国际秩序中，软实力的消解、渗透和影响，可以诱使他国在自愿仿效的基础上接受不同的意识形态和价值导向，以达到政治、经济和文化的互效。在这样的情况下，软实力时代的文化定义日益成为社会发展的终极要求，文化的因素编织着"直接的或间接的满足人类的需求"[①]的互相联系的网。文化立国战略的制定和实施，将在很大程度上改变和决定着民族国家在世界民族之林中的地位和作用。因此，任何一个国家要想满足自身利益，实现其长远的政治和经济目标，均离不开"软实力"的保证和运用。

　　由西方主导的软实力空间舆论场，东方的缺失与西方的在场形成软硬实力交织的结构性失衡。东方道理、东方价值被贬低和边缘化的倾向，国际声誉、国际地位、国际话语东方表达的弱化，从不同的向度证明了软实力建构的现实困境。发展中的新兴国家，在国际话语舆论场中的综合实力增长的失衡，话语感召力、吸引力、影响力亟待建构与提升。"一带一路"倡议、东方软实力话语表达、国家形象塑造三者具有同构性。就此意义而言，"一带一路"建设的提出与推进，正是软实力建构在"一带一路"延伸中的逻辑结果。作为软实力形象综合状态的现实表征，"一带一路"建设以区域、国家、地区等层级形象的创设，指谓软实力建构的现实推进。作为软实力形象国家层级的现实表征，不同文明之间国家形象在世界政治经济结构中的综合呈现，构成了"一带一路"软实力建构的区域特质。国家形象是国家软实力的重要承载，它是自我认知与国际体系中他者对自我承认的结合，是自认为与被承认的双向规定，是主体国家信息输入与输出的最终结果，是造成国际影响力的信息资本。国家形象体现了主体国家的综合实力与国际影响力，是反映在国际社会政府与民众心理当中，关于一个国家的政治、经济、文化、生活方式、意识形态、价值观念的

---

① 马林诺夫斯基.文化论[M].费孝通，等译.北京：中国民间文艺出版社，1987：14.

综合印象与评价，是国家政治信息与民众社会信息输入与输出成果与映像的总体判定。"一带一路"战略推进的"和衷共济"与美国战略东移、重返亚太的对抗性相对，"改变自己，影响世界"[①]的方式，论证了"一带一路"软实力建构的东方智慧。

"一带一路"的"西进"走向，沿途经过中西亚，独特的政治与宗教生态决定了机遇与挑战并存的软实力建构，"一带一路"战略作为"创造性介入"方式，同样面临着机会与危机同在的局面。政策沟通、设施联通、贸易畅通、资金融通、民心相通，将极大地助力于软实力建构在"一带一路"中的推进。此外，传统丝绸之路兴衰更迭的历史，意味着"陆权国家的成长、发展、衰落以及再度崛起的历史"[②]；传统丝绸之路现实延伸的走向，意味着不同文明之间彼此承认、平等交往、沟通理解的文明互鉴，意味着海陆交互能量输入、容量循环、优势互补的软实力建构。以"和而不同"的理念推进"一带一路"建设，以"和衷共济"的思想进行软实力建构，表明了古老的东方智慧在解决世界经济发展难题、探索合作共赢的全球治理新模式过程中所起到的独特作用，诠释着现实的东方道理，在解决文明冲突对抗难题、探索相向而行的国际政治经济新拓展过程中所发挥的独特影响。由此构成了"一带一路"文化战略走向世界的和平道路，拓展国际秩序的软环境，也构成了软实力建构在全球治理与区域合作模式中推进的现实情境。

"一带一路"文化战略的软实力建构有赖于良好的软环境。所谓软环境是指"没有具体的物质形态的条件，如法律、政策、管理、人文、思想、观念、习惯、信仰和道德等"[③]，这反映了全球化时代，和平与发展成为世界不同地域、国家、民族的民众的共同需求和整体愿景。经济、政治、文化、媒介的全球一体化，日益需要具有全球视域与世界性的文化价值以及能够体现这种文化价值的制度环境。这种文化价值与制度环境是新的国际秩序和全球生存形态的产物，反映了全球治理与区域合作的共同愿景与社会发展趋势。合作、民主、

---

① 章百家. 改变自己影响世界：20世纪中国外交基本线索刍议[J]. 中国社会科学，2002，（1）.
② 叶自成. 中国的和平发展：陆权国家的回归与发展[J]. 世界经济与政治，2007，（2）：26.
③ 王瑞云. 软环境建设的制度视角分析[J]. 当代经理人，2006：5.

科学、平等、包容、开放成为全球推崇的核心价值,正在塑造着国际秩序以及全球治理模式的变革与发展。在这种社会发展潮流中,哪种国际性的公共产品、国际话语、制度规则、合作平台顺应了这种国际性的价值推崇,就能够生成具有引领性的国际制度性话语权与强大的软实力。"在国际体系具有典型的国家性的现实条件下,一国安全软环境的核心要素是他国,尤其是主要大国的意图及其指导下的安全政策。从这个意义上说,国家的安全软环境实质上也是一种政策环境。"① 2011年美国提出"丝路战略",就是这样的一种政策环境建构,于欧亚核心区形成新的政治、经济、安全秩序,以谋求在中亚地区长期的存在,获取美国软实力话语的霸权地位。美国通过军事基地、TPP等手段以削弱"他者"战略目标的国际影响力。"一带一路"倡议推进欧亚非沿线"五通",构建与维护沿线命运共同体的战略目标,构成了具有东方特质的政治、经济战略环境,同时也构成了软实力建构的文化环境。"丝路战略"符号运用的本质区别与价值翻新,分别指向东西方文化价值指谓的软实力之别。

"一带一路"文化战略的软实力建构有赖于硬实力的综合运用。文化战略的软实力离不开政治和经济的硬实力,软实力之所以是软实力,得益于其支撑和固基的硬实力。中华文明作为人类历史舞台上唯一没有中断的文明,拥有悠久的历史和灿烂的文化。古丝绸之路之所以成为人类历史国际贸易、友好往来、人员交往、互鉴共荣的软实力符号,在于硬实力的发展与强大。近代的曲折与沉沦、否定之否定的自我探索,文化强国话语的当代凸显以"公共关注"的东方道路彰显了独具特质的软实力建构。以经济为核心的硬实力提升、与之对应的软实力诉求在文化伸张的历史符号中彰显丝绸之路的特殊意义与时代内涵。在现实性上,"经济强盛——文化伸张"(亨廷顿语)的发展逻辑,观照文明互鉴价值转换的时代性耦合,导引"一带一路"推进中的软实力建构。就"一带一路"境内软实力建构的现实逻辑而言,关注文化价值的创造性继承、创造性转换、创造性运用,以发展满足民族成员血脉延续的精神慰藉和与时俱进的价值需求。就"一带一路"境外软实力建构的发展逻辑而言,相向而行的文明互鉴,更加强调"故事""声音""形象"的价值凝练。由此出发,"软

---

① 李永成. 意图的逻辑:美国与中国的安全软环境[M]. 北京:世界知识出版社,2011:121.

实力很多产生于我们的价值观。这些价值观通过我们的文化、我们在国内所实行的政策以及我们处理国际问题的方式表现出来。"[1] "一带一路"推进中的软实力建构,强调相向而行的吸引力、认同力、感召力,让世界了解"一带一路",让"一带一路"彰显软实力的世界意义,凸显"丝绸之路"的历史复兴,拓展丝路精神的当代价值,不仅是政治和经济发展硬实力的共融互通,而且是"一带一路"贡献世界与区域合作的"公共产品"。它以互联互通的命运共同体、利益共同体、责任共同体、生态共同体,共商、共建、共享的软实力建构,探索具有东方特质的全球治理新模式。

二、软实力形塑的当代展示

"一带一路"倡议的全球拓展与建设,是东方智慧与经济基础之上、政治中介之下、文化导引之中,面向世界的话语表达、实力诠释和价值彰显,是亚非欧面向世界的区域合作和全球治理新战略。作为国际秩序与话语权表达的东方建构,"一带一路"软实力推进的全球公共产品,合作共赢的民心相通是软硬实力相互支撑、国际伸张、现实拓展在"一带一路"中的实现。政治、经济的硬实力构成"一带一路"推进软实力展示的物质基础;政治作为、话语媒介的制度表达与机制创设构成了"一带一路"推进软实力展示的政治性中介;文化价值与思想理念的相互交织构成了"一带一路"推进软实力展示的价值内核。三者构成了"一带一路"软实力的系统构型。

"一带一路"软实力生成的思想源泉是文化的灵动与文化的意涵。观念形态的文化,指引着价值形态的内涵,展示着"一带一路"文化战略的软实力特质。其中,政治的价值观念的外化与展开构成了包裹于文化内容中的观念形态,它所导引的制度形成,影响和决定了"一带一路"推进软实力建构的人文展示。"一带一路"软实力生成的资源载体是被赋予了文化意义的客观实存,它对区域、国家、地区等空间层级的文化表征,建构着软实力空间释放的发展向度。换言之,在此基础上形成的内外一体的软实力构成,指谓文明空间主体

---

[1] 约瑟夫·奈. 美国霸权的困惑:为什么美国不能独断专行[M]. 郑国志,何向东,杨德,等译. 北京:世界知识出版社,2002:10.

的认同力、凝聚力、感召力、向心力与物质转化力。"一带一路"不同文明主体彼此承认、平等交往、理解沟通、优势互补,以经济融通为基础、政策融通为中介、文化融通为导引,建构和展示着"一带一路"内蕴的软实力内涵、软实力意向与软实力释放。

认同是"一带一路"软实力建构的时代展示的重要向度。认同是主体在对客体符号、情结、价值认知基础上,对客体所体现价值内核的认可、承认与赞同,进而产生归属意识与区分他者意识的一系列过程。认同的本质是归属与区分。软实力资源基础的核心是文化价值观念与心智水平,心智水平的提高依赖于接受"和而不同"的价值引领而产生的凝聚力,因此软实力的核心是文化价值的"和衷共济"。软实力展示的认同力分为内向的维度和外向的维度。内向的维度为文明主体对自身空间单元文化价值观念的认同,尤其是对文化价值观的认同,使各部门、各组织、各阶层对文化价值观念的承认、认可、赞同,由此形成归属意识,进而获得文化自觉的过程。外向的维度为具体的文化单元与其他文化单元于交往、互动过程中形成的彼此承认、理解沟通和优势互补,伴随着共同利益的相融、了解认知的深入、赞同与承认的涵化,建构并展示"一带一路"内蕴的软实力特质。

软实力的凝聚力作用于文化认同力的内向维度。政治价值观寓于文化之中,而政策、制度、观念的软实力展示,以政治价值观为主导,以文化价值观为中介,激发个体与群体的激情与热情。"历史是这样创造的:最终的结果总是从许多单个的意志的相互冲突中产生出来的,而其中每一个意志,又是由于许多特殊的生活条件,才成为它所成为的那样。这样就有无数互相交错的力量,有无数个力的平行四边形,由此就产生出一个合力,即历史结果,而这个结果又可以看作一个作为整体地、不自觉地和不自主地起着作用的力量的产物。"[①] "激情、热情是人强烈追求自己的对象的本质力量"。[②]事实上,文化价值的认同过程是同时诉诸心理意识的理性与感性因素交织作用产生的认知、

---

① 中共中央马克思恩格斯列宁斯大林著作编译局. 马克思恩格斯选集:第4卷[M]. 北京:人民出版社, 1995, 697.
② 中共中央马克思恩格斯列宁斯大林著作编译局. 马克思恩格斯全集:第42卷[M]. 北京:人民出版社, 1979, 169.

赞同、体验与归属的过程。只要认同主体采取的行为符合共同的信仰和价值观，符合该价值观与信仰的行为、政策与制度就会得到认可与支持，并且能够激发认同主体的激情、理想和梦想以及为之探索与行动的动力与能量，使社会各个团体、各种社会力量形成的力的平行四边形的正向度发挥到最大，促进价值观念实践形态的转化。文化价值观念尤其是政治价值观念中只有反映共同的信仰与价值诉求，代表共同的物质与精神利益，同时反映时代的发展要求，普遍的认同才有可能，只有代表时代要求和趋势并拥有民族特质的价值观念的作用，软实力的形成才有可能，普遍认同以及向心力与粘合力的凝聚才有可能。

20世纪著名的美国人本主义心理学家马斯洛创立了需要层次理论。他认为，人首先需要满足自己的生存需要和安全需要，然后才会追求爱、尊重、审美以及自我实现等社会需要的满足，软实力的发展亦然。约瑟夫·奈的软实力侧重对外的维度，是因为国内的发展模式以及经济、军事等硬实力的发展已经相对比较成熟，需要通过主导国际秩序和国际交往来谋求更高层次的发展。文明单元内部物质经济的供给与满足需求的矛盾，依然是软实力展示的时代难题。国际经济交往的非强制性吸引力和感召力，这种影响和作用将在很大程度上制约软实力建构的时代展示。尤其是民主主义、经济全球化以及信息技术革命在和平与发展的时代背景下，国际的交往与合作越来越诉诸相互之间的吸引与认同的互动中实现长远全局的共赢，因此，"一带一路"所形成的软实力，是在由内而外的硬实力提升的前提下，与之相对应的文化伸张与价值引领。其软实力展示的重要向度是"在硬实力发展基础上谋求与软实力协同发展"。一方面，"一带一路"软实力资源需要硬实力作为资源载体，文化产业、环保产业、高新尖端产业、信息技术和信息基础设施等为软实力的发展水平提供基础和支撑，并且"一带一路"战略中硬实力的发展，能够有效提高国际影响力，增强国际话语权，促进文明互鉴的了解、评价与认同；另一方面，认同力、凝聚力、感召力的提升能够动员、凝聚、调动、激励内外力量，在促进硬实力发展的同时，营造软实力建构和平发展的时代展示。这就不难看出，"一带一路"文化战略的软实力提升从内外两个维度论证了软硬支撑现实发展的思想逻辑和实践逻辑。

"一带一路"文化战略的软实力建构是传统丝绸之路的符号翻新。丝绸之路上的驼队，郑和下西洋的宝船，带出去的不仅有精美的丝绸和瓷器，更有灿烂的中华文化。开展"一带一路"战略与弘扬传统文化是无法分割的。"一带一路"本身就是文明互鉴软实力建构的当代唤醒和延续，它所承载的历史使命，所蕴含的精神理想与融合中西文化、广纳八方精华的"汉唐风度"是一脉相承的。通过"一带一路"，世界将感受到更加立体、鲜活、充满历史底蕴又与时代同步的东方智慧。"一带一路"的软实力建构，从"同舟共济"到"亲、诚、惠、容"，明晰文明互鉴的道路，彰显文明互鉴的底色，突出软实力形塑的特质。"一带一路"空间视域上的文明互鉴，表征着软实力建构"非结盟"新型合作伙伴关系。"一带一路"文化战略的全方位开放，不仅是旨在形成一个地缘政治、经济合作体，更伟大的目标在于形成命运共同体、利益共同体、责任共同体以及文化共同体。

软实力作用的对象是行动受意识控制的人或组织，对于这类对象，外界物质力量的壮大以及诉诸意识作用的方式都可对其产生影响。全球化、信息化、民主化的当今社会，国际间经济文化的交往日益频繁，经济的交往伴随着大量文化信息的交往与传播，不同文化中的价值观念与特质在交往中得到认知与比较。不同文明之间彼此承认、平等交往、沟通理解、优势互补的软实力展示，符合时代和平与发展的世界主题，在国际上的响应与支持不断增加。同时，软实力的政策沟通、设施联通、贸易畅通、资金融通、民心相通，充分说明硬实力是软实力的基础与支撑。各文明主体均蕴含着优秀的文化内涵，中华文明也不例外。中国传统文化的优秀价值内涵，与硬实力相互转化，支撑着中华文明领先世界的历史辉煌，而硬实力的落后造成了国际地位、软实力影响的近代衰减，历史的辉煌与近代的衰弱诠释着软硬实力相互转化的现实交织。

面对不断变化的国际体系，不同国家、不同文化、不同制度和发展阶段以及利益诉求的千差万别，"一带一路"推进过程中的软实力建构，以建构的方式和渠道助力于软实力提升的现实走向。借鉴美国软实力现代信息技术的运用，搭建"一带一路"沿线民意数据调查系统，对软实力的建构具有重要意义。以美国智库皮尤的"全球态度项目"、芝加哥全球事务委员会对全球议题的系列民意调查为佐证，以数据库反馈与调试"一带一路"推进软实力展示的民意态度。有鉴于"听"与"说"的软实力建构双向反馈，将"一带一路"的软实力建设置于大数据表达的多维交流互动平台。以人文交流、生态环境、城市发展为主轴，为"一带一路"沿线国家提供一个比西方视野更为充分与丰富的跨国互通交流、观念传播的大平台和大渠道。在战略倡议的沟通方面，"一带一路"倡议软实力的发挥需要与硬实力的发展与展开相互协同，需要把握不同国家、不同阶层、不同利益主体的偏好特点，才能更好地与其开展经济合作与人文交往，以便有效地实现国家意图。不仅在物质经济利益方面给予"一带一路"沿线国家以支持，而且充分尊重其对于人权、民主、环境的意识，针对这些方面发生作用，使得"一带一路"倡议的软实力真正发挥引领而非强迫别人做不想做的事情。在文化交流方面，应建立强化价值主体的文化事件与平台。通过长期有效并具规模的培养计划、交换活动以及媒体传播与叙事渠道的拓建，培育典型人物之间的持久联系。硬实力与软实力是不同形态和作用方式的两种影响力。与硬实力相比，"一带一路"软实力见效慢，作用力分散，建设起来比较困难，但是软实力具有的吸引力、感召力、认同力就在于一旦建立起"一带一路"软实力的"吸引圈"，就可以强化友谊、推动合作、减少误解、规避摩擦。

三、软实力释放的当代拓展

"一带一路"倡议借用传统"丝绸之路"的文化符号，通过向世界讲述"丝路故事"来唤起沿线境内外民众的丝路记忆和丝路情怀，它以和平合作、开放包容、平等互利为其价值内核，推进"带路辐射空间"各个国家在政治、经贸、文化等方面的全面深入合作与交流。法国历史学家托克维尔精辟地分析大国与小国的不同，他认为"小国的目标是国民自由、富足、幸福地生活，而大国则命定要创造伟大和永恒，同时承担责任和痛苦"。"一带一路"倡议战略以文化倡议为核心导向，以政治安全与经济合作为两翼支撑，不仅为欧亚非区域合作指明了发展方向，更是东方国家对国际话语与国际秩序建构的参与，为全球治理模式的转变与完善提供"中国方案"，展现出中国作为"负责任的大国"在国际社会中的角色与地位，不仅勾勒出"一带一路"境内自身发展的路线图，而且大大提升了"一带一路"境外东方话语表达与战略地位诠释的认可度与认同力。

"一带一路"推进的软实力释放,意味着"把中国梦同周边各国人民过上美好生活的愿望、同地区发展前景对接起来,让命运共同体意识在周边国家落地生根"[①]。"一带一路"倡议的诞生,以"亲、诚、惠、容"的人文精神为内核,开展"五通"合作,共同打造"一带一路"利益共同体、责任共同体、命运共同体以及生态共同体,凸显了"一带一路"境内外地缘经济、政治、人文并存的特有属性。"一带一路"倡议以海陆两条丝绸之路为抓手,东南西北四条线的境内外辐射,形成中国与全球尤其是亚欧非的合作空间,由区域合作带动全球合作,体现了其全球合作发展型的战略属性。它所推进的政策沟通、设施连通、贸易畅通、资金流通、民心相通的"五通"建设,由点及线,由线及面,由面到片,逐步形成全方位多层次的区域大合作。其中,政治为保障性中介,道路为物质性基本前提,贸易与货币的经济性合作,最后落脚为人文性交往沟通。交往沟通是安全共同体建立的核心和必要条件,是组织存在与维系的黏合剂,交往和沟通能够产生认同感,成为一个团体拥有共同思想、观念与行动的重要基础。因此,前"四通"是基础与保障,民心相通是本质核心与价值归旨。"五通"由易到难、由简到繁、循序渐进、层层深入,彰显了"一带一路"合作型经济—人文战略有别于美国以军事和经济为推手,推动TPP为主要内容的地缘政治版全球战略的价值特质。

"一带一路"推进的软实力释放,意味着"中国坚持走和平发展的道路,坚定奉行独立自主的和平外交政策。我们尊重各国人民自主选择的发展道路和奉行的内外政策,绝不干涉中亚国家内政。中国不谋求地区事务主导权,不经营势力范围",明确"战略伙伴关系的实质和重要内容"就是"在涉及国家主权、领土完整、安全稳定等重大核心利益问题上,坚定相互支持"。[②]"一带一路"倡议代表着新型伙伴关系与美欧结盟体系之间的并蓄,对国际体系转型产生了重要影响。它以和平合作、共同发展为核心的"带路精神"为倡议的价值导向和价值要求,使东方话语表达的权利、机制、效应进一步凸显。所谓"带路精神"是传统丝路精神的当代发展,反映了中华文明和东方文明的价值

[①] 刘国柱. 习总书记和平外交的继承与创新[J]. 人民论坛,2014,(6):45.
[②] 习近平主席在哈萨克斯坦纳扎尔巴耶夫大学作重要演讲[EB/OL].(2013-9-7)〔2016-6-15〕. http://live.People.Com.Cn/cn/note.Php?id=929130906162952_ctdzb_001.

对接，彰显了"重义轻利、舍利取义"的东方价值共性。"一带一路"推进的软实力释放，体现着"正确义利观"，即"要重义轻利、舍利取义"。"一带一路"推进的软实力释放，意味着"包容型的人文观"，即"文明因交流而多彩，文明因互鉴而丰富。文明交流互鉴，是推动人类文明进步和世界和平发展的重要动力"①。"一带一路"推进的软实力释放，意味着丝路精神的内涵是"和平合作、开放包容、互学互鉴、互利共赢"，即"倡导文明宽容，防止极端势力和思想在不同文明之间制造断层线"。"一带一路"推进的软实力释放，意味着"为妥善解决地区热点问题提供更多公共产品"②，即文明之间的和谐合作、互学互鉴、共同繁荣，这一核心价值是东方文化传统"和"与"合"思想与丝绸之路这一国际公共产品相互影响的结果，并成为"一带一路"倡议的核心理念。

"一带一路"所推崇和弘扬的经济互惠合作观、政治互信安全观、文明包容对话观，不仅顺应了当今时代和平与发展的主题，而且成为全球治理模式与区域合作理论与实践构建的重要成果。"一带一路"倡议推动沿线各国合作交往的同时，推进和建构着软实力释放的空间展示。首先，"一带一路"是基于境内外的时代境遇而实施的发展转型。"一带一路"不是单一地复制单纯的经济增长模式，而是探索与经济硬实力相匹配的软实力提升之道，探求综合国力全面增强的发展之道。经济硬实力与文化软实力是密不可分的。"一带一路"不仅重视经济硬实力的发展，更没有忽略文化价值的软实力功效，而且很多方面是文化先行。文化软实力的提升构成了"一带一路"的主导。事实上，国际硬实力主要由资源、技术、经济、军事等要素构成，这些要素在任何时代都是相对有限的，而任何一个国家将硬实力的影响力发挥到最大程度，都需要借助软实力的呈现。一个国家文化中所蕴含的价值观、制度、文化思想、艺术、习俗传统等要素构成了文化的软实力。因此一个国家综合实力是国家物质硬实力基础上与之相对应的软实力所发挥的综合影响力的。实施"一带一路"文化倡

---

① 习近平在联合国教科文组织总部发表演讲[N]. 人民日报，2014-3-28（03）.
② 习近平. 弘扬丝路精神深化中阿合作——在中阿合作论坛第六届部长级会议开幕式上的讲话[EB/OL].（2014-6-5）[2016-6-15]. http://politics.People.Com.Cn/n/2014/0606/c1024-25110600.html.

议，正是软实力与硬实力相得益彰、相互支撑的共生态势展演。

软实力作为理解与认同的综合产物，使得以文化为导向的价值交往与理解沟通成为"一带一路"的软实力建构的重要意涵。"一带一路"境内的"中国制造"以贸易往来嵌入文化价值的公共产品，呈现文明互鉴的东方价值，彰显相向而行的东方智慧。正因为，国际秩序之下"权力最大的单元（国家）将担负起特殊的责任"[①]，而这责任即提供公共产品。"大国提供公共产品，不仅在于大国能够获得经济收益，也在于大国需要获得社会学意义上的尊重，而后者对大国身份而言是必不可少的。"[②] "一带一路"的文明主体以平等的态势，参与到和平、发展、平等、包容的国际秩序建设中去，参与国际话语体系的建构，以贡献公共产品的方式深化文明互鉴的价值融通，不仅展示了中国梦与亚洲梦、欧洲梦、非洲梦的世界对接，而且展示了以共同命运为核心的新型国际关系。此外，文明之间互通互鉴的首要前提是增信释疑。"一带一路"的开放性，注重汲取以往国际交往的经验和教训，对境外不同文明主体的民俗、民风、思维习惯、思维特点与规律有比较深入的了解，进而以当地民众喜闻乐见的形式和内容，普化和深化民间基层的互动与交流，注重宣传与解读的工作，对宗教、民俗、文化之间的差异进行解读与阐析，从双向的沟通与理解中构建彼此的国家政策形象，进行软实力建构的空间释放。

"一带一路"推进的软实力释放，意味着传统和平交往历史、文化基因的当代展示。在传播方式与手段上，更加凸显文明互鉴的承载与相通，强化民间人文交往。借鉴"美国的软实力很大程度上来自其公民社会，但是中国的软实力的推展却高度依赖政府"[③]，软实力的空间释放的巨大潜力在很大程度上"潜藏于那些处于草创阶段的民间社团"。"一带一路"文化意涵东方语境的创设不仅需要政府力量的推展，而且需要社会上各种盈利性组织或者公益性组织的参与，调动与整合民间社会力量是"一带一路"文化战略的必然趋势与应然走向。民间与市场中蕴含了大众文化与精英文化的大量资源。在政府宏观的文化

---

① 华尔兹. 国际政治理论[M]. 信强, 译. 上海：上海人民出版社，2003：267—268.
② 赵磊. "一带一路"年度报告——从愿景到行动（2016）[M]. 北京：商务印书馆，2016：7.
③ 约瑟夫·奈，王缉思. 中国软实力的兴起及其对美国的影响[J]. 世界经济与政治，2009，(6)：9.

导向与管理下，充分利用市场机制调动社会各方面文化力量的活力，充分挖掘民间文化资源，同时继续扩大对外开放的程度。民族文化也只有在与外来文化对话中，才能在"一带一路"的全球文化伸张中凸显民族特色，使其在国际文化的舞台上得到传播与认同。全球化的今天，民族国家内部民族成员参与经济活动、公益事业创造社会财富的同时有着迫切的文化需求，国际之间文化的交流、交锋、碰撞的频率与程度都在增多与深化。文明互鉴的个体与群体在参与社会的各行各业的实践并创造社会财富的同时，也提升与升华出本行业的思维定式、价值观念，形成本行业的文化。这是民族文化深层价值原则外化的结果，同时丰富和发展文化融通的相向而行，以不同方式在行业内部追求软实力释放的价值目标。

"一带一路"推进的软实力释放，意味着文化交流、人员往来、机构沟通。受物理空间与历史空间双重制约，不同文明、不同文化、不同种族各具特质，随着"一带一路"推进软实力空间释放的展示，不同文明之间彼此承认、平等交往、理解沟通、优势互补日益频繁，国际间的交流范围也从政府外交行为扩展到如今社会上跨国公司间的经济交往、大众化的国际旅游、移民等。政府已经不再是国际间交往与合作的主要力量。物质与人员的输出与输入同样伴随着文化符号与文化价值的输出与输入。文明互鉴的空间运作既带来了不同文明的"异质趋同"，也带来了文化价值多元并蓄的差异凸显。文明互鉴价值特质的强调与融通，表明"一带一路"推进软实力释放的空间向度。

第三节
"一带一路"的东方语境创设

语境是思想情感表达的社会环境，包含了话语体系和话语表达的机制与权力。二战以来，以美国为代表的西方国家一直掌控着世界秩序和话语体系，并形成了政治、经济、文化扩张的全球话语主导。与全球化进程的深入和南北经济发展的悬殊相一致，西方话语体系在为西方诸国经济、政治、文化的发展提供制度性话语权力和话语表达的同时，亦以西方资本逻辑和文化逻辑的全球扩展注脚了西方话语语境为其服务、进行合理性辩护的内在本质。与西方"单边主义"话语话境相对的是传统丝路所意旨的文化话语话境，千百年其内蕴的东方特质以"和平合作、开放包容、互学互鉴、互利共赢"主旨，在促进人类文明进步的同时，成为东西方平等交流、真诚合作的象征。在和平、发展、合作、共赢的新时代，"一带一路"倡议在丝路精神薪火相传的基础上，承藉东方特质的历史文化符号，以沿线各国互联互通的带动、不同文明主体交流互鉴的加强，完善和创设具有东方特质的国际话语语境。

一、东方语境的话语表达

和平与发展是当今时代的两大主题，也是国际社会生存与发展的现实诉求与理性共识。在全球多极化的历史背景下，在全球经济一体化深入的大趋势下，"和平共处、和衷共济"的国际秩序调整，成为国际社会话语权建设的重要议题。在此之下，平等合作、文化交流、政治互信、经济繁荣的诉求更加凸显，军事霸权、文化同化、经济独占则由影响世界秩序的主轴被弱化和摒弃。在国际交流的历史回眸中，传统丝绸之路是中华文明与亚欧非不同文明主体之间平等交流的产物，是用智慧、勇气和汗水开拓的文化与贸易的文明之路。古丝绸之路在传统与现实的延伸中，历经了繁荣与昌盛、衰落与起伏、曲折与沉沦、复兴与重建，在这个过程中，"和平合作、开放包容、互学互鉴、互利共赢"的丝路精神不仅沉积了东方文明的文化基因，而且铸就了"一带一路"不同文明主体顺应和平与发展这一时代主题，成为参与全球政治、经济、文化交往活动的重要依托。

在人类社会生活和生产的实践中，话语权问题、话语语境问题不仅关乎文化软实力，更加指涉经济硬实力。近年来，东方国家、新兴经济体，随着经济实力的增长、国际地位的提升，在世界舞台上扮演着越来越重要的角色。然而，在西方话语语境的主导下，经济与政治的失衡依然是一个重要的现实问题，它不仅表现在文化影响力的东方缺失，而且表现在世界制度与世界规则东方制定权的弱化，相较之下西方国家的强势扩进，其后果是实力与话语表达的不匹配、东方话语权被轻视乃至边缘化的倾向并未得到根本的改善。事实上，话语实力和话语效力的生成不仅要借助国际政治的经济杠杆，而且要依靠于文化软实力话语表达机制、话语力量和话语效果的综合评价和综合运用。就此意义而言，亚投行的建设不仅标志着"一带一路"东方话语语境创设经济力量的增强，而且指涉"一带一路"和平合作、开放往来、求同存异东方特质话语表达物质支撑的加强。

就东方话语表达的现实意义而言，"一带一路"的文化蕴涵意味着东方文明在综合实力提高和国际地位上升后与之相对应的价值表达。长期以来，美国作为一超独大的霸权优势，凭借强大的军事、经济、科技实力抢夺和固基其话话中表达的能力、效力和影响力。即使在这样的情形下，西方国家仍然强调话语表达的时代性与统摄力，并以经济、军事等硬实力和话语表达软实力的相互支撑，作为世界霸权维护的基石，以此凸显话语表达作为文化软实力的时代特质。在布热津斯基看来，民族国家主权的削弱，在文化和意识形态力量方面强化美国作为其他民族文化的"榜样"，构成了美国维持其世界霸主地位的战略。美国所推进和强化的西方话语语境，立足于其自身的价值观念和价值要求，是一个集政治、经济、文化为一体的制度性话语权。西方话语语境的价值观念内核、文化产品外壳、政治制度、法律法规、行业规则多元一体，与资本扩张和跨国公司全球化为伴，以利益和价值引导的方式，开启并主导全球话语体系的构建和话语表达机制的创设，具有鲜明的西方发达国家意识形态色彩。在单边主义的西方语境中，以美国为主的文化霸权是19世纪西方殖民主义在当代的延伸，其实质是全球化时代帝国主义的新型殖民主义。"在今天的世界里，可以把这些事实与帝国主义及其历史和形式联系起来看。当代亚非拉国家虽然政治上已经独立，但在许多方面仍然受人宰割，没有主权，跟欧洲帝国直接统治时代没有两样。"[①]虽然新型的文化殖民在内容、形式和手段等方面发生了显著的变化，但是文化殖民的本质没有改变。以美国为代表的文化霸权主义的西方语境，采用一种更为隐蔽、灵活、巧妙的话语方式，以硬内核、软包装的消费方式，合法道德的文化渗透放大"普世"的美好图景。美国全球资本的价值渗透和文化流动与西方霸权主义的话语表达形成现实对接，其空间占有和使用甚至超过了欧洲中心主义的资本主义的话语表达。

---

① 赛义德.赛义德自选集[M].谢少波，韩刚，等译.北京：中国社会科学出版社，1999：204.

在东方话语表达所践行的现实场域里,"文化帝国主义作为一股强大的潜流顽固地盘踞在文化全球化之内,并且在文化全球化的外壳下以新的文化殖民形式继续发展下去"[①]。受此影响,"一带一路"不同文明主体互学互鉴的文化圈,亦需要来自物质硬实力的基础性支撑,需要固基于经济发展和文化交流的政治环境,这是"一带一路"建设的政治安全、社会稳定和各项基础设施通畅的基础,同时也是命运共同体荣辱与共的基础。历史上,中华文明是东亚文明圈的中心,并在此基础上形成了独具特色的"东亚文明体系"。作为东亚文明体系的重要组成部分,中华民族的典章制度、宗教、科技、文学艺术亦是东方文明话语表达的重要载体,东方语境的文化传播与彼此承认在交往、交流、互动的相向而行中形成了具有共同文化要素的中华文化圈或东亚文化圈。然而,传统人文交流的二级文化结构,被美国为代表的西方话语体系的"美国中心—边缘"二级文化结构所取代后,在推崇其所倡导的"普世价值"的均质化世界的同时,在全球拓建"民主国家"政治同盟的同时,美国亦以经济同盟和军事同盟(如TPP、TTIP等以及那些遍布全球的军事基地)为依托,强化其话语巧实力,服务于单边主义的全球话语主导。

文化在世界的分布反映了综合国力和国际地位的世界性分布与对比,特别指谓着巧实力的权力分布和硬实力的价值表征。纵观世界历史和世界秩序的发展演化史,一种文明和一种文化的辐射与扩散通常总是与文化的繁荣如影随形,文化往往被认为是源泉式的力量,其方式和价值主张常常被欠发达地区所效仿和习得。伴随着国际话语权力的步伐迈进,或许经济的发展有可能在不久的将来抛开文明发展"单元"的限制,寻求自身的发展和壮大,文化却必须依附于具体的文明表述单位。在此之下,文化的伸张主要来自物质实力的支撑,而实力与财富的源泉又往往被归结为文化优越的确证。"文明"的表述单位——国家,总是运用这种话语表达的权力、方式和机制传播与展示自身的价值要求、行为方式和制度内涵。19世纪欧洲殖民主义的表现形式、20世纪美国标榜的"普世文化",其价值凝炼和世界推广就是这样的实例。尽管欧洲的殖民主义已经终结,美国的话语霸权似乎并没有减弱的倾向。随着国际社会权力

---

① 赵俊.文化全球化分析——国际关系视角下的文化全球化[J].社会科学,2003,(3):122.

力量分布格局的变化，东方国家综合实力的增长，本土的、根植于东方民族的习俗、语言、信仰及体制的自我伸张与自我肯定，亦开始寻求自身的话语意义和价值表达。

"一带一路"倡议，从本质上讲不仅是一项对外开放机制，而且是一项借用古代"丝绸之路"这一历史符号抽象出的关于合作发展的价值理念。立足于既有的双边和多边合作，"一带一路"旨在搭建全球治理与区域合作的新平台，形成不同文明主体之间的合作型伙伴关系，共同打造共商、共建、共享的人类命运共同体。"一带一路"文化倡议的话语表达，不仅借用了历史记忆的现实翻新，而且秉承了包容差异、共同发展的价值理念，它以国际对话和话语交流的广泛参与，形成具有东方特质的对话情境，以观念形态的东方语境创设推动全球合作的深入与深化。它所形成的感召力、吸引力、影响力，不仅立足于社会层面和国家层面，而且使国际秩序和制度设定的话语权运用与话语表达，得益于政治、经济、社会等因素的其他佐证。

二、东方语境的多维支撑

"一带一路"文化意涵东方话语语境的创设首先在于文化作为软实力的力量性归旨。伴随着全球化的拓展与深入，当今世界的政治、经济互动正在被文化的脉动所塑造。"在当代世界，文化认同与其他方面的认同相比，其重要性显著增强。"[①]文化价值内涵的认同力和感召力构成了国家、民族以及其他社会力量凝聚的重要变量，同时也指谓了东方话语语境创设的结构性张力。东方话语语境的创设必须建立在文化亲和与文化认同的基础上，这已然成为不同文明主体间互学互鉴的共识。除此之外，"一带一路"倡议文化意涵的东方语境创设还需来自经济基础的硬实力支撑，还需来自政治制度的体制性中介的健全，这是一个多维一体的创设之径。

文化与政治、经济具有同一性，是经济基础与政治中介观念形态的反映，这种具有深刻社会基础的文化形态又导引、作用和影响着一定形态的经济和政

---

① 亨廷顿.文明的冲突与世界秩序的重建[M].周琪, 刘绯, 张立平, 等译.北京: 新华出版社, 2010: 108.

治。"文化是对话,是交流思想和经验,是对其他价值观念和传统的赏鉴"①,综合国力是经济实力、政治实体、文化价值的有机结合而形成的综合影响力。在经济基础之上,政治制度中介作用下产生的与之相对应的观念形态,渗透和参与到经济活动、政治设计、物质生产制造的内在机理和外部呈现当中。就其本质而言,文化战略的文化传播、文化交流、文化发展与繁荣都属于观念形态的范畴,包括文学艺术、伦理道德、宗教信仰、哲学思潮、风俗习惯等,是人们的理论世界、价值世界和意义世界。就狭义的概念而言,文化既不是经济实体、政治安排,也不是物质和实在的外壳,但是经济的活动和政治的制度一旦被纳入文化的范围,就具有了文化的意向性内涵,体现着独特的社会理想和文化作用。文化是有物质载体的人化的观念世界。文化不是物质,但文化拥有其载体的物质性;物质不是文化,但物质可以作为文化的载体而具有价值的文化性。本质上的文化属于与物质相对的观念形态,是价值和意义的体现,是内涵性与象征性的存在,不能目视,但文化可以通过物质载体的对象化和客观化,为人们所感知、体悟、理解和接受。正因为文化是人类活动的产物,人类在实践活动中改造了自然,形成了社会,创造了文化,因此文化又反过来塑造了人,导引了社会。

  以经济和军事力量为基础性支撑的引导力,即硬实力,以文化和价值感召的吸引力使"其他国家想要他所想要的东西"的能力,这两种力存在着意义与作用方面的差别。文化的引导与塑造应当被视为根植于物质和经济实力之上的力量和影响。事实上,只有建筑于经济的硬实力之上,文化的吸引力、话语的感召力才真正具有物态化和外在化的影响力。经济实力和军事实力的增长不仅带来文化的自信心和民族的自豪感,而且会激发影响话语语境创设的文化优越感,并在一定程度上带来"他者"的仰视与学习,提升强势经济所蕴含的价值扩散力和话语表达力。正是出于经济硬实力对认同与认异的牵引,从硬实力强势的文化中借鉴经验成为话语权建设和话语语境创设的基本之维。全球化的深入带来了东方新兴发展中国家综合实力的提高,事实上,经济的发展凸显了东

---

① 欧文·拉兹洛.多种文化的星球:联合国教科文组织国际专家小组的报告[M].北京:社会科学文献出版社,2001:205.

方文明的生命力和东方智慧的创造力,二者的互济与共进极大地促进了东方国家自我肯定的延伸,促进了东方国家国际事务话语权的提升,促进了东方国家话语表达的价值愿望与愿景期许。由此出发,经济与文化的统一,文化与话语力量强化的辩证,构成"一带一路"文化意涵东方话语语境创设的力量之维。

"一带一路"文化意涵的东方语境创设,不仅需要经济硬实力的基础性支撑,而且需要政治中介的制度性引领。东方话语语境的指涉是一种目的性的存在,必然借助于政治的介质性推崇与认同的制度性保证。与其说政治引领是文化话语的权力表达与优势获得的工具与手段,毋宁说政治导引的语义环境指涉了价值体系自我展开、价值整合和引领践行的现实策略。成熟、有效的政策与制度不仅是经济稳定快速发展的保障,服务于基础性的经济建设,同时也是东方话语语境的中介性路径和策略性保障。在现实性上,"一带一路"文化意涵的政治关系不仅延伸于传统的政治空间区位,以亚洲政治中心为始点,贯穿亚欧大陆,涵盖欧洲传统政治中心与北美政治中心,而且投射于中亚、南亚、西亚、北非的文化中心。"政策沟通"的关系聚合以合作共赢、包容互鉴的相向而行,构建互尊互信、平等合理的区域新格局,形成文化输入和输出的动态平衡。有鉴于"文化产品已经以信息、通信方式、品牌产品、金融服务、媒体产品、交通、休闲服务等形式遍布各处。文化产品不再是稀有物,而是横行天下"[①],政治话语的合理性代言与中介性表达充任了文化误解、怀疑和敌视消解的方式之一。制度性交往规则的制定与有效运行相一致,伴随着政治观念与文化思维展开的互补,构成了"一带一路"文化意涵东方话语语境创设的制度之维。

"一带一路"文化意涵的东方话语语境创设,需要不同文明主体之间互学互鉴的传统性承袭、创造性转化和发展与应用,这是区域性文明与共同价值要求精神对接的时代彰显,是东方话语语境指涉的观念形态实现物态化和外在化转换的基础,较之西方自由主义和个人主义的价值观念,东方文明在内涵上强调秩序、纪律、责任、集体主义,倡导情怀、勤奋和节俭。东方文明的价值观

---

① 拉什,卢瑞.全球文化工业:物的媒介化[M].要新乐,译.北京:社会科学文献出版社,2010:6.

念凸显的是集体而不是个人,是集体性价值指向的人生价值观和社会实践观。"一带一路"文化意涵的东方语境创设,立足于文明的交流、共演和发展,从不同文明主体的传统文化中萃取创设的价值基因和传统养分,以实现话语表达内涵、机制和力量的策略性并进。其中,创造性转化是创设的始点,它所强调的是传统文明的连续性与渐进性,这是东方文明统一性与相承性的辩证。离开了与传统的共鸣,"一带一路"东方语境的创设就没有了根基;离开了与现代的契合,东方语境的创设如同无源之水。事实上,融通文明传统和时代精神的文化内涵,不仅为东方语境的现实创设提供了自我肯定的基因,而且为话语权建设的现实生成提供了与"他者"比较的特质。创造性发展是创设的依托,强调的是传统观念的跨越与突进,它决定了"一带一路"东方语境创设新质的丰富与充实。离开了时代主题的诉求,"一带一路"东方语境的创设会陷入僵化;离开了对社会现实的回应,东方语境创设的实践如无本之木。创造性运用是创设的归旨,强调语境创设由认识向实践的投射与转换,它决定了创设物化的对象性活动。离开了"一带一路"精神与物质生产交互作用的社会实践,离开了不同文明主体在"一带一路"建设中的能动与创造,东方语境的创设和外化就丧失了见之于物的本质。概而言之,在逻辑与实在关系的框架里,从主体需要考察客体满足需要的程度,是东方文化传统对行为主体有用性的表征,以此构成"一带一路"文化意涵东方话语语境创设的转化之维。

三、东方语境的创设范式

范式意指事物发展的方向、趋势和模式。从范式对"一带一路"东方语境创设的一般意义而言,它所指谓的信念影响了创设的理论、观点和方法,左右着创设的路径、框架和模型,形塑着创设的过程、发展和向度。从范式对"一带一路"东方语境创设的关系集合而言,它所蕴含的特殊性与重要性,在本质上规定了创设的目标系统、共生关系与发展方向。范式对"一带一路"东方语境创设的原则性强调,不仅基于各文明主体文化战略的相互对接,而且基于东方国家文化传统的价值图式与话语表达的现实场景。由此出发,共商、共建、共享的关系范式将"一带一路"文化意涵的东方语境创设,置于命运共同体、利益共同体、责任共同体的目标向度中。以命运共同体为创设的目标域和背景场,展现"一带一路"文化意涵东方语境的主客体特质;以利益共同体的调适机制为先导,凸显"一带一路"文化意涵东方语境创设的活力与效应;以责任共同体习惯养成的对象化活动为依托,开启"一带一路"文化意涵东方语境创设的现实之旅。就此意义而言,共商、共建、共享的创设原则不仅耦合于命运共同体、利益共同体、责任共同体的空间集聚,而且自洽于彼此承认、平等交往、理解沟通的现实之维。

"一带一路"文化意涵东方语境的创设强调新兴发展中国家的国际话语权和传播力。"话语权"就是话语表达的权力,即控制舆论、国际影响的资格与能力,这种能力包括话语的优势地位获得、话语表达机制、方式与方法的成熟与完善、话语表达力量与效度的提升。传播力首先来自文化价值的了解、对外扩散,人们的体认与认可度。话语权的归属决定着社会舆论的走向,传播力的强化决定着国际关系聚合的变量。正如彼德·布劳所说:"我们不能强迫别人赞同我们,不管我们对他们有多少权力,因为强制他们表达他们的感激或赞扬将使这些表达毫无价值。'行动可以被强迫,但是情感的被迫表现仅仅是一场戏'。"[1]国际话语权和传播力在共商、共建、共享中的生发,不仅指涉了"一带一路"东方语境创设的过程共赢,而且指涉了"一带一路"文明主体发展共通的向度。其价值体认的共生关系和现实表达,不仅凸显了东方话语的文化元素、关系定制和过程细化,而且明晰了语境创设的目标指向和创设结果。

"一带一路"文化意涵东方语境的创设以共享共赢的创设理念,挖掘东方智慧的传统文化资源。近年来,东方国家和新兴发展中国家在经济上取得了重要的成功,伴随而来的是政治话语权、文化话语权的匹配问题,并已成为国际交往中不可回避的重要命题。事实上,和平与发展一向是东方文明的传统诉求和认同建构的叙事结构,这在一定程度上反映了东方文化内敛的话语表达与发展态势。然而,西方国家出于自身价值观念的单边诉求和强势话语的霸权逻辑,对新兴发展中国家的话语表达方式和话语表达诉求存有疑虑和担忧。西方世界经济发展的疲软与新兴发展中国家经济发展的强劲,更

---

[1] 彼德·布劳.社会生活中的交换与权力[M].孙非,张黎勤,译.北京:华夏出版社,1988:19.

加引发了长期统摄国际主导话语权的西方国家的焦虑。与此相对的是，东方文明的丝绸之路指称于历史悠久的文化、底蕴深厚的文明，无论是文化生发的空间还是文明表达的概念，丝路精神对沿线国家共同的文化记忆和历史符号的表征，贯通于东方话语表达与东方语境创设的过程与目的。受此影响，"一带一路"文化意涵东方语境的创设，秉承共享、共赢、共融的基本理念，以命运共同体、利益共同体、责任共同体的形式，呼唤来自不同文明主体的认同与亲和，以倡议、合作、交流的东方智慧，彰显彼此承认、平等交往、理解沟通的包容与并蓄，以博弈、对抗、席卷、统摄色彩的消融与解构，强调创设的合作性、开放性和发展性，以此彰显创设范式共商、共建、共享对东方理念和东方智慧的特质具象。

就"一带一路"文化蕴涵东方语境创设的传统资源挖掘而言，共商、共建、共享立足于传统与现代的文化资源链接，"更主动地赋予传统文化以新的生命力和存在形式"，通过文化相通达至价值共识和情感共鸣，降低单边主义西方话语语境的意识形态的浸染。就"一带一路"境内东方语境创设的文化产业的发展而言，共商、共建、共享不仅可以加快西部地区、边疆地区、民族地区文化产业的发展，而且可以带动其他产业，尤其是区域经济发展的支柱性产业，以此对接"一带一路"全线的互学互鉴。就"一带一路"境内外语境创设的对话和交流而言，共商、共建、共享强调共同命运的归属性、共同利益的一致性和共同责任的共担性，努力挖掘语境创设的中西交互和文化内涵，探讨"一带一路"文化蕴涵的传播形态，凸显差异化传播，克服同一化传播。发挥共商、共建、共享的多形式帮扶与支援，加强文化的桥梁和引领作用，加强各国、各领域、各阶层的平等交往，加强丝绸之路沿线各国民意合作基础的夯实。

"一带一路"文化意涵东方语境的创设以顶层设计与底层探索的结合，推进政府与民间广泛的人文交流与合作。共商、共建、共享的创设范式强调既有官方平台与交流机制的运用，与东盟、上合组织、阿拉伯国家联盟及其成员国建立多种人文合作联委会机制，使之成为今后进一步合作的重要基础。依托政府开展的中长期交流，应注重顶层设计的综合观照与长远规划，落实年度合作计划，形成有效的监督与信息反馈机制。与此同时，充分发挥现有合作机制和平台的作用，如东盟、上合组织、中阿合作论坛等合作平台，在既有机制框架下整合各方面人文资源，凝聚各方面力量。就"一带一路"境内的顶层设计与底层探索而言，重视中西部省区的独特性，积极发挥中西部省区在"一带一路"建设中的历史、人文优势，加大哈萨克语、吉尔吉斯语、塔吉克语、乌兹别克语等多个语种的广播、影视与游戏节目的投入制作。发挥中西部地区文化桥头堡作用，融入"一带一路"建设的现实推进中，发挥共商、共建、共享的市场主体性，调动各类文化企业的积极性，推动"一带一路"境内外文化产业的合作。充分挖掘"一带一路"的历史文化遗产，引导和动员民间力量开展丰富多样的文化交流活动，支持沿线有关国家联合申请世界文化遗产。重视专家学者和智库的作用，群策群力，通过定期召开研讨会、分专题开展调研等形式，为"一带一路"建设中的文化交流与合作提供智力支持。

"物质上的成功使一种文化和思想变得具有吸引力，而经济和军事上的失败则会导致缺乏自信和特性危机。"[1]经济发展是"一带一路"文化蕴涵的基础，"一带一路"文化战略的凝聚力、向心力和吸引力的提升应以建立共同收益的共享机制为前提。正如有的学者所言："没有经济实力的迅猛增长，中国文化充其量只能吸引国外某些知识精英的青睐，存在于有限的学者书斋之中……在这种意义上，硬实力的发展和强大对于文化软实力的提升具有重要意义。"[2]应该以跨学科、跨领域、跨语言、跨文化的新思维，对"一带一路"文化蕴涵进行价值定位，从顶层的制度设计，推动底层的探索。政策与制度的完善与创新能起到引领与规范的作用，针对"一带一路"文化交往的实际情况，不断更新理念、贴合实际，制定科学性的开放政策。"一带一路"文化蕴涵东方语境的创设，借助经济交往的平台和机遇，共同打造利益共同体，在经济交往中明晰彼此的文化思维、价值取向和思想观点，以经济的发展的共享带动文化交流，以优势互补的沟通回应创设的质疑与担忧。

发挥市场机制与合作平台的贸易引领作用。兼顾不同层次市场的平衡，既要有市场低端产品，也要有文化层面的高端产品，用文化提升产业和贸易附加值。开拓文化产业是"一带一路"文化意涵东方语境创设的重要路径，就"一

---

[1] 陈正良.中国"软实力"发展战略研究[M].北京：人民出版社，2008：26.
[2] 唐晋.论剑：崛起进程中的中国式软实力（壹）[M].北京：人民日报出版社，2008：7.

带一路"境内文化产业的拓展而言，中西部地区是特色文化、传统文化的聚集区，共商、共建、共享的创设范式注重民族特色文化产业的新思路、新方式，在经济转型升级的新常态下，搭建新的平台，建立与区域经济发展相协调和相适应的特色文化发展模式，形成区域性的示范与推广效应，以点带面。此外，政策和企业要保持同一步调。文化企业在产品创意、产品质量、科技含量、供应链条管理、品牌打造等方面加大投入，提升产品附加值和国际认可度；与此同时，遵循政策先行先试验的原则，整合各个方面的社会资源，完善基础建设、人力配备和产业升级的保障措施，推动相应的税收减免等优惠政策落地，搭建有效的市场机制和合作平台。

　　积极推进境内外两个市场的对接，发挥市场的主体性作用，推动文化企业、文化产品的输出与输入。共商、建建、共享的创设范式注重"一带一路"境内富有民族特质的文化元素挖掘，使文化产品凸显东方符号与文化特质，以更加积极的姿态参与互动与交流。首先，要了解"一带一路"境内外不同区域的风土人情、政策法规，调研和考察目标地的社会风气、喜好习惯、人文关系，提高文化产品的目标地的本土化水准。其次，提高文化产品的科技含量、国际化水平、民族特质以及创新程度，注重国际化品牌的打造。发挥现有丝路品牌优势，精心打造新的文化交流品牌。共商、共建、共享的创设范式，强调"丝绸之路文化之旅"活动的展开，重视与沿线国家联合举办"丝绸之路艺术节"，举办形式多样和丰富多彩的文化论坛、展览和演出活动。共商、共建、共享的创设范式，强调古丝绸之路文化内涵和人文精神的继承和发展，在新的时代意义赋予的同时，围绕"文化新丝路"的主题，联合译介、出版相关书籍、拍摄、播放有关影视片。共商、共建、共享的创设范式，注重利用网络平台和新媒体手段，通过音乐、演出、动漫、网游等文化产品，传承古丝绸之路精神，加大文物修复、文博设施建设、艺术人才培训，以此对接"一带一路"境内外东方话语语境的现实创设。

第四章
"一带一路"境内国土文化的现实物化

　　国土文化是"一带一路"境内国土实体之上的物质和精神成果。中华国土文化的观念形态，既包含了一以贯之的中华传统和土地文化的价值内涵，又指谓了具体时空条件下传承与创新链接的价值转换和国土开发历时相通的发展意涵。在现实性上，国土文化的意向性存在和价值性内涵，以土地开发的实践为介质，向物态化和外在化实体的转换，不仅表征着文化心理和开发意识的客体化过程与物质性结果，而且体现了价值传播和文化扬弃的主体化意蕴与对象性关系。共建"丝绸之路经济带"和"21世纪海上丝绸之路"，连通境内外的要素流动、资源配置、市场融合，实现合作共赢、民心相通、文明互鉴的物化对接，是中国对外开放的总体方略。作为"一带一路"战略实施的重要组成部分，国土文化对人地关系的现实切入和共时转换，规划、利用、整治的文化指谓对国土开发的价值刻写和现实导引，不仅是"一带一路"战略关系集聚与发展共演的空间展示，而且是"一带一路"战略人化自然与内外衔接的空间拓展。

第一节
"一带一路"境内的国土文化

"一带一路"境内的国土文化是中华文化国土与中华土地文化的空间定位和内容汇聚。在现实性上，源于文化国土与土地文化的双向定制，独具特色的中华土地文化心理和开发意识、以土地为内容的文化活动和产品、土地开发观念的扬弃和传播，不仅导引了人与地和人与人关系的丰富与发展，而且于人化自然的转换中构成了生产力作用的物质要素。基于实践的中介，国土文化在土地规划、利用、整治过程中的观念刻写和现实物化，以开发主体的客体化、开发行为的意识化、开发客体的主体化，生成了文化有土地、土地有文化、文化滋养土地的物化逻辑和互动机理，并以此注脚了国土文化与土地开发对象性活动的本质。置于"一带一路"合作、共赢、均衡、普惠的空间战略下，"一带一路"境内的文化物化和国土开发，连接境内境外，以历时的持续演进、共时的规模集聚、效用的互联共通，展示了"一带一路"区位、结构、物化等关系共演的空间对接。

一、国土文化与土地文化的观念形态

文化是人类为满足自身需要创造出来的物质和精神成果，集外在的物质存在和内在的精神状态于一体，是人类创造世界的主观方式和现实图景。在广义的概念中，文化几乎囊括了一切非自然的人类创造物。然而，对文化的理解事实上并没有那么宽泛，人们很少用"文化"指代那些具体的、有形的、可感的人类创造物，而特指非自然成果中稳定的、深层的、无形的价值内涵和思想观念。因此，狭义的文化，在本质上特指与物质形态相对的观念形态。在现实性上，相对于物质形态的"实在"和"场"的概念，观念形态的文化是内涵性、意向性和价值性的存在。作为内涵性存在，观念形态的文化是对客观事物意义的赋予和象征性内容的诠释，是客体属性的内蕴与观念外延的介体；作为意向性存在，观念形态的文化提出问题、做出选择、进行否定，指谓了人特有的思

维与评判；作为价值性存在，观念形态的文化表征着主体需要与客体满足主体需要的特性，以及二者在某些特定方面的交汇点，代表了客体有用性的主观评价和具体运用。

文化是具有物质载体的人化的世界。文化并非物质实存，但文化具有实在的物质载体；物质载体不是文化，但物质实存可作为文化的承载拥有文化的意义与内涵。通过物质的实在和展演，观念形态的文化可以为人们所感知、觉察、领悟、理解和接受。就人与实存的关系而言，文化是人类实践的产物。在实践的中介下，人类改造了自然、形成了社会、创造了文化。人们在进行这些改造的同时，还进行了人自身的塑造和社会的导引。文化的主体是人，而就定义的视角而言，并非所有的作为个体的人和他们所创造的一切都可以上升为严格意义上的"文化"。在所有非自然成果中，还内含着社会的维度和社会的蕴涵，即经济的基础和政治的中介。在人们的具体运用中，概念定义中的"文化"与"社会"虽然具有同一性，却绝非同一体。作为结构性的整体，社会绝非单纯的文化复合体，这其中，经济是政治的依托，政治是经济的表现，而观念形态的文化则反映了社会的经济和政治，并对决定它的经济和政治施加了能动的作用和影响。正如毛泽东所言，"一定形态的政治和经济首先决定那一定形态的文化的；然后，那一定形态的文化又才给予影响和作用于一定形态的政治和经济"。[①]基于这种"影响和作用"，经济基础和政治中介孕育的文化，反过来不仅能动于经济和政治的母体，而且以活动主体自然对象的纳入，使之烙上了意向性的内涵和价值性的印记。

国土文化首先源于文化国土的空间定位。文化国土在概念上将观念形态的文化限域于国家主权与主权权利管辖的范围内。因此，就概念的定义而言，国土特指国家主权与主权权利管辖范围内的地域空间，包括陆地国土、海洋国土和文化国土，由此延伸的广义国土概念是一个国家所拥有的一切资源的总和。作为一种自然与社会的综合体，国土是自然的地理、气候、水文、生物等要素与人文的思维、活动、创造等要素共同作用的产物，因而包含着自然与社会的双重属性，这种蕴涵从不同的角度表征着国土概念体系的结构、关系与功能。

---

① 中共中央毛泽东选集出版委员会.毛泽东选集：第二卷[M].北京：人民出版社，1991：624.

与之相对应，自然环境与人文环境构成了国土的空间系统。当空间系统作为被赋予了土地文化特质的国土——文化国土时，概念上的文化国土是一个国家所拥有的文化资源的总和。作为文化国土的组成要素，文化资源是以一切文化产品和精神现象为指向的精神要素。与自然资源一样，文化资源也是人类生存发展所必需的资源。文化资源具有无形性、传承性、稳定性、共享性、持久性、效能最大性、递增性等特征。[①]就国土文化形成的根基性因素而言，具体国土之上的文化资源作为文化国土的重要构成，以各异的特质、条件、源流而呈现出不同的状态；就文化资源的活性激发和情境支撑而言，特定文化资源所植根的文化与国土具有了各具特质的现实实存与生长方式。

国土文化同时归结于土地文化的内容定位。土地文化的内蕴与意旨，在概念上将国土文化诠释为人们在特定地域空间内创造的文明内涵，并以此对这一空间之上的人地关系和人人关系进行了内涵性的定位与强调，主要指人们在利用土地时的文化心理和意识、以土地为内容的文化活动和产品、土地开发观念的扬弃和传播、人地关系的演化和发展等。其中，土地文化的心理产生于人与土地的相互作用中，是土地和基于土地实践活动的主观映像，土地文化的意识是人对土地的主观观念与土地实存形式的统一。土地文化的心理首先是无意识的，但土地意识则是高层次的土地心理形式，土地文化的相关活动是人对于土地的特殊的对待方式，在土地开发的实践中，人的活动服从于土地的制约而对土地加以改造，并通过这一改造实现人对土地的心理反映。土地文化的产品即土地文化活动所凝结的物质和精神的创造物；土地文化的扬弃是消极部分的抛弃和积极部分的传承，使之向前发展；土地文化的传播是土地观念、意义由独享到共享的传递过程，是土地文化得以固基、弘扬的中继。基于特定地域空间而创造的文明，土地文化强调的是这一空间之上的人地关系。这其中，文明是人类认识和改造世界的产物，文明随历史而积淀、保留和弘扬有益的部分。就人地关系的概念而言，"人"是在一定生产方式下、一定地域空间上从事各种生产活动或社会活动的主体，"地"是指与人类活动密切相关的、无机与有机的自然界要素的结合，在人的作用下已经改变了的地理环境。人地关系是人

---

① 参阅吴圣刚.文化资源及其特征[J].河南师范大学学报（哲学社会科学版），2002，29（4）．

类与自然环境之间互感互动的关系,既反映了自然条件对人类生活的影响与作用,又表达了人类对自然现象的认识和把握。[1]

承藉于国土文化与土地文化的空间限域和内涵定位,国土文化是国家实体与限域之上的物质和精神成果。狭义的国土文化是具有物质载体的观念世界,作为自然要素和人文要素的物质实体,国土是国家发展的基础和资源,是国民生存、活动的场所和环境,此地域空间之中的物质、精神成果构成了国土文化的基本内涵。与广义的文化类同,人类对国土本身的认识和利用,经由国土而创造出来的精神的、行为的、社会的和物质的内涵,构成了国土文化的内涵。国土文化具有的自然属性与社会属性是国土文化的基本属性,其植根于与国土相关的经济、政治产品之上,又给予经济、政治以相应的影响,人们对国土的开发、利用和占有形成了国土文化的人地关系和人人关系。由于国土是自然与人文共同作用的产物,国土文化具备了自然与人文内涵的双重属性。换言之,自然内涵和人文内涵总是共存于国土文化的实存中。实存的类型主要有:以天然景观为基质,在基本保留其本色的前提下,受一定人为因素影响的国土文化天然景观;依据东部季风区域、西北干旱区域和青藏高寒区域的区域划分及局部地域的差异,结合耕作历史演进、经验技术,呈现出不同特质的国土文化农作景观;涵盖古今中外的所有城市居落、城郊居落和乡村居落,文化类型最多、内涵最丰富、文化特色最鲜明、美学价值最高、适用性最广泛的国土文化居落景观[2];为了满足某种需求,抵御某种危害而建造的国土文化工程景观,包含特定文化元素,并以这种特定文化元素为核心,拓展出文化现象,形成特定区域特质和特殊景观的国土文化人为景观等。

"一带一路"境内的国土文化与中华文化的博大精深,在时间的广延上和空间的纵横中高度一致。作为"类"与外界交往所形成的关系,中华文化的广博植根于中华民族一以贯之的价值观念里。在"有物混成,先天地生"(《老子·道德经》)的关系中,中华文化强调"道生一,一生二,二生三,三生万

---

[1] 参阅杨新洪.在当代地理环境紧约束中文化力及其考量问题研究[D].福州:福建师范大学,2011:65.
[2] 参阅周秉根,张蕾,张静,等.土地文化与文化土地内涵分析[J].国土资源科技管理,2012,29(2).

物"(《老子·道德经》),"道大,天大,地大,人亦大。域中有四大,而人居其一焉。人法地,地法天,天法道,道法自然。"(《老子·道德经》)在人与外界事物的关系里,人是认识和实践的主体,人的存在和感知是价值生成的前提,这就是人的"大";人不是没有制衡的,人自身的思维和行为须与外界匹配,这就是人对地、天、道的"法"。在人与自然的关系上,"有人,天也;有天,亦天也"(《庄子·山木》),这就是人与天、人与自然的"天人合一"。在此之下,人与天不是主体与对象的关系,而是部分与整体、扭曲与原貌、学之初与最高境界的互构、转换和辩证。所谓"天人之际,合而为一"(《春秋繁露·深察名号》),无论是作为个体的人还是作为群体的人,均是自然的一部分,均反映着"天"的属性与特质。在"法于阴阳,和于术数"(《黄帝内经·素问》)的思考和实践中,人必须效法和遵循客观规律的"道",以天地形态和天地规律和谐自身,借此达到人际、社会、政治关系的天地有序。在万物生成和变化发展的理论诠释里,五行的相生相克与转化关系的"变易""阴阳"相得益彰,构成了中华文化相辅相成、否定之否定的辩证。所谓"五行:一曰水,二曰火,三曰木,四曰金,五曰土。水曰润下,火曰炎上,木曰曲直,金曰从革,土曰稼穑。润下作咸,炎上作苦,曲直作酸,从革作辛,稼穑作甘。"(《尚书·洪范》)"五行"循环、变化发展的"一物生一物、一物降一物",是自然、社会与人生发展的"道"。在文化传播自我扬弃的维度上,中华文化的"天地合气而万物生,阴阳接而变化起"(《荀子·礼论篇》)、"万物负阴抱阳冲气以为和"(《老子·道德经》)等观念,概括和注脚了文化发展和变化演进的过程与规律。在"一阴一阳之谓道"(《周易·系辞上传》)的辩证与启感下,中华文化以厚德载物的胸怀兼容并蓄,学习和涵化一切优秀的文明成果。所谓"启阴感阳,乃育中和"(《太平经·上清洞真品》)就是要在对立统一的推动下,在"致中和,天地位焉,万物育焉"(《礼记·中庸》)的互生互易里,实现文化自身的发展和演化,推进价值观念与客观实在的合解与合题。

国土文化中的土地文化是基于特定地域空间而创造的文明内涵,突出的是土地文化所强调的空间定位。其中,"人法地,地法天,天法道,道法自然",构成了中华土地文化"和衷共济"的人地关系;"各美其美,美人之美，美美与共"构成了中华土地文化"天人合一"的文化心理；"金、木、水、火、土""阴阳协调""互生互易"，构成了中华土地文化"相生相克"的开发意识；"厚德载物""启阴感阳""变化发展"，构成了中华土地文化"生生不息"的文化扬弃；"不偏不倚""负阴抱阳""允执厥中"，构成了中华土地文化"对立统一"的文化演进。

"和衷共济"的人地关系，是在按照人的自身需求对土地进行改造的同时，尽量借助自然之势，避免执拗地改变土地的原有禀赋。所谓"和实生物，同则不继"（《国语·郑语》），就是要选择人地和谐的方式创造人与土地的关系。如都江堰的修建、梯田的开垦、城市兴建"抱阳"的选址原则，均体现了中华土地文化"道法自然"的特质。而"天人合一"的文化心理是对环境的尽量适配和合理效仿。"阴阳交感"的"围合"是"天地合气"建筑理念的具体生发：华北地区面南背北的砖土四合院围合，既能抵御北方的寒冷空气又能充分利用阳光热量；江南地区的竹木与干栏式围合，既能降温、通风、防潮，又方便就地取材；中华园林的园与林，结合自然效仿与人工复制；以吊脚楼为代表的悬空结构，既可削弱潮湿气候的影响，又可减少昆虫毒蛇的侵扰。"相生相克"的开发意识，是辩证的、整体的、循环无端的相生相克，创生、制约着土地的统筹开发。就某种意义而言，"中国"这一概念的生成，本身就是五行生化与空间定位的认定和仿习：在空间五维与五行的对应中，东方对应木，西方对应金，南方对应火，北方对应水，而"中"即观测者所居的空间则对应土，深度映照着中华文化对土地融化其他"四行"的地位和土居于五行之"中"的判定。就五行生化的关系而言，土生金，土生于火，欠土为"坎"（表征水的卦象），木克土但又受土的承载。中国传统的建筑和聚落，大多遵左东、右西、面南、背北的定位，原则上建议居于山南水北的"阳位"，就是这一思想系统的产物。"生生不息"的文化扬弃，是扬与弃的德物转化、是土地滋养文化的意识升华。"星以剥换为贵"（《雪心赋》），剥换者，蜕变、扬弃也，是基于土地开发实体的文化融通与扩散。土地开发与文化扬弃的跌断剥换，以跳跃式和渗透式相互支撑的"跳跃扩散"和"墨渍演进"，对接断续性嵌套与整体性板块的空间迁移，以文化扬弃的能量输入与容量循环，凸显域内外横向传播与纵向迁移的空间开发。"生生不息"意味着和谐与共生，注重过程，亦注重结果，既兼容并蓄，又创造性转换。持续不断的一脉相承和发扬光大，孕育了中华土地景观的包容性与丰富性，这不仅得益于厚德载物的融合与再生，而且获利于中华传统学习、尊重和发展的文化自信与自觉。"对立统一"的文化演进，是文化发展与土地开发的相向而行和互为促进，是中华文化的弘扬和培育在土地开发中的丰富，是"对立统一"之下的文化发展与物质转化，是不断接近"道"以实现合规律性、合目的性的土地开发。其中，"惟精惟一，允执厥中"（《尚书·大禹谟》）、"执其两端，用其中于民"（《礼记·中庸》）、"过犹不及"（《论语·先进》），不仅是文化开发意识的实践运用，而且是土地文化演化的现实观照。

二、国土开发与土地利用的文化刻写

国土开发与土地利用的文化刻写，是人们在土地文化的导引下，按照事物的客观规律和自身需求所进行的土地规划、利用和整治。集合规律性与合目的性于一体，文化刻写在土地开发中的展现，是自由意志激发和自由形式唤起的结果。一方面，土地开发的人化和主体化，构成了文化刻写的内容；另一方面，主体的对象化和客观化构成了土地开发的形式。内容与形式的统一决定了土地开发"自由"的标准，活动与结果的契合则是自由对实践的肯定。在这个过程中，"化物"是主体力量对象化的前提，即文化心理和开发意识对土地认知的导引，这是开发动机形成、物化规律掌握、物化手段运用的起点。文化刻写的开发与人化自然的土地相联系，展示了人类实践的自由与自觉。其中，文化刻写对土地开发的概括与加工、投射与转化，不仅包含了开发活动内蕴的对象化意旨，而且凝结了开发主体外涉的意向性评价。当人化自然的客体——土地，完成了文化物化的转换，人们在物质财富的创造中直面自己，意味着文化导引的实践展示了人地关系的本质。这种观念形态现实转换的物态化和外在化，印记着土地开发的文化刻写，指向了主体客体化、行为意识化和客体主体化的完成。换言之，在目的性和意向性的中介下，人化自然的土地体现了人的要求和人的内容，因而确证了人的力量。受此影响，作为生产力物质要素的内容、联系和作用，土地开发的文化刻写以其对象性活动的展开，通过主体意义的赋予、客体价值的抽象，连接人的目的、人的标识和人的意志，进而使人化自然过程生成对象性关系的结果。与此相随，土地不仅承藉了文化观念的物化，而且促进了文化扬弃的演进。由此出发，土地开发文化观念的刻写、人化自然文化观念的嵌入，不仅表征着文化物化的现实转换，而且展示着主体化、客观化、社会化在土地开发中的达成。

国土开发与土地利用的文化刻写，指向了文化有土地、土地有文化、文化滋养土地的辩证关系和逻辑互动。作为与"实在"和"场"相对的、具有一定物质载体的观念形态，文化的形式和内涵有赖于土地的印证与承载。文明根植于土地，土地不仅是文化展演的舞台，而且是文化生长的基石。以实践为中介，人们建立起文化与土地的对象性关系，从而使土地具有了文化的内涵。运用国土文化的开发心理和开发意识进行土地的规划、利用和整治，形成的均衡的国土空间，一定程度上代表了主体性意识合目的性诠释的自由创造。对于土地开发的主体而言，物质客体的对象——土地，承载了主体力量外在化和物质化的本源；对于土地而言，对象关系的主体化和社会化，不仅使土地开发的主体——人，成为本质力量的客体，而且使客体成为人的对象、主体的对象。就此意义而言，国土文化的物化正是在土地开发的客体丰富中、在人化主体的展示里，凸显了本质力量丰富的确证。也正是在文化的滋养下，土地的价值升华得以实现。因而，被人类所感知、改造的土地，往往具象着相应的文化。与文化占有的土地相对应，一定的观念形态，人类认识的对象、实践的平台，必有一定的物质承载——土地。"土地具有自然、社会、经济特性"[①]，特定的文化指导特定地域的人们对土地的认识和开发，不同的文化旨趣推动不同的开发活动和结果。受此影响，一部土地开发和使用的历史，不仅是政治、经济、文化发展演变的历史，同时也是人的本质丰富和充实的历史。

开发心理、开发意识、开发活动、开发结果，以文化刻写的演化和扬弃生成了人与地、人与人的关系，并在人化自然的转换下直指生产力的要素与构成。在一定生产方式和地域空间的制衡下，"人"是生产活动和社会活动的主体，"地"是由自然环境和自然要素组成的载体。人地关系反映了人与地的交互感知与影响，不仅是地理、自然对人类生活的影响与作用，而且是人对地

---

① 何兴华.空间秩序中的利益格局和权力结构[J].城市规划，2003，27（10）：9.

理、自然的认知和把握。交互与感知、顺应与抗衡演绎着人地关系发展的矛盾与契合。一方面，人具有内在的尺度，人们主观能动的文化刻写和创造，使土地开发的结果首先满足于自身的需要；另一方面，被开发的土地以客体主体化的过程导引着文化与土地、土地与文化的辩证。在这一过程中，人类的认识与实践铭刻着土地的印记，人地关系承载了社会的资源、环境与占有、分配，交往互动、冲突和谐无不发生于这个载体之上。因而，人人关系不仅是人地关系的投射和发展，更是人地关系的深入与升华。生产力"表示人们与自然的关系，是人们改造、控制和征服自然，获取物质资料的能力"[①]，作为具有劳动能力的人和生产资料相结合而形成的改造自然的能力，生产力可分解为生产者、生产工具、生产对象三大要素，生产力的物质要素指向生产工具和生产对象要素，在土地开发过程中，土地作为最传统、根基性的生产对象，承载并衍生着其他生产对象，人类生产活动始终羁绊着生产工具的开发、占有和分配等核心问题，这些问题源生于土地，进而演化为基础的生产和产品的增产、增值、占有、分配等社会性实践，因而土地作为生产工具和生产对象的聚合产物，在开发过程中构成了生产力的物质要素。

主体客体化、行为意识化、客体主体化构成了国土开发与土地利用文化刻写的方式。主体客体化，特指在主体和客体的相互作用中，所发生的"主体因素向客体的渗透和转化"以及"主体本质力量的外在化和对象化"[②]。在土地开发文化刻写的过程中，人们基于自身的需要，运用自身的物质力量和外在的物质工具改造和开发土地，使土地具备后天的结构和形式；同时，人们将自身体力、智力和能量积淀、物化、聚合到土地之上，通过自身目的、能力的对象化来确证土地开发的主体性。在土地开发的生产实践中，人类主体的客体化，表现为特定历史时期，人的知识、能力以土地的存在方式实现意识转换的广度和深度。行为是动机和目的导引的运动，是人们在日常生活中为了维持生存和利益而进行的活动。意识是人自觉的心理活动，是心理发展的最高阶段，是人所特有的反映现实的高级的和主要的形式。行为往往是意识指示下的

---

① 刘炳瑛.马克思主义原理辞典[M].杭州：浙江人民出版社，1988：167.
② 李淮春.马克思主义哲学全书[M].北京：中国人民大学出版社，1996：857-858.

运动，意识常常通过行为的反馈被充实，并且通过行为实现与外在的交互和联系，而行为以意识的导向实现自身的价值和意义，行为意识化就是这种行为的意识升华以及在意识导引下的行为自觉与动态。在土地开发的文化刻写中，行为意识化促成开发者对土地的认识从而实现土地利用的主体化，并以此显现开发主体的意向化。客体主体化是在主体与客体的相互作用中，客体外在因素向主体的渗透和转化，即客体的对象化形式内化为主体的本质与力量。[①]土地开发的文化刻写发生于土地的承载中，在观念和意识层面，人们对土地的感知与认识，使土地开发的对象性活动切入文化刻写的图式与结构中，以此推动土地利用与主体观念的契合，如马克思所言，"生产不仅为主体生产对象，而且也为对象生产主体"。[②]

国土开发以主体功能区的规划目标与愿景达成，形塑着国土开发的均衡国土空间，并与"一带一路"均衡、普惠的空间战略形成支点对接。作为特定地域空间之上的文明内涵，中华国土文化"和衷共济"的人地关系、"天人合一"的文化心理、"相生相克"的开发意识、"生生不息"的文化扬弃、"对立统一"的文化演进，在土地开发中的观念刻入与现实物化，对接了"一带一路"战略国土开发的境内构图与境外拓展，指谓着国土规划主体功能区的空间定位，对优化开发区、重点开发区、限制开发区、禁止开发区的国土规划，进行了原则、目标、功能的区位定制和相互衔接，这是中心地理论、"点轴"理论、辐射理论等土地开发经典理论与中华土地文化在优势定位、逻辑整合、模块共济、结构功能中的体认与结合。其内蕴的空间定位与空间布局，不仅是国土开发文化刻写的职能列阵和内部支撑，而且是"一带一路"区位中继、核源辐射的空间对接。国土文化空间定位的现实物化，特别指谓在"和衷共济"的人地关系下，以区域性国土空间的自然性和综合条件的适宜性为基础，进行土地开发功能的调控，构建均衡有序的国土空间。以资源环境的承载力和限制性因素为依据，兼顾人口规模、产业规模和经济结构制定开发内容，特别突出自然保护区、绿色空间和文化遗产等大板块区位的功能与作用。在"天人合

---

① 参阅李淮春.马克思主义哲学全书[M].北京：中国人民大学出版社，1996：336-337.
② 中共中央马克思恩格斯列宁斯大林著作编译局.马克思恩格斯文集：第8卷[M].北京：人民出版社，2009：95.

一"的文化心理下，以主体功能的区域确定，导引各主体开发区空间生产的内容、任务和目标。关注相互依存、相互作用的区域性空间结构，因地制宜地确定"点轴"系统组织的比例关系，形塑具有区域特色的物化模式。在"相生相克"的开发理念下，控制开发强度、调整空间布局。在自然条件分异规律和社会发展空间组织规律的作用下，明晰各主体功能区域的生产空间、生活空间和生态空间，主体功能区在节制开发的同时，必须因地制宜地保持开发的适度与和谐，形成"阴阳和合"的"点—轴—面"系统。在"对立统一"的文化演进下，将生产生态产品与创造价值结合起来，相辅生产空间、生活空间、生态空间，将集约高效、宜居适度、自然秀美的空间功能结合起来，导引"生生不息"的文化扬弃，促进"和衷共济"的人地关系。

三、物态转换与"一带一路"演进的空间对接

空间是物质存在的方式，是人类实践的场域，是文化物化的处所，是"一切生产和一切人类活动所需要的要素"[①]。物态转换的空间开发是国土开发的重要内容，是文化刻写的重要方面，是国家战略的重要基础。与此同时，国家发展战略亦形塑和影响着空间开发的文化物化、土地利用、权利格局。在空间要素的具象中，区位是重要的组成部分，其内容不仅包括了土地开发的自然场，而且包括了与开发活动相联系的文化域。与此相适应，空间区位不仅表现为地理学上的意谓，而且表现为地理要素与人类活动在空间交互中的点状、位置和区域，从而引伸出距离与方向的综合与度量。在现实性上，区位的划分、区域秩序的建构、区位节点的抉择、区域分工的归制，无不体现了位置、距离、方向所意含的"实在"和"场"，体现了"空间实践只是通过它们开始活动于其间的社会关系的结构才会获得它们在社会生活中的功效"[②]。受此影响，土地开发的经济区位，强调的是作为资源利用和经济活动场所的经济地域和经济单元，突出的是这个单元内空间分异的组织关系，实体构成的等级、规模和体系，要素流通的量、方式和渠道，生产、交换和扩散的程式等。正是从这个意

---

① 中共中央马克思恩格斯列宁斯大林著作编译局.马克思恩格斯选集：第二卷[M].北京：人民出版社，1995：573.
② 薛毅.西方都市文化研究读本：第3卷[M].桂林：广西师范大学出版社，2008：311.

义出发，一个国家和地区所进行的土地开发，不仅可以改变所在国家和地区的区位条件，而且可以影响新经济活动区的位置、距离和方向，以此指向空间区位与世界连接的规模与态势。

物态转换的国土开发与"一带一路"的演进表现在空间区位的对接上。"一带一路"空间区位凸显了原有的国土开发基质，并以不同的国际走廊和区域重点，带动均衡国土空间的形成。"一带一路"境内"T"字型开发格局与框架，强调的是经济发展水平较高的治海、沿江地带作为国土开发的重点，突出了沿海的京津冀、长三角、沈阳大连等国际化都市区的位置，沿长江经济带则连接了东中西三大空间板块。通过优化开发和重点开发，以"两横三纵"为主体的城市化集群，构成了带动"一带一路"境内经济增长和国际合作参与的重要平台。与此同时，"一带一路"战略的实施与推进，对内陆和沿边地区的区位建设进行了固基，主要表现在：重点建设新疆喀什、霍尔果斯经济开发区和珲春国际合作示范区，建设广西东兴、云南瑞丽、内蒙满洲里等重点开发开放试验区，建设广西凭祥、云南磨憨、内蒙二连浩特、黑龙江绥芬河、吉林延吉、辽宁丹东等开发开放试验区。借助"一带一路"平台，边境地区的人口集聚和城镇化发展得到了促进，特别是对外联系较强的区域性城市和边境口岸城市。总而言之，在西北、东北地区的对接上，发挥新疆的区位优势，使之成为丝绸之路经济带的核心区；依据陕西、甘肃、宁夏、青海的区位优势，打造内陆型改革开放新高地，形成面向中亚、南亚、西亚的通道和枢纽；深化内蒙古联通俄、蒙的区位优势，拓展空间格局的向北开放；在西南地区的对接上，发挥广西与东盟陆海相邻的区位优势，使之成为西南、中南开发的战略支点；依据云南的区位优势，打造大湄公河次区域经济合作新高地；推进西藏与尼泊尔等地区边境贸易的空间合作。在沿海和港澳台地区的对接上，发挥长三角、珠三角、海峡西岸、环渤海等地的区位优势，使之成为"21世纪海上丝绸之路"的核心区；依据香港、澳门、台湾的区位优势，助力"一带一路"建设。在内陆地区的对接上，发挥内陆纵深广阔、人力资源丰富的区位优势，打造西部开发和内陆开放型经济高地，推动区域合作和产业集聚的规模与发展。

"一带一路"境内空间区位资源环境的承载力和限制性因素，人口规模、产业规模和经济结构，影响和指谓了均衡国土空间格局；而开发内容，则突出了自然保护区、绿色空间和文化遗产等大板块区位的功能与作用，导引和决定了国土开发的现实走向。受此影响，"一带一路"境内空间区位的实体构成由国土开发的规划、利用、整治三大要素相互支撑，其中，国土规划基于特定区域的综合条件，为达成均衡国土空间在土地开发中所进行的总体安排和长期规划，均衡国土空间中国土规划的区位形塑，强调域内经济要素充分和有效的利用。国土利用基于特定的社会、经济目的，为达成均衡国土空间在土地开发中所进行的长期和周期性经营，均衡国土空间中国土利用的区位形塑，强调域内国土自然禀赋的多样性和意图性开发。国土整治基于特定区域开发的开发关系，均衡国土空间中国土整治的区位形塑，促进域内低效国土的整治后利用，强调域内国土利用的效率提升，以此达成物态化转换的国土开发与"一带一路"演进的空间对接。

空间要素的重要构成是空间结构。作为区域性空间系统要素结合的总称，空间结构不仅包含了一定区域内各种自然的、经济的、社会的要素分布和地域构成，而且指向了各要素指代的关系分殊、结合状态和演化规模。具象到土地开发的空间结构中，土地规划、利用、整治的空间实践，权力运用在空间结合的关系，开发实践与关系链接的空间表征，共同构成了系统演化的中层、深层和外层。由此出发，空间主体占据的位置，空间关系演化的距离，开发活动导引的方向，无不指向了空间定位与开发结果的集聚规模与态势。受此影响，空间结构的对象性意旨，使实践、关系和表征的流变得以存在。不同形态的自然构成和文化要素，在土地开发过程中的分布、结构形式和关系对接，均表现为具有一定指向的开发内涵、意义与符号，如点、线、面的集合；其中，点代表空间物质的实体，线代表交通干线和域界，面代表农业区、加工工业区、其他类型的经济活动区。点、线、面的矩阵图解，使空间结构的节点系统、经济枢纽系统、城市区域系统、网络设施系统、产业区域系统、宏观地域系统、空间经济一体化系统在土地开发中都得到显现。

物态转换的国土开发与"一带一路"的演进表现在空间结构的对接上。"一带一路"空间战略是陆上依托于国际大通道，支撑于沿线中心城市，通过重点经贸产业园区的作用，打造新亚欧大陆桥、中蒙俄、中国—中亚—西亚、中国—中南半岛等国际经济合作走廊；海上则以重点港口为节点，建设运输大通道，建设与"一带一路"紧密关联的中巴、孟中印缅两个经济走廊。国土开发与"一带一路"在空间结构中的推进，将连接国土开发的点轴线与"一带一路"国际大通道，形成以重庆、西安、郑州、成都、乌鲁木齐、武汉等大都市经济区为代表的中国内陆对外开放新高地，其沿线城市同时形成"一带一路"境内东西向的国土开发轴，在结构上凸显次区域中心城市——昆明、南宁的地位，连接从广州到昆明的海陆大通道，形塑全方位对外开放大格局。在与新亚欧大陆桥的对接上，始于江苏、山东，经河南、陕西、甘肃、新疆等省区，经哈萨克斯坦、俄罗斯到波罗的海沿岸，贯穿亚洲与欧洲。在与中蒙俄经济走廊的对接上，始于天津、大连，经蒙古、俄罗斯抵达波罗的海沿岸，连接蒙古的草原丝绸之路和俄罗斯的欧亚经济联盟。在中国—中亚—西亚国际经济走廊以及中巴经济走廊的对接上，始于乌鲁木齐，经中亚、西亚抵达波斯湾、地中海沿岸；北起新疆喀什，南到"丝绸之路经济带"和"21世纪海上丝绸之路"交汇处的巴基斯坦瓜德尔港。在中国—中南半岛等国际经济合作走廊的对接上，始于云南昆明和广西南宁，依托于泛亚铁路，联通整个中南半岛国家。其中，孟中印缅经济走廊，始于云南昆明，经缅甸、孟加拉、印度等国抵达孟加拉湾，联通印度洋。空间结构的集聚规模与态势指向，为其周边地域提供高品质工业品和服务产品的典型中心地，为其他开发区域进行产业梯度转移的中心地，为优化开发区域提供工业品的中心地，为限制和禁止开发区域提供工业品兼服务产品的中心地，为周边区域提供农产品的中心地，为限制和禁止开发区域提供必要服务产品的中心地，为周边区域提供生态产品并进行生态产业梯度扩散的中心地，形成"一带一路"内外对接的空间结构。

在实践的层面上，空间结构的主体功能区划分，强调环境容量值、地域功能性、区域承载力，助力均衡国土空间的形成。物态转换的国土开发以空间结构的均衡发展模型，标识大体相等的综合发展水平值，导引国土开发的现实走向。"一带一路"境内空间结构的"阴阳互济"，凸显地域功能演替、区域效益优化，明晰历时变化的结构关系、资源要素的区间流动，促进差距缩小的正向化均衡。"一带一路"境内空间结构的"过犹不及"，凸显地域功能综合、比较优势结构，明晰复合主体功能、时空属性定质、指标体系定量，在生产层面、中间层面和生活层面，以立体流和立体空间的均衡表达，实现效率、公平并重的开发目标,以此达成物态化转换的国土开发与"一带一路"演进的空间对接。

空间要素的另一指向是空间生产。在实践的中介下,空间不仅是生产的场所,受生产关系制约,而且是生产的客体,在生产社会关系的同时,也被社会关系所生产。空间生产在某种意义上是空间中弥漫的社会关系,一定空间的社会生产因此表征为交换价值和使用价值的合二为一。受其影响,空间生产的内容不仅包括物质生产本身,而且包括政治和意识形态的再生产。就空间生产对土地开发的定位而言,这是中心位置的确认与地域关系空间呈现的要点。围绕中心外衍的距离和方向,以内外相连的规定性,对土地开发进行着历时的投射,对空间生产的方向进行共时的解读,在纵横交织的空间建构里不断催发"向心性"与"离心性"的竞争和妥协。表现在以土地开发为核心的生产、交换、传播的分配上,无论是空间的再现还是再现的空间,常常是开发形塑与文化刻写交互作用的表向。在此基础上,空间生产的土地开发,不仅包括了空间的生产,而且包括了空间在生产中的生产。这在列斐伏尔看来,"曾经是都市活动的生产者,现在正反过来被其所生产"[1]。与此相一致的是,空间生产同时对"文化"以及文化的物化进行了实践性的建构。土地开发作为广义的文化产品,对文化有土地、土地有文化、文化滋养土地的辩证与互动,进行了物理性的凝固和现实性的表达。在这个过程中,"空间和空间政治组织表现了各种社会关系,但又反过来作用于这些关系"[2]。无论是空间分割的物理定形,局域形制的文化刻入,还是环境支撑的社会安排,无不体现了土地开发的文化刻写在空间生产中的地位与功能。

物态转换的国土开发与"一带一路"的演进表现在空间生产的对接上。"一带一路"所内蕴的空间生产,连通境内境外,贯穿欧亚大陆,东接亚太经济圈,西进欧洲经济圈。为此,沿海地区将获得更为广阔的经济腹地和经济发展引擎,产业升级和转型将得到促进与完善。就中西部地区的空间生产而言,借助南亚、中亚、西亚的连接带,经济活跃度得到提升,劳动人口的

---

[1] 薛毅.西方都市文化研究读本:第3卷[M].桂林:广西师范大学出版社,2008:238.
[2] 参阅爱德华·苏贾.后现代地理学[M].王文斌,译.北京:商务印书馆,2004:123.

素质得到改善,生产要素的配置得到优化,新的经济增长级得以形成。在空间生产基础设施互通的对接上,"一带一路"与国土开发结合,对内连接东西、沟通南北,对外衔接重要的国际通道,进行基础设施的建设,造就新的经济增长区,拓展国际骨干通道,形成亚州各次区域,以及亚欧非之间的基础设施网络,连接中蒙俄基础设施,带动东三省经济振兴、基础设施低碳化和营运互通的强化,海上以重点港口为节点,建设通畅安全的运输大通道。在空间生产能源供应系统的对接上,"一带一路"与国土开发结合,深入能源设施的互通与合作,共同维护输油和输气管道的安全,推进跨境电力与输电通道的建设,开展区域电网的升级和改造。通过与俄罗斯以及与中亚、西亚的联系,拓展陆上运输通道,带动西部地区沿线节点城市的能源储运和加工,进而形成新的产业链和经济增长点。在空间生产贸易畅通的对接上,"一带一路"与国土开发结合,着力解决贸易便利化的问题,消除投资壁垒,商建沿线国家和地区的自由贸易区;改善边境口岸的通关设施和条件,强化供应链安全和便利化合作;拓宽贸易领域,创新贸易方式,挖掘新的生产与贸易增长点;优化产业链的空间布局,推动上下游关联产业的协同发展,形成跨境经济合作产业园区和新中心。

在空间生产人文交流与合作的对接上,"一带一路"与国土开发结合,传承丝路精神,在教育、文化、旅游、科技、卫生等各个领域,开展文化交流、学术往来、人才交流、媒体合作、青年和妇女交往、志愿者服务;扩大留学生规模,开展合作办学,举办文化年、艺术节、图书展等活动,联合申请和保护世界文化遗产;加强科技合作,共建研发中心,合作开展重大科技攻关,以此促进境内外区域性中心城市的作用,提升第三产业的发展,形成经济发展和空间生产的新高地。空间生产以空间中的生产和生产中的空间,指谓空间中诸种形态产物的生产定位。其中凸显优化开发区生产领先及龙头地位的空间定位,强调域内次主体产品生产与突出的发展问题;凸显重点开发区重点生产及潜力发掘的空间定位,强调综合研判和区域潜在问题的解决;凸显限制开发区农业生产及生态产业支撑国家整体发展的空间定位,强调合理适度开发的匹配问题;凸显禁止开发区空间生产涵养、保护、管制的空间定位,强调域内生态产品的和谐共生问题,以此达成文化物化的国土开发与"一带一路"演进的生产对接。

第二节
"一带一路"境内国土开发的空间定位

中华国土文化是特定地域空间之上的观念形态。"和衷共济"的人地关系、"天人合一"的文化心理、"相生相克"的开发意识、"生生不息"的文化扬弃和"对立统一"的文化演进,在土地开发中的观念刻入与现实物化,不仅对接着国土开发的境内构图与"一带一路"的境外拓展,而且指谓着国土规划主体功能区的空间定位。在此之下,《全国主体功能区规划》(以下简称《规划》)的国土规划,对优化开发区、重点开发区、限制开发区、禁止开发区,进行了原则、目标、功能的区位定制和区域衔接,这是中心地理论、"点轴"理论、辐射理论等土地开发经典理论与中华土地文化在优势定位、逻辑整合、模块共济、结构功能中的体认与结合。其内蕴的空间定位与空间布局,在形成国土开发文化刻写职能列阵和内部支撑的同时,也进行着"一带一路"区位中继、核源辐射的空间对接。

主体功能区的空间定位旨在构筑"一带一路"境内区域发展有序化的空间格局。在"天人合一"的因地制宜下,以地域功能属性的内容为基质,兼顾空间区域发展潜力,结合自然资源的区域承载力并考虑环境容量值,构建均衡发展的区域状态模型,标识大体相等的综合发展人均水平值。在"和衷共济"的有序结构下,以空间均衡过程中的地域功能演替为基质,兼顾区域效益最大化与区域划分对地域功能历时变化的关系,导引资源要素的区间流动,促进差距缩小的空间均衡正向化。在"过犹不及"的允执厥中下,以地域功能综合价值的空间均衡为基质,立足于各区位结构的比较优势,复合主体功能区"开发与保护"的基本功能,进行时空属性的定质和指标体系的定量,在生产层面、中间层面和生活层面,通过立体流和立体空间均衡的实现,达至效率与公平并重的国土开发目标。

《规划》以功能为指向,预判和实现国土整体的系统规划;因而在《规划》的形成过程中,对不同主体功能区的区域功能界定,必然居于理论前提和实践基础地位。地域功能是特定地域在其所处的地域空间系统中,依据其资源环境禀赋而在人类生产、生活实践中所起到的作用、实现的影响，在"因地制宜"理论思维和相关方法基础上，兼容"空间结构有序法则"，是具备主观认识、多样构成、相互作用、空间变异、时间演变五重基本属性的系统结构（图4-1）。

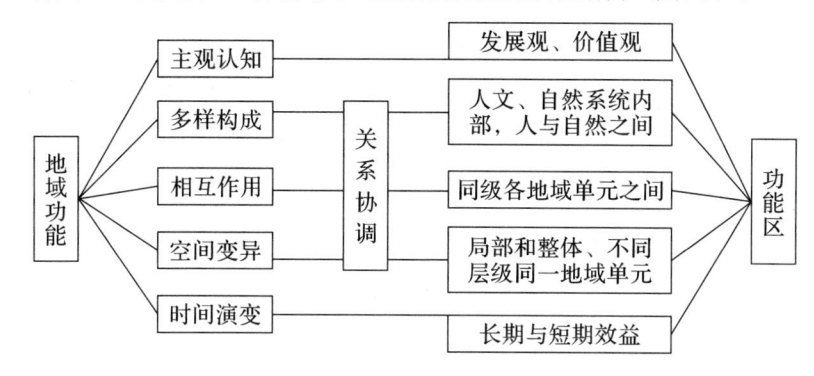

图4-1 地域功能的属性及其与功能区划的关系[①]

其中，主体功能区划分的主观认识属性与国土文化"天人合一"的文化心理相一致，兼顾国土开发进程中的人本主体与客观规律；多样构成属性与国土文化"和衷共济"的人地关系理念相一致，彰显国土开发进程中对自然、人文规律的认同与遵循；相互作用属性与"对立统一"的文化演进相一致，展演着国土开发进程中个体区域于系统整体中的职能分工与互促演进；空间变异属性与国土文化"相生相克"的开发意识相一致，既凸显系统区域的相互影响，又强调个体区域的特质明晰；时间演变属性与"生生不息"的文化扬弃相一致，在固基共时核源的同时绵延国土开发历时变化（图4-2）。

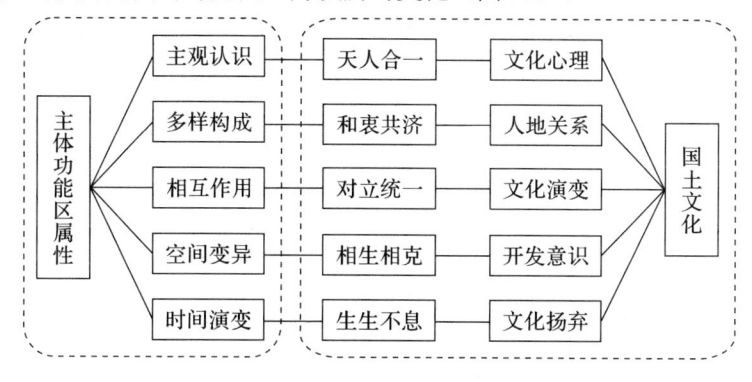

图4-2 地域功能的属性及其与功能区划的关系

---

① 樊杰.我国主体功能区划的科学基础[J].地理学报，2007，62（4）：341.

一、优化开发区域的空间定位

优化开发区域定位于人口、经济密集区,以及国家竞争力提升的重要区域。优化开发区是带动全国经济社会发展的龙头,是国家重要的创新区域,是在更高层次上参与国际分工并具备全球影响力的区域。优化开发区是向其周边地域提供高品质工业品和服务产品的典型中心地,也是全国、区域综合开发"点轴"之上的增长极点,是向周边地域进行产业梯度转移的辐射核源。

优化开发区域的空间定位理念,指向人地关系的和谐共进,是在充分尊重国土资源环境承载力的前提下进行的国土开发。国家优化开发区域城镇体系健全,内在联系紧密且一体化程度高,聚集了大量人口且经济发达;同时,在国家发展和城镇化进程中,其他区域人口向国家优化开发区域聚集、流动是必然趋势,这会不断扩大优化开发区域内由于人口、经济过度集聚和产业结构不合理,而给资源、环境造成的压力。因而,在对国家优化开发区域进行优化开发时,必须以土地资源承载中的薄弱环节为划定开发阈值"红线"的标准对象,由此来确定该区域国土规划、利用、整治中的人口、经济规模和产业结构等开发预期。中华土地文化中"天人合一"的文化心理,在国家优化开发区域的开发理念中表现为基于人本价值判定的区域主体功能辩证划分。优化开发区域综合竞争力强、经济规模大、城镇体系健全、区域一体化程度高、科技创新优势明显,在国土空间的功能提供中主要以工业产品和服务产品为主,并且以提供量质上品味更高的工业品和服务产品为发展方向。在突显国家优化开发区域主体功能的同时,还要辩证地强调国家优化开发区域提供农产品、生态产品的从属功能,尤其是生态产品,这往往直接影响土地上人们的生活品质,在城镇化、工业化所附带的"天人分离"客观影响中存续人与自然、人与"天"的健康关系。"相生相克"的开发意识,是中华土地文化对控制开发强度、追求开发中"中庸""无过无不及"的上层观念。在对国家优化开发区域进行开发的过程中,面对不断集聚的人口、经济规模,扩大区域开发规模成为大势所趋;但亦如《规划》所指出,我国不宜进行国土比重大的工业化、城镇化开发,因为可用以推进工业化、城镇化开发的国土规模并不宽裕。同时,绿色生态空间的保持是人口的生存、发展的必要,以城市化地区为主的优化开发区也应在可能范围内尽量满足当地人口的农产品、生态产品需求。因而，在国家优化开发区域的开发过程中应平衡土地需求和开发强度之间的关系，既不能因"过"而造成开发过度带来的资源浪费和不可逆的环境破坏，也不能因"不及"而削弱优化开发区域对全国发展的带动、引领作用。国家优化开发区域空间结构的规划、利用、整治，集中体现着中华土地文化"启阴感阳"的文化扬弃内容。国土的空间结构作为经济、社会结构的空间载体，其变化、发展一定程度上决定着经济的发展和社会资源的配置。当前我国各类区域开发已形成规模可观但结构欠合理、利用效率偏低的空间结构，为解决这种空间结构所带来的一系列问题，必须对原有开发理念进行基于中华土地文化的扬弃，将国土空间开发的重点从对土地的占有转移至调整、优化土地开发的空间结构上，在追求空间利用率的目标指引下进行区域内有限土地空间的集约开发。中华土地文化"对立统一"的文化演进，凸显于国家优化开发区域功能对发展满足向度的转移，从主要满足人口的工业品、服务产品需求，转向更多地关注人口对农产品、生态产品，尤其是生态产品的需求满足。

优化开发区域空间定位的原则，指引国土空间开发的核心向度由占用土地的外延扩张，转至空间结构的调整优化；这种转向与中华土地文化"生生不息"的文化扬弃相一致，是中华土地文化在国土开发原则中的现实展演。优化结构的国家优化开发区域开发原则，首先要求在开发中通过扩大绿色生态空间，保有基本农业生产空间，落实生活空间的保证；其次要求对城市空间面积的延扩进行控制，压缩工业的存在空间，在城市建设中扩大居住、公共设施和绿地空间等生活空间，严控城市建设用地占用农业用地，在规划中对无法回避的农业用地占用实行等质等量的空间补偿；再次，适度扩大城市间的交通设施空间和城市建设空间，明确严控对象与适度发展对象，形成转向与发展并进的国土空间开发局面。优化开发区域的开发注重保护自然，它以区域内的空间特点为依据，依据土地的资源承载力、环境承载量进行适度、有序的开发，与中华土地文化中人与地、人与自然"和衷共济"的涵养式人地关系逻辑一致。保护自然的国家优化开发区域开发原则，首先要求工业化、城镇化的进行应立足于对开发区域资源承载力和环境负荷量的科学评估，将开发力度严控于资源承载、环境容量允许的限域内；其次对已超出区域承载能力和容量的、已形成生态破坏的区域，进行欠账偿还和生态修复。国家优化开发区域的开发原则中，集约开发将提高空间利用率作为国土开发的重要任务，引导人口、经济向相对集中分布的优化开发区域流动，以资源、环境的集约利用促进资源节约型社会的建设；国家优化开发区域的协调开发原则，按照人口、经济、资源环境协调发展的观念引导城乡发展、区域发展的统筹，促进和谐社会构建。国土优化开发区域的集约、协调开发原则，与中华土地文化中"天人合一"的文化心理、"相生相克"的开发意识高度一致，集中体现为国土开发中的和谐、适度要求。首先，城市化地区、优化开发区域以其承载力强、人口密度高的优势，以城市群作为推进城镇化的主体形态、以提供工业品和服务产品为主体功能，大城集约优势，小城凸显特质，尽可能充分地利用现有建筑空间，提高工业品生产区的建筑密度，整治闲置、空闲、废弃土地，尽可能利用现有基础进行城市、交通扩容。其次，依据人口规模与经济、土地、其他资源相协调的要求进行开发，一方面引导限制开发区和禁止开发区人口、资源向优化开发区域流动，另一方面要以资源承载能力为标准进行区域规模控制；依据宏观的区域相对均衡要求，在资源环境承载力弱的区域选择相对强点，以其为核源辐射整个区域，统筹城乡、地上地下的发展，以城镇辐射乡村、以地上带动地下；以与之匹配的交通网络实现各优化开发区域的互联互通、资源互补，实现空间的集约和人地的协调。

优化开发区域空间定位的开发目标，指向优化开发理念和原则指引下的，结合中华土地文化的内涵而构建的开发方向和指示目标。空间结构的优化目标，体现为严控城市扩张、工业蔓延和开发区分散，扩大绿色空间，适当扩大城市及相关设施空间，缩减工矿建设空间和农村生活空间。对城镇布局进行优化，集约城市空间，健全城镇体系，明确功能定位和产业分工，以区域视野统筹城市间功能、经济互补；对人口分布进行优化，控制特大城市核心区人口规模，提高外围地区和城市吸纳、吸引人口流动的能力，均衡而集聚地分布人口；对产业结构进行优化，促进产业结构向"三高"转变，发展都市集约型农业，推进制造业向节能、节地、环保形态转变，提高高新技术产业知识产权自主度，形成服务经济主导型产业结构；对发展方式进行优化，优先于其他三大主体功能区实现经济发展方式的根本性转变，提高用于研究与实验发展的经费支出比重，发展循环经济，提高能源使用、排放、损耗的清洁化，并建立健全国家优化开发区域的污染联防联治机制；对基础设施布局进行优化，对交通、能源、水利等基础设施的规划、布局、建设进行优化，实现基础设施区域一体化、同城化程度的提高；对生态系统格局进行优化，将生态环境的保护、恢复列为前提约束目标，严控开发力度，增加环保投入，强化环境治理修复，严格保护自然环境和文化遗产，提高城市间人居环境水平。

优化开发区域的空间功能，强调常规产品提供体系中的工业品和服务产品提供，同时提供农产品和生态产品。对优化开发区域的功能定位，是依据《规划》对国家优化开发区域"经济比较发达、人口比较密集、开发强度较高、资源环境问题更加突出，从而应该优化进行工业化城镇化开发的城市化地区"[①]的界定，结合中华土地文化意涵所得出的逻辑结果。国家优化开发区域的主体功能定位在凸显优化开发区领先、龙头地位的同时，更强调该区域所面对的突出问题，是中华土地文化和谐、共美、辩证、生化、发展的人地关系、文化心理、开发意识、文化扬弃和文化演进的现实展演。

二、重点开发区域的空间定位

重点开发区域定位于全国经济增长的重要增长极，是落实区域发展总体战略、促进区域协调发展的重要支撑点，是全国重要的人口和经济密集区，是向优化开发区域提供工业品，向限制、禁止开发区域提供工业品兼服务产品的中心地，也是全国、区域发展"点轴"之上综合发展轴的"近增长极端"和经济增长极点，以及承接周边区域大规模工业化、城镇化梯度转移的辐射受体。

重点开发区域空间定位的理念，指向人地关系的和谐共进，在把控弹性空间的情境下进行国土开发。国家重点开发区域城镇体系的初步形成，具备相当的经济一体化条件，其中心城市具有一定的辐射带动能力，能够带动周边地区发展，并且有可能发展成为新大城市群、区域城市群；同时，重点开发区域在人口接纳、产业布局方面尚有较大调节、运动空间，为其吸收优化开发区域的

---

① 国务院.全国主体功能区规划——构建高效、协调、可持续的国土空间开发格局[EB/OL].（2010-12-21）〔2016-06-15〕.http://www.gov.cn/zwgk/2011-06/08/content_1879180.htm.

开发经验，打造更和谐的人地关系提供了较大可能，对促进全国区域的"和衷共济"发展具有重大意义。因而，在对国家重点开发区域进行重点开发时，须立足长远、发掘潜能，在环境承载力允许的范围内进行合理而有深度的开发，由此确定该区域国土规划、利用、整治中开发规模、深度、模式的选择，并引致开发预期的达成。中华土地文化"天人合一"的文化心理，在国家重点开发区域的开发理念中体现为平衡于潜力挖掘与国土涵养的人地和谐。重点开发区域在经济基础、国土承载力、发展潜力、聚集人口和经济条件上都具有相当的操作空间，在国土空间的功能提供中与优化开发区域类似，主要提供工业品和服务产品但在量质上更追求对规模和效益的潜力挖掘；同时，要长远地规划重点开发区域的发展向度，在对国土的规模开发过程中不放松国土涵养的加强，在规模化提供工业品、服务产品的同时，更注重生态产品的规模化涵养与保持，以实现重点开发区域向更高品位的人地和谐、"天人合一"型开发区域发展的愿景。中华土地文化"相生相克"的开发意识，在国家重点开发区域的开发过程中体现为规模开发与适度开发的双重协调。在重点开发区域的开发过程中，人口吸纳、规模开发、产业承接作为必然趋势，势必带来相应的国土承载压力，一方面该区域开发的潜力挖掘不能放松，否则无法承接优化开发区域的产业溢出，缓冲优化开发区域与限制开发区域的开发间距，另一方面对开发潜力的挖掘不能越过开发适度的红线，否则该区域的重点开发不但无法承继，还会形成相当的整治成本。因而，类似优化开发区域的国家重点开发区域开发所体现的"相生相克"开发意识，其"无过"指向对国土承载能力的适度发掘，"无不及"指向该区域重点开发所应有的规模重点、承继重点和缓冲重点。中华土地文化"生生不息"的文化扬弃，在国家重点开发区域的开发过程中反映为空间利用的不断调整和立体整合，保留、弘扬区域内城市建设空间和先进制造业、服务业空间的合理扩张，祛除、消解区域内欠开发、未开发、开发无重点空间的空间占用，在区域开发重点和重点开发的双重强调中提高区域效益。国家重点开发区域在开发过程中必须基于自身的禀赋、优势，参照相关区域的比较、借鉴，明确突出该区域的开发重点与重点开发模式，在动态中以扬弃的开发观念指引开发重点的平衡。空间结构的演进彰显着经济发展方式的扬弃，中华土地文化"对立统一"的文化演进，充分展现于国家重点开发区域的空间结构调控理念发展中，该区域的重点开发从批量、建制性地设立各类开发区、独立工矿区、城镇区，演进为《规划》对重点开发区域确定的"缩减开发区总面积摊大，整编、调控空间结构"，是从粗放规模开发到集约效率开发的理念演进。

重点开发区域空间定位的开发原则，立足于优化结构，使强调区域重点开发由摊大占地面积转向调整结构、优化空间，在区域开发中强调重点开发。一方面形成、扩大具有强大辐射带动力的中心城市发展程度和规模，并重点增强其他城市的特色竞争力，促进分工明确、优势互补、险益共担、集约高效的城市集群；另一方面完善重点开发城市应具备的基础设施和公共服务，提升区域的集聚人口承载能力，并促进人口向重点区域的加速集聚，在规划、建设、过程中预留满足承载区域发展所需、符合人口吸纳预期的灵活空间。这体现了国家重点开发区域在凸显重点开发进程中，对中华土地文化中"生生不息"的文化扬弃、"对立统一"的文化演进的现实展演，也是重点开发区域在主体功能发挥中重点强调提供工业品、服务产品的同时，不忽视农产品、生态产品提供的协调理念的体现。国家重点开发区域的开发原则中，保护自然作为次强重点，是区域重点开发的前提和积淀，在具体开发过程中体现为提高发展质量和保护生态环境两个向度。其中提高重点开发区域的发展质量，指向对发展质量、效益的确保，对开发区、工业区等重点开发区域的规划建设须遵循可持续发展理念，提高生产的清洁程度、减少污染的排放量能、降低资源的不经济消耗；保护重点开发区域的生态环境，指向削弱区域城镇化、工业化发展对生态环境的影响，在规划建设前对生态环境、基本农地等要素进行影响预判和保护规划，避免在开发过程中出现土地占用过量、水资源损耗过度、生态压力过大等问题，以保护性开发促进环境质量的提高，是中华土地文化中人与地、人与自然"和衷共济"的关系在区域重点开发中的现实彰显。国家重点开发区域的集约开发、协调开发原则，是对该区域开发理念中"相生相克"的开发意识、"生生不息"的文化扬弃的规范性彰显，国家重点开发区域的开发原则中，集约开发明确了开发重点凸显、优势产业构建的目标，将资源、配置集中、高效地投入重点产业、项目中。一方面规范在区域重点开发过程中的开发时序把握，编制近期、中期、远期开发序列，以建设好国家批准的各类开发项目、区域为近期重点，对当下尚不明确、尚不需要开发的区域给予预留发展空间的定位和保护；另一方面形成重点开发区域的重点现代产业体系，强化优质农产品生产基地建设，稳定基本满足流入人口需求的粮食生产能力，运用高新技术升级传统产业，开发新兴产业，扩大服务业占比与质量，加强产业配套支持，促成产业集群发展与互济，将区域开发潜力、优势转化为综合经济发展优势。国家重点开发区域的开发原则中，协调开发主要指向重点开发区域中的区域统筹、产业统筹、建设统筹等问题。一方面通过统筹完善交通、能源、水利、通信、环保、防灾等基础设施建设，构建完整、高效、一体化、城乡同步的基础设施网络，夯实重点开发区域的长远开发基础；另一方面扩大服务业、交通、城镇生活等建筑空间及与之匹配的绿色生态空间，适度扩大先进制造业空间占有比例，同时减少农村生活空间，凸显产业布局的重点规划。

重点开发区域空间定位的开发目标，指向重点开发理念和原则下的、结合中华土地文化的内涵而构建的开发方向和指示目标。主要体现在：以结构优化、效益提高、消耗降低、环境保护为基础，推动经济可持续发展；提高自主创新能力，集聚创新资源、提高区域内产业聚合能力，提高对国际、国内优化开发区域产业的承接程度与能力，形成分工明确、优势互补的现代产业体系，推进新型工业化进程；壮大区域内城市综合实力、吸引力，改善环境和满足人口生存、发展需求的能力，加快城镇化进程，提高人口集聚、人力资源整合能力；充分发掘域内区位优势，加强创设、建设国际通道和口岸的力度，加速优势沿海、沿边地区的内向开放进度，形成重点开发区域内对外开放新窗口、战略新空间与新平台。

类似国家优化开发区域的，在直接的主体功能区分上并不能深层次地明晰国家重点开发区域在整个国家布局中的地位判定和功能安排；更深层次地《规划》所明示的重点开发区域功能定位，是依据《规划》对国家重点开发区域"有一定经济基础、资源环境承载能力较强、发展潜力较大、集聚人口和经济条件较好，从而应该重点进行工业化城镇化开发的城市化地区"[1]的

---

[1] 国务院.全国主体功能区规划——构建高效、协调、可持续的国土空间开发格局[EB/OL].（2010-12-21）〔2016-06-15〕.http://www.gov.cn/zwgk/2011-06/08/content_1879180.htm.

界定，也是优化开发与重点开发区域"开发内容总体上相同，开发强度和开发方式不同"①相比较，并结合中华土地文化意涵所得出的逻辑结果。国家重点开发区域的主体功能定位于凸显开发重点、潜力发掘的同时，更强调综合研判和解决区域内潜在的突出问题，是中华土地文化和谐、共美、辩证、生化、发展的人地关系、文化心理、开发意识、文化扬弃和文化演进的现实展演。

三、限制开发区域的空间定位

限制开发区域作为以提供农产品为主体功能，需要在空间开发中限制大规模高强度开发，从而保持并提高农产品生产能力的区域，是向周边区域提供农产品的中心地，向禁止开发区域提供必要的服务产品的辐射源，也是全国、区域发展"点轴"之综合发展轴的"远增长极端"和农业发展极点，以及承接禁止开发区域生态产业梯度转移的辐射受体。

限制开发区域空间定位的理念，指向人地关系的和谐共进。在限制开发区域的开发理念中体现为限制大规模高强度的工业化、城镇化开发，并鼓励农业开发和一定程度的能源、矿产开发。国家限制开发区域包括耕地多、农业发展条件好的农产品主产区和生态脆弱、生态功能重要的重点生态功能区；因而，该区域的主体功能是提供农产品和生态产品，但也需要适度地对能源和矿产资源进行开发，并在不影响主体功能定位的前提下匹配相关产业和城镇建设。在对国家限制开发区域进行开发和建设匹配时，须充分以资源环境承载力为标尺，杜绝开发过程中出现影响农产品生产和生态产品提供的开发空间占用，顺应区域天然禀赋进行适度开发，实现人地关系的和衷共济和相互滋养。中华土地文化"天人合一"的文化心理，在国家限制开发区域的开发理念中体现为开发与限制相生相长的人地和谐。限制开发区域承载着国家农产品供给安全和中华民族永续发展的区位担当，其区域开发更多地注重农业产品、生态产品生产力的可持续开发；相对于优化和重点开发区域，限制开发区域的生态系

---

① 国务院.全国主体功能区规划——构建高效、协调、可持续的国土空间开发格局[EB/OL].（2010-12-21）〔2016-06-15〕.http://www.gov.cn/zwgk/2011-06/08/content_1879180.htm.

统相对脆弱,环境承载能力较低,生态功能更为重要,因而在基本满足区域内工业化、城镇化需求后,应更多地集中优化重点开发区域的溢出资源,在区域资源禀赋涵养性开发的同时提高产品综合生产能力,凸显人地之间的"各美其美""美美与共"。中华土地文化"相生相克"的开发意识,在国家限制开发区域的开发中体现为限制开发与主体功能实现的互生共济。在限制开发区域的开发过程中,开发实践作为相应地改变自然原有状态以满足需求的人类活动,区域主体功能的实现必然会由于开发实践的作用而相应地改变区域的自然状态,因而将开发实践限制在尽可能保持原有自然环境或保有环境自我修复能力的维度内,是限制开发区域开发实践的题中之义;同时,主体功能的开发与实现必然会带来相应的人流,开发改造相关产业,在限制开发的同时需要充分尊重这些开发附加的变动,并匹配相应的基础设施,以满足限制开发区域开发实践的现实需要,维系区域限制开发的可持续性。中华土地文化"生生不息"的文化扬弃,在国家限制开发区域的开发过程中体现为主体功能产品提供链的反复整合与优胜劣汰,在农产品主产区实现生产的现代化翻新和"三农"的综合升级,在重点生态区保持并提升生态产品的供应能力。由于区域生态环境开发承载能力的脆弱和产品功能的极端重要,因而国家限制开发区域的开发实践必须以对开发效率的追求为导向,在限制高强度工业、城镇化的前提下尽可能提高区域主体功能产品的生产效率,以最小的资源环境开发代价生产尽可能多的农产品和生态产品;允许进行必要的城镇建设,以匹配区域限制开发的承载需求,对资源富集区实行主体功能定位上的"点上开发、面上保护",是"生生不息"的文化扬弃在国家限制开发区域开发实践中的现实展演。对国家限制开发区域的设置和重视本身就是中华土地文化"对立统一"的文化演进在国家主体功能区开发中的现实展演,区域规划、布局的扬弃发展彰显着经济发展、区域开发国家战略的理念进步。以提供农产品和生态产品为主体功能的限制开发区域,其确立与规划在理念上本身就是对生态系统、农业发展、环境承载能力的尊重,从理念上的不明确到明确的限制开发,再到强调主体功能的限制开发,无不明示着中华土地文化"对立统一"的文化演进。

限制开发区域空间定位的开发原则,立足于优化结构,使强调区域限制开发由无序开发、单纯限制开发转向资源承载限阈范围内的结构性限制开发。在区域开发中强调限制开发，一方面严格控制区域内的城市建设空间和工矿建设空间，保持农业生产空间，涵养重点生态空间，压缩工矿建设空间，坚守18亿亩耕地的"红线"并依照限制开发要求管理耕地；另一方面转移限制开发区域所承载的人口压力，引导农村人口向城市化地区转移，并将闲置的农村居住、耕作用地复垦整理为农产品生产空间，加强土地整治，推进中低产业空间改造，串联标准生产空间，优化农业生产布局和品种结构，优化区域产品开发、供应效率，在有限空间内更合理、有效地提高产品供应量质。体现了国家限制开发区域在限制大规模工业化、城镇化开发的同时，对区域应有主体功能的重视和凸显，是"生生不息"文化扬弃、"对立统一"文化演进的现实表征。国家限制开发区域的开发原则中，保护自然作为区域开发实践的观照重点，是区域限制开发的核心与基点，在具体开发过程中体现为两个向度：区域内对开发强度、规模的严格控制和尊重资源承载能力、环境容量的有序开发。一方面对各类开发活动进行严格管理和限制，尽可能减少开发对自然生态系统的干扰，保有和涵养生态系统的稳定和完整性，相应地匹配农产品、生态产品的相关技术设施，合理引导、安置相关产业人口，以点的开发削弱面上保护的压力；一方面优化开发方式，发展循环农业和生态产业，促进相关资源的永续利用，提高产业综合利用程度、科技创新水平、加工增值空间等效益相关又涵养资源的开发比重，是中华土地文化"人地和谐""天人合一"的关系理念、开发理念在区域限制开发中的展示。国家限制开发区域的集约开发、协调开发原则，是该区域开发理念中"生生不息"文化扬弃、"对立统一"开发意识、"天人合一"文化心理的现实物化，国家限制开发区域的开发原则中，集约开发要求严控开发强度、把握开发时序，定位绝大部分域内空间为保障农产品供给安全、生态安全的空间，不再开拓开发区，扩大现有开发区面积，将已存在的开发区逐步改造成为低消耗、可循环、少排放、"零污染"的生态型工业区；明确开发与限制的辩证相生，开发是为了使区域价值得以实现，限制是为了开发得以维系，充分利用现有域内开发建设空间，减少开发对空间的开拓和占用，尽可能利用区域内的闲置、空闲、废弃空间，既从量的维度摊大限制开发区域空间，又从质的维度优化、提振域内现有开发空间的利用效益、效率，建设、建成一批基础条件好、生产水平高、调出量大的粮食生产核心区。国家限制开发区域的开发原则中,协调开发将人口及其所需占用的土地、基础设施进行了动态的考量;在引导限制开发区域人口向优化、重点开发区域流动的同时,相应地减少人口在土地、资源上的占有;统筹优化、重点开发区域的科技优势、经济优势向限制开发区域的溢出和发展,实现开发方式的优化和循环农业的发展,在条件适宜的地区,积极推广沼气、风能、太阳能、地热能等清洁能源,努力解决农村特别是山区、高原、草原和海岛地区农村的能源需求[①],促进农业的现代化发展和农业资源的永续利用。

  限制开发区域空间定位的开发目标,指向限制开发理念和原则下,结合中华土地文化的内涵而构建的开发方向和指示目标。限制开发区域中的农产品主产区的开发目标主要体现为:以规划、统筹、连片等形式提高产量、标准化程度;建设节水农业,推广节水灌溉,发展旱作农业;优化生产布局、品种结构,突出产业带优势和特色;建设和引导农产品加工、流通、储运产业向主产区集聚;集中力量建设基础条件好、生产水平高、调出量大的粮食生产核心区,开发资源有优势、增产有潜力的粮食生产后备区;推进畜牧水产生产的规模化、标准化,合理确定符合产业的发展方向和发展途径;加快农业科技进步创新,提高农业技术装备水平,增强防灾减灾能力建设;推进农业规模化、产业化,拓展农村、农民的增收空间;综合统筹各种条件,适度集中、集约布局基础设施和公共服务设施建设。开发目标在域内的重点生态功能区主要体现为:生态环境质量改善,服务功能增强,水资源质量明显改善,主要河流径流量稳中有增;水土流失、荒漠化得到控制,草原面积稳定、植被恢复;森林覆盖率、储积量增加,野生动物数量、物种恢复、增加;水源涵养型和生物多样性维护型、水土保持型、防风固沙型分区的空气质量、水质量达到相应指标;水面、湿地、林地、草地等绿色生态空间扩大,人类活动占用的空间控制在目前水平,形成点上开发、面上保护的空间结构;地区人均生产总值明显增加,污染物排放总量大幅度减少,形成环境友好型的产业结构;部分人口转移到城市化地区,人口对生态环境的压力减轻,区域内人口总量下降、质量提高;公

[①] 国务院.全国主体功能区规划——构建高效、协调、可持续的国土空间开发格局[EB/OL].(2010-12-21)[2016-06-15].http://www.gov.cn/zwgk/2011-06/08/content_1879180.htm.

共服务水平显著提高，人民生活水平明显改善。

《规划》所明示的限制开发区域功能定位，是由《规划》将限制开发区域分为农产品主产区和重点生态功能区，依据国家限制开发区域"具备较好的农业生产条件""生态系统十分重要，关系全国或较大范围区域的生态安全"的情况，结合中华土地文化意涵而得出的逻辑必然；在强调对区域大规模工业化、城镇化开发的同时，也要求区域内农业、生态产业支撑起国家整体发展的基础，进行限域内的合理适度开发，是中华土地文化辩证、共生、发展的人地关系、文化心理、开发意识、文化扬弃和文化演进的现实展演。

四、禁止开发区域的空间定位

禁止开发区域作为保护自然文化资源的重要区域、珍稀动植物基因资源保护地，是向周边地区提供生态产品的中心地，也是全国、区域生态产业"点轴"之上的发展极点和向周边地域进行生态产业梯度扩散的辐射核源。

禁止开发区域空间定位的理念，指向人地关系的和谐共进，是对人与自然间"和谐共生""天人合一""无为而无不为"的理性观照，它要求在涵养土地自身的化育能力、保有土地相当的原始风貌的前提下，对土地进行开发实践。国家禁止开发区域的生态系统脆弱而具有代表性，资源和物种天然分布而具有特殊价值，不具备工业化城镇化的开发条件；同时，由于区域内资源、物种富集、交通不便利、人烟稀少等原因，禁止开发区域的资源利用通常处于原始、粗放、缺乏管制的状态，这种状态下的区域利用极易造成区域内资源环境、生态系统的不可逆破坏。因而，对国家禁止开发区域进行禁止开发时，必须加强对这种开发的系统性管制，以生态系统、资源环境为重，明确相关的法律、制度、道德规范，由此确定该区域国土规划、利用、整治中的各种阈值和模式。中华土地文化"天人合一"的文化心理，在国家禁止开发区域的开发理念中表现为：超然于物质诉求和工业文明、遵从自然规律的生态追求，是对人类本性的天然复归。禁止开发区域的环境天然，生态系统脆弱，不适宜人类长期生存，在国土空间的功能中主要提供生态产品，并以保有原始、天然的生态系统、环境资源为发展追求；同时，区域空间由于具有人迹罕至、难以管辖、珍稀资源富集等特点，是导致环境破坏、物种灭绝等现象或非法行为的高发区域。因而，一方面要在保有禁止开发区域的天然环境，削弱人为实践；一方面必须加强法律、行政、伦理干预，减少非主流、非政府开发行为对禁止开发区域造成的负面影响，是尊重自然、反哺自然的"美美与共"。"相生相克"的开发意识，是中华土地文化在开发实践中对天然生态的"平衡—重点"观照。在对禁止开发区域进行开发实践的过程中，须明确占区域主体的核心重点生态区域对其他主体功能区的发展支撑和资源补益。一方面，作为自然生态系统、珍稀野生动植物的天然分布地，及有特殊价值的自然遗迹、文化遗迹所在地，对禁止开发区域的强制性保护，由区域的脆弱性和区域开发的难以逆转性所决定；另一方面，作为国家整体布局中的绿色、生态资源储备和人居整体发展的基础环境保障平台，禁止开发区域承担着净化、调节优化和重点开发区域所导致的环境、气候变化的职责，对全国空间开发的再生和永续至关重要，因而要在该区域的禁止开发实践中重点突出保护和涵养，同时平衡其产品输出和问题集纳。国土禁止开发区域的定位、设置、保护和开发，集中反映着中华土地文化生生不息的文化扬弃。传统上对国土空间、资源的开发主要关注资源利用、潜力发掘、结构优化等"阳面"问题，明确定位禁止开发区域，是关注视角从片面强调国土开发的"阳面"转向关注均衡阴阳两面的辩证结构，从民族、国家、人类的长远、永续发展角度弘扬了"阴阳协调""阴阳同构"的文化理念，摈弃了单纯地以工业化城镇化为先进、发展的传统现代化思维，是开发理念上的升级和拔高。中华土地文化"变化发展"的文化演进，凸显于国家禁止开发区域开发模式的变化升级，从片面关注域内资源的开发价值到重视区域内生态环境对全国区域整体的承载地位，从只看重域内资源的开发到重视域内资源的循环利用和永续涵养，从以开发资源为主导的政府性指引到以生态保护为核心的制度性禁止，均表现了"对立统一"的文化演进对国家禁止开发区域开发意识的导引。

《规划》中的"开发"，以大规模高强度的工业化城镇化开发为内涵所指，基于此语意限定，禁止开发区域是"依法设立的各级各类自然文化资源保护区域，以及其他禁止进行工业化城镇化开发、需要特殊保护的重点生态功能区"，在国家禁止开发区域的开发原则中，优化结构在禁止开发区域表现为对区域内生态空间保有、涵养的强调，与限制开发区域相区别，禁止开发区域禁止以农业空间的扩大、开垦为理由进行生态资源的开发和改造,以自然环境的天然状态为指向价值而评判开发绩效,在维系保有、涵养需求的条件下尽可能合理地、少量地匹配相关设施,以高品位、高效能的设施匹配取代大数量、低效能的设施建设,实现区域内禁止开发的最大压缩和生态空间的最大涵养。国家禁止开发区域的开发原则体系中,保护自然是核心原则,在禁止开发区域的开发实践中,保护自然生态环境是根本,涵养甚至扩容水土资源承载能力和环境容量是目标,人与自然和谐是理念指针。将保护水面、湿地、林地和草地放到首要位置,禁止在占用区域绝大部分空间中水资源严重短缺、生态脆弱、生态系统重要、环境容量小、地震等自然灾害危险性大的地区进行工业化城镇化开发,严禁各类破坏生态环境的开发活动,严控过境禁止开发区域的基础设施建设、严禁分割自然景观和生态系统,对河流原始生态的保护从事后治理转向事前保护,加强对超采的治理及对地下水源的涵养与保护,生态已遭破坏的天然草地、沼泽地、苇地、滩涂、冻土、冰川及永久积雪地区等自然空间须尽快偿还生态欠账,偿还和修复行为以重现为主、优化为目标。国家禁止开发区域的开发原则中:集约开发要求对占用区域内少量空间的相关基础设施进行集约式、效率型升级,以尽可能少的空间开发满足尽可能多的需求,在全国主体功能区的开发实践中,把握开发时间、顺序,将尽可能多的国土设置为保障生态安全的空间,尽可能公用过境禁止开发区域的基础设施和开发空间,避免重复开拓;国家禁止开发区域的协调开发原则从全局层面出发,引导区域内人口向优化、重点开发区域转移,并相应地转移人口空间占用规模,对江河、山脉等趋势、走势性资源载体实行上下游统筹,上游地区须以保护、涵养为主,下游地区积极吸引、接纳上游地区人口,缓解上游开发压力,并以经济反哺的形式支持上游地区修复生态系统、维持社会平衡。国土禁止开发区域的集约、协调开发原则与中华土地文化中"天人合一"的文化心理、"相生相克"的开发意识高度统一,集中体现为国土开发中对生态区域的涵养与反哺。

禁止开发区域空间定位的目标,指向禁止开发理念和原则之下的,结合中华土地文化的内涵而构建的发展方向和指示目标,依据中心地理论进行区域内核与边缘的再明确,将禁止开发区域再划分核心区、缓冲区和实验区,并实施分类管理、人口迁移,通过区域划分设立域内开发层次,明确开发核心,并由核心区向外围以异地迁移、就地迁移两种方式转移域内人口，实现对限制开发区域的科学管理。保持文化自然遗产的原真性、完整性和特殊价值，保有原始状态并流传后世，保有风景名胜区内景物和环境的原真状态，严控限制开发区域内人工景观设置，禁止在名胜区内从事无关资源合理利用、环境涵养的开发活动，建设开发旅游资源相关设施须符合禁止开发区域的开发理念和规划布局，设置负面清单并实际清除清单条目，依据资源、环境承载容量对生态产品开发规模实行严控，涵养景物、水体、植被及其他野生动植物资源。

《规划》将禁止开发区域的功能定位于"我国保护自然文化资源的重要区域，珍稀动植物基因资源保护地"，布局了功能清晰、层级合理的结构性整体。其中区域内的核心区严禁任何生产建设活动；缓冲区除必要的科学实验活动外，严禁其他任何生产建设活动；实验区除必要的科学实验以及符合自然保护区规划的旅游、种植业和畜牧业等活动外，严禁其他生产建设活动[①]，国家禁止开发区域的主体功能定位，在强调对区域进行重点性涵养、结构性保护和管制性开发的同时，也要求区域内生态产业为国家整体发展提供坚实基础，是中华土地文化和谐、互济、扬弃的人地关系、文化心理、开发意识、文化扬弃和文化演进的现实表征。

第三节
国土文化空间定位的现实物化

国土文化空间定位的现实物化是中华传统土地文化的现代扬弃，是物态化和外在化转换中国土文化观念形态实体化与共时化的标志。国土文化空间定位导引下的功能区划分内蕴国土开发的文化刻入，体现了土地开发实践中以文化物化满足人们需要的属性的特征。"一带一路"境内国土开发四大功能区的分类与阵列，是基于开发心理与开发意识的文化指谓，凝结文化刻写与开发实践

[①] 国务院.全国主体功能区规划——构建高效、协调、可持续的国土空间开发格局[EB/OL].（2010-12-21）〔2016-06-15〕.http：//www.gov.cn/zwgk/2011-06/08/content_1879180.htm.

的关系聚合，聚焦国土开发的规划、利用和整治。这种"物质的抽象、自然规律的抽象、价值的抽象及其他等等"，不仅"更深刻、更正确、更完全地反映着自然"[①]，而且在"一带一路"战略的实施中，以空间对接的共时，进一步推进着文化物化的实体化过程，提升着功能区定位文化刻写的现实化结果。

主体功能区规划集创新发展和面向现实于一体，以其战略性、基础性、约束性的规划性质，针对"一带一路"境内国土开发的现实需求与发展状态，进行国土区域的多功能复合定位，以此明示不同区域的开发向度、完善区域开发政策、平衡区域开发强度、规范区域开发秩序，实现"空间开发格局清晰，空间结构得到优化，空间利用效率提高，区域发展协调性增强，可持续发展能力提升"[②]的规划目标。如表4-1所示：

表4-1 国家层面主体功能区规划方案汇总

控制指标	国土开发强度（%）	2008年：3.48	2020年：3.91	其中：城市空间增加到10.65万平方公里
主体功能区类型	优化开发区域	3个	见图3	面积和人口数待定
	重点开发区域	18个	见图3	面积和人口数待定
	限制开发区域 / 重点生态功能区	25个	见图4	386万平方公里，1.1亿人
	限制开发区域 / 农产品主产区	7区23带	东北平原、黄淮海平原、长江流域、汾渭平原、河套灌区、华南、甘肃新疆主产区	面积和人口数待定
	禁止开发区域	1443带	319个自然保护区、40个世界文化自然遗产、208个风景名胜区、738个森林公园、138个地质公园	120万平方公里
	能源-矿产资源开发区	5片1带	山西、鄂尔多斯盆地、西南、东北和新疆等5片、东中部核电开发带	注：为4类主体功能区的补充形式，承担特殊开发功能

---

① 中共中央马克思恩格斯列宁斯大林著作编译局.列宁选集：第4卷[M].北京：人民出版社，2012：419.
② 樊杰.主体功能区战略与优化国土空间开发格局[J].中国科学院院刊，2013，28（2）：197.

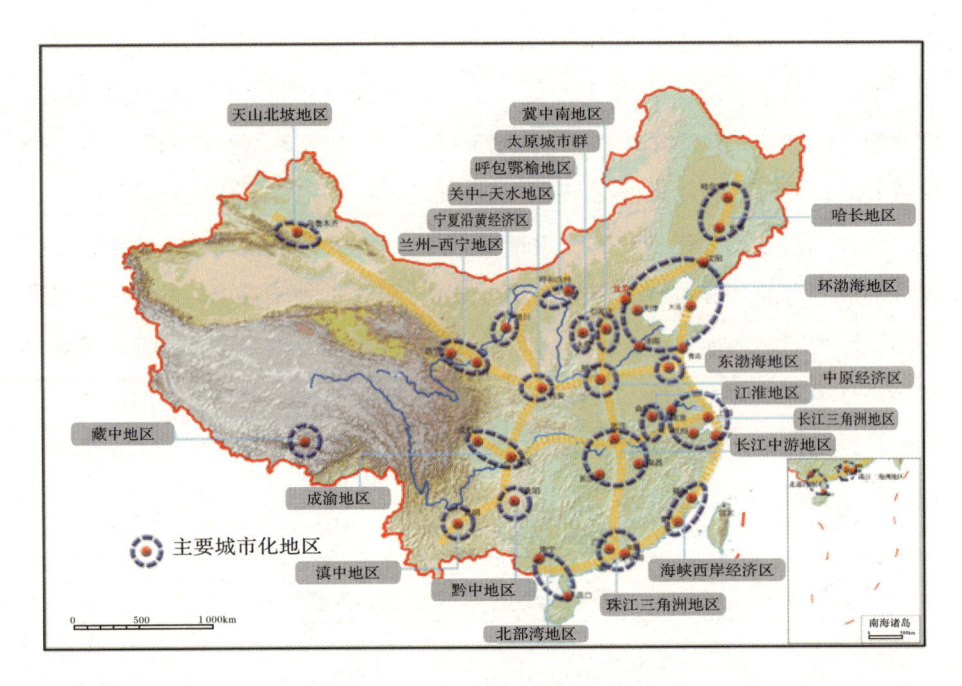

图4-3 城市化战略格局示意图

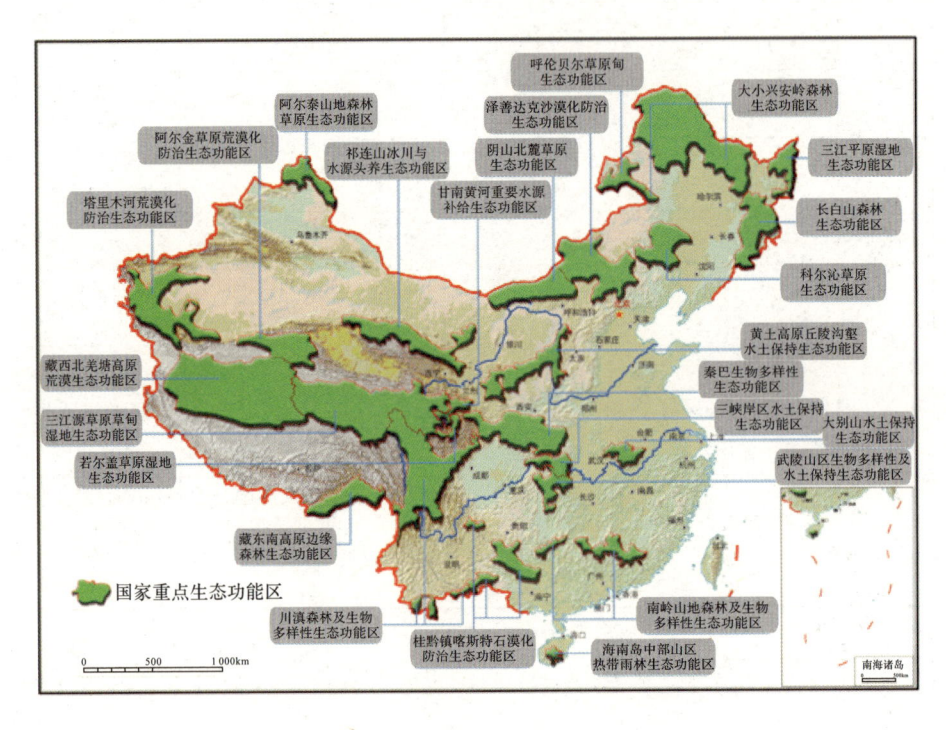

图4-4 国家重点生态功能区示意图

国土文化空间定位的现实物化，同时指谓了在"和衷共济"的人地关系下，以区域性国土空间的自然性和综合条件的适宜性为基础，进行土地开发功能的调控，以此构建均衡有序的国土空间。具体而言，依据资源环境的承载力和限制性因素，兼顾人口规模、产业规模和经济结构制定开发内容，特别突出自然保护区、绿色空间和文化遗产等大板块区位的功能与作用。在"互生互易"的文化心理下，以主体功能的区域确定，导引各主体开发区空间生产的内容、任务和目标。关注相互依存、相互作用的区域性空间结构，因地制宜地确定点轴系统组织的比例关系，形塑具有区域特色的物化模式。在"天人合一"的开发理念下，控制开发强度，调整空间布局。在自然条件分异规律和社会发展空间组织规律的作用下，明晰各主体功能区域的生产空间、生活空间和生态空间，主体功能区在节制开发的同时，因地制宜地保持开发的适度与和谐，形成"阴阳和合"的"点—轴—面"系统。在"美美与共"的文化演进下，将生产生态产品与创造价值结合起来，相辅生产空间、生活空间、生态空间。将集约高效、宜居适度、自然秀美的空间功能结合起来，导引"生生不息""负阴抱阳""对立统一"的物化演进和可持续发展。

一、国土文化在优化开发区域的物化

优化功能区国土开发的文化指谓。《规划》定位的优化开发区是具备"综合实力较强，能够体现国家竞争力；经济规模较大，能支撑并带动全国经济发展；城镇体系比较健全，有条件形成具有全球影响力的特大城市群；内在经济联系紧密，区域一体化基础较好；科学技术创新实力较强，能引领并带动全国自主创新和结构升级"[①]条件的城市化地区。在这样的空间区位中，依据中华土地文化的意涵，结合"阴阳互济"与"天人和合"的开发理念，优化功能区的"优化"，首先是优先转变方式、发展目标和开发向度，即以产业转移为重点，同时为处在限制和禁止开发区位的中西部地区腾出发展空间，其地位类似

---

① 国务院.全国主体功能区规划——构建高效、协调、可持续的国土空间开发格局[EB/OL].（2010-12-21）〔2016-06-15〕.http://www.gov.cn/zwgk/2011-06/08/content_1879180.htm.

于阴阳关系之"太阳"势位,优化开发区域功能定位的目的,就是要明确其与区域发展的整体关系,明确优化开发空间区位之优先、引领和带动的地位,并促成其功能的实现。与此相适应,要求优化开发区域依据比较优势和自身条件,形成具有对外影响力的特大城市群,引领和带动全国各产业的自主创新与结构升级,以此体现中华土地文化传统意涵之"天人相与""物尽其用"的内容,在不影响其涵养化育能力的限阈内,尽可能开发土地潜能以满足需求。优化开发区域是提升对外影响、引领其他区域发展的中心和支撑。相对于其他区域而言,由于优化开发区域具有独特的发展优势,因此土地的规划、利用和整治着重于对外影响、对内引领作用和功能的实现,更多地强调"借势"和"顺势",不宜过多地人为造势。

  优化功能区国土开发的关系聚合。在推进"一带一路"境内优化开发主体功能区域时,应处理好优化开发区域的主体功能与其他功能的关系、与其他开发区域的关系、本区域开发与区域发展整体战略的关系和优化开发区域的开发主体间的关系,以中华土地文化"生克协调""追求中道"的开发意识为导引逻辑,实现优化功能区国土开发的合理关系聚合。国家优化开发区域基本由城市化地区构成,主体功能是提供工业品和服务产品,但在明确这一主体开发内容和主要发展任务的同时,不排斥优化开发区域的次主体功能发挥,因而在其集聚人口与经济的同时,也必须保护好基本农产品和生态产品的提供基质,如农田、果园、森林、草原、水源、湿地等,是基于既突出重点又夯实基础的"阴阳协调"开发思路,所形成的优化开发区域的功能关系聚合。国家优化开发区域以提供工业品、服务产品为主体功能,一般对农产品产区的空间利用做出限制,生态产品提供空间受到主体功能开发区域挤压,在实现其主体功能的同时难以保证农产品、生态产品的开发空间,但必须保有能基本满足区域需求的农业用地、生态用地,并对其进行集约型利用,以提高其综合产出能力,是"以退为进""启阴感阳"的中华土地文化开发思维所引致的优化开发区域主体功能与其他功能间的关系聚合。推进主体功能区形成,作为国家意图,是对国土空间开发的战略设计和全局谋划,国家优化开发区域的划定遵循自然涵养规律、经济发展规律,是"天人合一"土地开发观念的现实物化。国家优化开发区域的开发过程中,存在着市场、政府两个关键主体,市场主导优化开发区域主体功能定位的形成,并发挥基础性的资源配置作用,政府主导通过规划、政策引导的生产要素区域聚散,发挥明晰区域功能定位和促成有序开发、协调发展的作用,政府、市场在国家优化开发区域的开发进程中"互为阴阳"、辩证统一,在互济协调中实现健康而较快地发展的目标。

优化功能区国土开发的规划、利用、整治。优化功能区国土开发系统的规划、利用、整治三大要素,作为在优化开发区域开发文化的指谓导引下、关系聚合中,中华土地文化对国土的直接作用和现实物化,是中华国土文化在国家优化开发区域物化的现实展演。优化开发区域国土规划是在全国视野下,基于对优化开发区域提升国家竞争力、带动全国经济社会发展、更高层次上参与国际分工、提升国家全球影响力的定位和前景。根据中华国土文化的指谓、理念,以及优化开发区域综合实力强、经济规模大、城镇体系健全、区域一体化基础好、科技创新能力强、资源环境问题突出的综合条件,对该区域内国土的合理使用在空间上、时间上做出总体安排和长期规划;其归旨在于,保证国家优化开发区域的国土开发,能满足宏观规划、布局中为其设置的贡献要求,使优化开发区域的国土和国土之上的资源获得充分、有效的利用。优化开发区域国土利用是基于经济和社会的目的,通过各种开发手段,实践活动对区域内国土进行长期的、周期性的经营,作为对该区域内国土自然禀赋的多样性和意图性的动态开发,优化开发区域的国土利用基于优化开发区域"经济比较发达、人口比较密集、开发强度较高、资源环境问题更加突出"[①]的区域特质和人地关系,确定其区域功能,并在这一过程中展示中华国土文化所内涵的人与地之间的物质能量的、价值信息的交流和转换,优化开发区域国土利用的广度、深度、合理度是其文化意涵、规划图示、功能实现的物质呈现。优化开发区域国土整治是基于该区域开发的文化指谓和开发关系,针对区域内低效利用、不合理利用、未利用以及生产建设活动和自然灾害损毁的国土进行整治后利用,从而提高区域内国土利用效率的活动。国土整治作为优化开发区域内强化国土利用的节约、集约程度,适当补充农产品、生态产品生产用地,提升国土使用活

---

① 国务院.全国主体功能区规划——构建高效、协调、可持续的国土空间开发格局[EB/OL].(2010-12-21)〔2016-06-15〕.http://www.gov.cn/zwgk/2011-06/08/content_1879180.htm.

性，进而提升区域内国土产能的重要手段，包含区域内的土地整理、开发、再利用三个层次。优化开发区域内的土地整理主要采用工程、生物等措施，对区域内国土利用现状进行综合治理，增加国土有效使用率，提升国土品味和利用效率，从而改善生产、生活条件和生态环境；优化开发区域内的土地开发，是在对国土适度利用的文化追求和区域优化发展的开发定位中，采用各种措施实现对未利用、缺乏利用的国土资源进行的开发实践；优化开发区域内的土地再利用，是基于"协调互济""追求中庸"的中华国土文化意涵，对区域内由于不适当的开发手段、不合理的开发强度所导致的国土破坏、废弃以及受不可抗因素影响而难以开发利用的国土、资源进行整治，使其恢复开发利用活性的改造性活动。

二、国土文化在重点开发区域的物化

重点功能区国土开发的文化指谓。《规划》定位的重点开发区域是指具备"较强的经济基础，具有一定的科技创新能力和较好的发展潜力；城镇体系初步形成，具备经济一体化的条件，中心城市有一定的辐射带动能力，有可能发展成为新的大城市群或区域性城市群；能够带动周边地区发展，且对促进全国区域协调发展意义重大"[1]的潜力地区。在这样的空间定位中，中华国土文化的"阴阳协调""启阴感阳"的理念，指导着重点功能区域的国土开发，在全国国土开发的宏观格局中明确所处位置、所拥优势并凸显重点开发向度与方式，这种类似阴阳转易中"居阴趋阳""少阳"的势位，既是对发展尚不足以居于优势地位、潜力尚待发掘的现状判定，更是对发展的乐观程度、成果获致等必然结果的趋势判定，即国家重点开发区域是"形成我国对外开放新的窗口和战略空间"[2]。要求重点开发区域依据自身禀赋、重点优势形成国家层面上的重要人口和经济密集区，以及区域协调发展的重要支撑，固基全国经济增长的重要极源，体现了中华土地文化意涵中"天人合一""和衷共济"的内容，在充分

---

[1] 国务院.全国主体功能区规划——构建高效、协调、可持续的国土空间开发格局[EB/OL]. (2010-12-21)〔2016-06-15〕.http：//www.gov.cn/zwgk/2011-06/08/content_1879180.htm.
[2] 国务院.全国主体功能区规划——构建高效、协调、可持续的国土空间开发格局[EB/OL]. (2010-12-21)〔2016-06-15〕.http：//www.gov.cn/zwgk/2011-06/08/content_1879180.htm.

发掘区域内土地潜能、打造快速发展区域的同时注重土地自身涵养、修复能力的保护，也是国家重点开发区域形成新的开发窗口、战略平台的基本前提；相对于优化开发区域而言，重点开发区域的开发、发展更需要注重潜力发掘与资源保护之间的关系，不仅要"顺势""借势"，还需要在合理范围内突出重点地"造势"而为。

重点功能区国土开发的关系聚合。在推进形成国家重点开发主体功能区域时，要以中华土地文化"和衷共济""阴阳协调"的开发意识为导引逻辑，处理好重点开发区域的主体功能与次主体功能、该区域与其他开发区域、区域开发与区域发展整体战略、重点开发区域开发主体间的关系，实现重点开发功能区国土开发的合理关系聚合。国家重点开发区域是需要重点进行工业化城镇化开发的城市化地区，其核心的主体功能是提供工业品，并提供区域内人口所必须的服务产品、农产品、生态产品，在明确提供工业品的主体开发内容和主要发展任务的同时，对重点开发区域的其他功能进行发挥，是基于既突出重点又不放松外围功能布局、建设的"阴阳协调"开发思路，所形成的重点开发区域的功能关系聚合。国家重点开发区域以提供工业品为主体功能，一般对农产品、服务产品、生态产品产区的空间利用做出限制，在实现其主体功能的同时难以保证服务产品、农产品、生态产品的开发空间，但必须保有能基本满足区域需求的服务用地、农业用地、生态用地，并对其进行集约型利用，以提高其综合产出能力；在一定空间中，将资源环境承载能力较强、集聚人口和经济条件较好的区域确定为重点开发区域，并引导生产要素向这类区域集中，促进工业化城镇化，以此为辐射极源带动区域内其他功能，以承载区域的发展，是"和衷共济""启阴感阳"的中华土地文化开发思维所引致的重点开发区域主体功能与次主体功能间的关系聚合。推进主体功能区形成，作为国家意图，是对国土空间开发的战略设计和全局谋划。国家重点开发区域的划定遵循自然涵养规律、经济发展规律，是"天人相与"土地开发观念的现实物化。类似国家优化开发区域，国家重点开发区域的开发过程中，存在着市场、政府两个关键主体，市场主导重点开发区域的确立和主体功能定位的形成，并发挥基础性的资源配置作用，政府主导通过规划、政策引导的生产要素区域聚散，既导引经济相应规模的人口集聚，又导引限制开发和禁止开发区域人口的有序转移，政府、市场在国家优化开发区域的开发进程中"阴阳互济"、辩证统一。

　　类似国家优化开发区域，重点功能区国土开发系统的规划、利用、整治三大要素，在重点开发区域开发文化指谓导引下、关系聚合中，中华土地文化对国土的直接作用和现实物化，是中华国土文化在国家重点开发区域物化的现实展演。重点开发区域国土规划是在全国视野下，基于对重点开发区域"支撑全国经济增长的重要增长极，落实区域发展总体战略、促进区域协调发展的重要支撑点，全国重要的人口和经济密集区"[①]的定位和前景。根据中华国土文化的指谓、理念，以及重点开发区域具备相当的经济基础、科技创新能力、发展潜力、经济一体化的条件，有一定的辐射带动能力、能够带动周边地区发展的综合条件，对该区域内国土的合理使用，在空间上、时间上做出总体安排和长期规划；其归旨在于保证国家重点开发区域的国土开发，能满足全国主体功能区的规划、布局中为其设置的贡献要求，使重点开发区域的国土和国土之上的资源获得充分的潜力发掘、综合利用。重点开发区域国土利用是基于经济和社会的目的，通过各种开发手段，实践活动对区域内国土进行长期的、周期性的经营，作为对重点开发区域内国土自然禀赋的多样性和意图性的动态开发，重点开发区域的国土利用基于重点开发区域经济较发达且潜力较大、科研发展具备基础和潜力、城镇一体化初步成型且具备一定辐射能力的区域特质，确定其区域功能，并在这一过程中展示中华国土文化中人与地之间的物质能量的、价值信息的交流和转换。重点开发区域国土利用的广度、深度、合理度是其文化意涵、规划图示、功能实现的物质展示。重点开发区域国土整治是基于该区域开发的文化指谓和开发关系，针对区域内低效利用、不合理利用、未利用以及生产建设活动和自然灾害损毁的国土进行整治后利用，从而提高区域内国土利用效率的活动。国土整治作为重点开发区域内强化国土利用的发掘纵深、集约程度，实现工业产品的需求满足并对应地补充服务产品、农产品、生态产品生产用地，进而提升域内国土产能的重要手段，包含区域内的土地整理、开发、再利用三个层次。重点开发区域内的土地整理主要采用工程、生物等措施，对区

---

① 国务院.全国主体功能区规划——构建高效、协调、可持续的国土空间开发格局[EB/OL].（2010-12-21）〔2016-06-15〕.http://www.gov.cn/zwgk/2011-06/08/content_1879180.htm.

域内国土利用现状进行综合治理，增加国土有效使用率提升国土品味和利用效率，在合理区间内尽可能开发土地潜力；重点开发区域内的土地开发，是在对国土适度利用的文化追求和区域重点发展的开发定位中，采用各种措施实现对未利用、缺乏利用的国土资源进行的开发实践；区域内的土地再利用，是基于"阴阳相生""天人合一"的中华国土文化意涵，对区域内由于不适当的开发手段、不合理的开发强度所导致的国土破坏、废弃和受不可抗因素影响而难以开发利用的国土、资源进行整治，使其恢复利用活性的改造性活动。

三、国土文化在限制开发区域的物化

限制功能区国土开发的文化指谓。《规划》定位的限制开发区域是指由"耕地较多、农业发展条件较好，尽管也适宜工业化城镇化开发，但从保障国家农产品安全以及中华民族永续发展的需要出发，必须把增强农业综合生产能力作为发展的首要任务"[①]的农产品主产区和"生态系统脆弱或生态功能重要，但资源环境承载能力较低，不具备大规模高强度工业化城镇化开发的条件，必须把增强生态产品生产能力作为首要任务"[②]的重点生态功能区共同构成的"应该限制进行大规模高强度工业化城镇化开发"的开发区域。在这样的空间定位中，中华国土文化的意涵"厚德载物""阳贮于阴""阴中有阳"，表征于对客观规律与人类实践的辩证认识，既是对未获致程度的开发进行限制以规避"德位不配"的祸端，更是对有序、合规律开发的追求，以实现开发的永续。在国家限制开发区域的开发实践中，农产品主产区、重点生态功能区在全国国土开发的整体中承担着为工业、服务业发展提供支撑、为民族永续发展提供保障的责任。这种对发展的承载、后援类似于阴阳关系中"启阴感阳""厚德载物""负阴抱阳"的稳定态势，既是对国家限制开发区域资源环境保持的"滋阴"，更是对区域资源环境滋养后支撑整体发展的后续承载，一如《规划》所

---

① 国务院.全国主体功能区规划——构建高效、协调、可持续的国土空间开发格局[EB/OL].（2010-12-21）〔2016-06-15〕.http://www.gov.cn/zwgk/2011-06/08/content_1879180.htm.

② 国务院.全国主体功能区规划——构建高效、协调、可持续的国土空间开发格局[EB/OL].（2010-12-21）〔2016-06-15〕.http://www.gov.cn/zwgk/2011-06/08/content_1879180.htm.

言:"将一些区域确定为限制开发区域,并不是限制发展,而是为了更好地保护这类区域的农业生产力和生态产品生产力,实现科学发展"[①]。

限制功能区国土开发的关系聚合。在推进国家限制开发主体功能区域的形成时,处理好开发区域自身的主体功能与次主体功能、本区域与其他开发区域、本区域开发与区域发展整体战略的关系、区域内开发主体间的关系,以中华国土文化"阴阳相生""辩证发展"的开发意识为导引逻辑,实现限制开发功能区国土开发的合理关系聚合。国家限制开发区域是需要限制、规避大规模高强度开发的地区,作为农产品主产区和重点生态功能区,其核心主体功能是提供农产品和生态产品,保障国家农产品供给安全和生态系统稳定;在提供主体功能产品的同时又需对相关产业的发展程度进行基础设施、开发建设的基本配备,允许发展不影响主体功能定位、当地资源环境可承载的产业并进行必要的城镇建设。提供满足区域内人口合理需求的工业品、服务产品,是基于核心理念并观照相辅功能的"互济共生"开发思路所形成的限制开发区域功能关系聚合。国家限制开发区域以提供农产品和生态产品为主体功能,相对禁止开发区域而言,限制开发区域的农产品开发更为凸显,并且相对生态产品开发,农产品开发更注重人为的开发实践。把农产品主产区作为进行限制开发的区域,一方面是为了保护这类农业优势区域的农业空间,使得在这些空间内能集中资源发展现代农业,实现农业综合生产力的提高,另一方面是为了导引国家政策实际落实到区域内的"三农"问题解决上,以集中的布局开发域内非农产业,避免区域内过度、分散的工业化、城镇化发展占用农业空间,是"厚德载物""负阴抱阳"的中华国土文化开发思维所指向的限制开发区域主体功能与次主体功能的关系厘清。国家层面的主体功能区布局,是从全局维度对国土空间的开发进行战略设计和整体谋划,国家限制开发区域的划定遵循生态环境自我涵养规律、可持续发展理念,一方面导引域内人口压力、经济开发压力向优化、重点开发区域转移,辅助其工业化城镇化和经济发展,另一方面限制区域内的农业主产区和重点生态功能区的大规模高强度开发,更好地保护域内农产

[①] 国务院.全国主体功能区规划——构建高效、协调、可持续的国土空间开发格局[EB/oL].(2010-12-21)〔2016-06-15〕.http://www.gov.cn/zwgk/2011-06/08/content_1879180.htm.

品、生态产品生产能力，使国家环境保护、改善民生、科技兴农等扶持政策得以落实，改善域内公共服务和人民生活，是"扬弃发展""启阴感阳"的国土开发理念的现实物化。国家限制开发区域的开发由政府、市场两类主体进行实践，其中政府对限制开发区域主体功能的形成起到主导作用，通过法律法规、规划体系约束不符合限制开发区域定位的开发行为，以利益补偿、严控浪费、严罚破坏等机制引导市场主体维护和推进限制开发区域的建设，是中华国土文化"人地和谐""各美其美"开发理念的现实展演。

类似国家优化、重点开发区域，限制功能区国土开发系统的规划、利用、整治三大要素，作为在限制开发区域开发文化指谓的导引下、关系聚合中，中华土地文化对国土的直接作用和现实物化，是中华国土文化在国家限制开发区域物化的现实展演。限制开发区域的国土规划是在全国视野下，对该区域内国土的合理使用在空间上、时间上做出总体安排和长期规划，其归旨在于保证国家限制开发区域的国土开发能满足全国主体功能区的规划、布局为其设置的贡献要求和责任担当，使限制开发区域的国土和国土之上的农业生产空间、生态维系空间得到保持和涵养。限制开发区域的国土利用是基于经济和社会的目的，通过各种开发手段、实践活动对区域内国土进行长期的、周期性的经营，作为对限制开发区域内国土自然禀赋的意向性开发。限制开发区域的国土利用基于限制开发区域耕地较多、农业发展条件好、生态功能重要、能承担国家农产品安全和民族永续发展责任的区域特质，确定其区域功能，并在这一过程中展示中华国土文化中人与地之间"各美其美""美美与共""和谐共生"的关系，对该区域国土利用的程度、方式、结构是其文化意涵、规划图示、功能实现的物质展示。限制开发区域国土整治是基于该区域开发的文化指谓和开发关系，针对区域内低效利用、不合理利用、未利用以及生产建设活动和自然灾害损毁的国土进行整治后利用，从而提高区域内国土利用效率的活动。国土整治作为限制开发区域强化国土空间中的农业保有、优化和生态涵养，实现全国或大区域范围内农产品、生态产品的需求满足，并相应地匹配开发所需的基础设施、服务空间，进而优化域内农产品、生态产品产能的重要手段，包含区域内的土地整理、开发、再利用三个层次。限制开发区域内的土地整理主要采用工程、生物等措施，对区域内国土利用现状进行综合治理，增加国土有效使用率，提升国土品味和利用效率；限制开发区域内的土地开发，是在对国土适度利用的文化追求和区域限制发展的开发定位中，采用合理措施开发应利用但未被利用或缺乏利用的国土资源；限制开发区域内的土地再利用，是基于"负阴抱阳""天人相与"的中华国土文化意涵，对区域内由于不适当的开发手段、不合理的开发强度所导致的国土破坏、废弃和受不可抗因素影响而难以开发利用的国土、资源进行整治，使其恢复利用活性的改造性活动。

四、国土文化在禁止开发区域的物化

禁止功能区国土开发的文化指谓。《规划》定位中的禁止开发区域是指"有代表性的自然生态系统、珍稀濒危野生动植物物种的天然集中分布地，有特殊价值的自然遗迹所在地和文化遗址等，需要在国土空间开发中禁止进行工业化城镇化开发的重点生态功能区"[①]。在这样的空间定位中，中华国土文化意涵的"阴济阳生""坤载乾健""负阴抱阳"的理念，表征于国土开发的理性层面，因而在禁止开发区域的规划中，特别突出本区域提供生态产品作为区域的主体功能，以此构成国土空间整体发展的基础，既表明了生态、物种资源的价值保有和涵养，又能对其他区域开发导致的环境损耗和破坏进行稀释、消除。此定位类似于阴阳关系中的"太阴"势位，一如"阴在阳之内，不在阳之对"（《三十六计·瞒天过海》）所言，这种势位一方面在整体中居于收敛、积累、蓄养、不张扬、需要保护的"阴"面，一方面在"阴"当中存蓄着对"阳"的补益与冲和。在全国层面的主体功能区规划中居于类同"太阴"的势位，要求依据法律法规及相关规划对禁止开发区域实施强制性保护，严控人为因素干扰生态系统、自然遗产的原真性、完整性，严禁无益于区域生态产品提供的各类开发活动，在必要的监督、执行、管制外，更多地以"无为"理念减少对环境原生、本质的干预，疏导人口转移至其他区域以减少域内人口消费、基础设施建设等各类开发活动，实现开发的"零污染"和环境反哺。

禁止功能区国土开发的关系聚合。在推进形成国家禁止开发主体功能区域

---

① 国务院.全国主体功能区规划——构建高效、协调、可持续的国土空间开发格局[EB/OL].（2010-12-21）〔2016-06-15〕.http://www.gov.cn/zwgk/2011-06/08/content_1879180.htm.

时，处理好禁止开发区域的主体功能与次主体功能间的关系、禁止开发区域与其他开发区域的关系、禁止开发区域开发与区域发展整体战略的关系、禁止开发区域的开发主体间的关系，以中华土地文化"阴承阳生""阴启阳长""阴阳相济"的开发意识为导引逻辑，实现重点核心生态功能区开发的合理关系聚合。国家禁止开发区域基本位于偏远山区，主体功能是提供生态产品，并且对一切无益于生态产品保有和涵养的开发实施禁止和严控，但生态产品的价值凸显需要经历必要的开发实践，因而《规划》禁止将开发区域分层界定为核心区、缓冲区、实验区，依据区域内生态开发层级的不同相应地予以适度开发，在缓冲区允许进行少量、适度的生态相关科学实验活动，在实验区允许必要的生态相关科学实验和符合保护区规划的旅游业、种植业、畜牧业开发活动。在满足生态需求的开发中尽可能维持、涵养禁止开发区域的生态原真性、完整性和特殊价值，这是基于核心功能并观照相关功能的开发思路，形成的禁止开发区域的功能关系聚合。国家禁止开发区域主要以点状形态在国土整体中分布，对于禁止开发区域生态产品提供主体功能，影响明显的要素主要是人口密集、经济发达、工业化城镇化开发度高的优化开发区域和重点开发区域；因而主要包围着禁止开发区域并缓冲着工业城镇化开发的限制开发区域，对禁止开发区域的保有和涵养显得尤为重要，以传统文化中的阴阳关系进行类比，禁止开发区域是"太阴"，优化开发区域是"太阳"，重点开发区域是"少阳"，那么限制开发区域就是承阴化阳的"少阴"，禁止开发区域与优化、重点开发区域呈现出对立统一的辩证关系，与限制开发区域则呈现出唇齿相依的互济关系，在这种由中华国土文化观照的关系结构中，明晰着禁止开发区域与其他功能区的关系。国家主体功能区规划是从国家层面对国土空间所进行的开发谋划、设计，国家禁止开发区域环境承载能力有限，自然资源丰富而脆弱，资源价值独特而不可替代，为国家整体发展、开发提供着坚实基础、精神寄托、复归所向以及净化核源，因而要在"阴阳相生"的开发意识、区域协调的开发原则指导下，引导人口向区域外流动，减少人口的资源空间占用，明确该区域"生态上游"的地位：以下游经济开发反哺上游生态开发和涵养。国家禁止开发区域的规划，开发主体主要是政府；基于其性质所决定的盲目、无序、滞后的特点，市场作为开发主体在禁止开发区域的开发实践中是被管制、约束的对象。由于禁止开发区域所蕴含的资源中的相当部分都属于稀缺、难以修复、价值独特的资源，因而市场作为开发主体对禁止开发区域的开发实践在强度和规模上往往使区域和域内资源难以承受，这种对区域的开发不太可能以资源的涵养、保护为根本目标。因而在禁止开发区域的开发主体关系中，必须凸显作为开发主体的政府职能：消解、管制市场。

类似其他主体功能区，禁止开发区域国土开发系统的规划、利用、整治三大要素，作为在限制开发区域开发文化指谓导引下、关系聚合中，中华土地文化对国土的直接作用和现实物化，是中华国土文化在国家禁止开发区域物化的现实展演。禁止开发区域的国土规划是在全国视野下，基于对禁止开发区域保障国家生态安全、中华民族永续发展的定位，限制、管制、涵养区域内资源和环境的首要任务，生态系统脆弱、生态功能异常重要、资源环境承载能力低的定位，依据中华国土文化的指谓、理念，禁止开发区域具备较丰富的生态环境资源，主体功能是提供生态产品，保障国家生态产品供给安全和生态系统稳定，关系、影响到全国生态安全等综合条件，对该区域内国土的合理使用在空间上、时间上做出总体安排和长期规划。这种安排的归旨在于保证国家禁止开发区域的国土开发，能满足全国主体功能区的规划、布局中为其设置的贡献要求和责任担当，使禁止开发区域的国土和国土之上的生态产业空间、生态维系空间得到保持和涵养。禁止开发区域的国土利用是基于经济和社会的目的，通过严格监督、控制各种开发手段、实践活动，对区域内国土进行长期的、周期性的经营，作为对禁止开发区域内国土自然禀赋的保护性、涵养性开发，禁止开发区域的国土利用基于该区域生态资源丰富、环境承载能力低、生态功能极端重要、能承担国家生态产品安全和民族永续发展责任的区域特质，确定其区域功能，并在这一过程中展示中华国土文化中人地之间"天人合一""阴阳互济""和谐共生"的关系，禁止开发区域国土利用的程度、方式、结构是其文化意涵、规划图示、功能实现的物质展示。禁止开发区域国土整治是基于该区域开发的文化指谓和开发关系，针对区域内低效利用、不合理利用、未利用以及生产建设活动和自然灾害损毁的国土进行整治后利用，从而提高区域内国土利用效率的活动；国土整治作为禁止开发区域强化国土空间中的资源保护、环境维持和生态涵养，实现全国区域范围内生态产品的需求满足，并在域内的缓冲区、实验区相应合理地匹配开发所需的基础设施、服务空间，进而优化域内生态产品产能的重要手段，包含区域内的土地整理、开发、再利用三个层次。禁止开发区域内的土地整理，对区域内国土利用现状进行综合治理，突出彰显国土价值，提升国土品味和利用效率；禁止开发区域内的土地开发，是在对区域内缓冲区、实验区国土适度利用的文化追求和区域限制发展的开发定位中，采用合理措施开发应利用未被利用或缺乏利用的国土资源；禁止开发区域内的土地再利用，是基于"阴阳协调""天人合一"的中华国土文化意涵，对区域内由于不适当的开发手段、不合理的开发强度所导致的国土破坏、废弃和受不可抗因素影响而难以开发利用的国土、资源进行整治，使其恢复原真性、特殊价值性的改造性活动。

第五章
"一带一路"境外文明互鉴的空间向度

以文化融通达成文明互鉴是"一带一路"空间战略的重要组成部分。在现实性上,空间承载、空间演进、空间叙事构成了文化融通的空间向度。其中,形式、功能、感性的文化区位,自然、人文、工程的文化景观,传染、等级、刺激、迁移的文化扩散,指称"一带一路"境外文化融通的空间承载;情感、利益、价值的系统结构,自然、强化、共生的层次链接,符号指称、移情导入、演绎表达的文化嵌入,导引"一带一路"境外文化融通的空间演进;实存管理、记忆优化、符号转码的明示符号翻新,特殊关系函项、理想状态真值、内涵同构等值的隐形承载涵化,媒介化符号、仪式化展示、情绪化体验的赛博空间展演,形塑"一带一路"境外文化融通的空间叙事。"一带一路"文明互鉴的文化融通以空间区位、景观、扩散为实体承载,于空间演进的系统结构、层次链接中完成文化观念的嵌入,以此进行明示符号翻新、隐形承载涵化、赛博空间展演的空间叙事。

第一节
"一带一路"境外文明互鉴的空间承载

不同文明之间彼此承认、平等交往、理解沟通的优势互补是"一带一路"境外文明互鉴的重要内容。在相向而行的鉴别与比较中，民族本真性作为文明表现的单元，在海德格尔将时间引入存在论以来，更多地以个体民族在时间中展开的状态作为存在的现实性表述。从文化多元主义"承认"的立场出发，文明互鉴的原则首先是所有文明的独特性都应当得到尊重的价值性表达；从哈贝马斯文化公共性建构的"生活语境"出发，对这种尊重的理解与受之影响的交往行为，是文明互鉴的主体间性作为概念的特质性诠释。在此之中，沟通渠道的多样性、社会意识的宽容性、多元文化的包容性，构成了文明互鉴的基础性要件。当民族本真性成为彼此承认的话语后，不同文明之间的交流与融通在理解与认同多元建构的同时，以空间区位、空间景观和空间扩散的实体承载进行着共生、共进的观念刻录，以此推动文化嵌入的空间演进和层次链接的体化实践。

"一带一路"境外多元文化融通的空间承载定位空间集聚的态势，表征实体景观交互的状态。文明间的互通与互鉴于文化区位空间、景观实体空间的相互嵌套和交互影响中沟通与扩散，这是文明互鉴共同发展的基础。具体而言，"一带一路"的辐射空间形塑于主要国家、重要城市为支点的文化扩散与沟通。其中，机能文化区的依托、感性文化区的切入、形式文化区的带动由点及面的拓展，构成了"一带一路"境外文明互鉴的区位承载；自然景观、人文景观、工程景观的嵌套与支撑，建构着"一带一路"境外文明互鉴的实体空间；传染、刺激、等级、迁移的文化扩散，汇集为"一带一路"境外文明互鉴的梯级与节点，并在"实在性"上注脚了"一带一路"境外文明互鉴的空间承载。

一、文明互鉴的空间区位

"一带一路"倡议联结亚洲、欧洲、非洲,以世界跨文化传通新格局的重塑,推动互通互鉴走向文明交往的新高度;以政策沟通、设施连通、贸易畅通、民心相通,创设对外文明交往的新重点。在现实性上,文明互鉴的空间承载源于文明互鉴的空间定位,自然与文化的空间定向表达了文化区形塑的界体。在文化发展的过程中,传播的内蕴逻辑和发展逻辑使文化现象的扩展指涉了空间辐射范围的扩大,而文化辐射和覆盖的空间区域构成了文化区的基础要件。在此之上,文化区的重要性与其范围大小并不必然呈正相关联系,文化区的区位边界亦不一定具有明晰的空间定位。文化的观念形态萌发于一定的地域空间,即文化的载体,携带区域文化的特征,使文化区的交流和传承以"人"为载体实现其基本功能。作为战略节点的文化区,"一带一路"辐射空间文明互动和文化区位的适时发展,特指具有某种文化特征的人们在"一带一路"辐射空间中所占据的位置、度量的距离和指谓的方向,以及地域空间的支点内容。故此,"一带一路"辐射空间不同文化区以及附着之上的文化系统的互通互鉴,是文化共同繁荣的保证。

形式文化区、机能文化区、感性文化区是"一带一路"文明互鉴区位承载的重要类型。其中,强调文化要素的形式文化区,意指以一种或多种文化要素(如语言、宗教、民族、民俗等)为选择的空间区域,是"一种或多种相互间有联系的文化特征所分布的地域范围"[1];强调机能综合影响与规制的功能文化区,意指在人为状态下形成的具有一定社会功能(如政治、经济、文化特质)的空间区域,它按照行政或者某种职能划分,由一个中心向周围和边缘发挥着辐射、协调与指导作用;强调区域体认的感性(乡土)文化区,意指人们依据某种区域意识而形成于头脑中的空间区域,它既存在于区域内居民的心目之中,也得到区域外人们的广泛承认[2],是自认为或被认为的文化区。形式文化区有明显的文化一致性,有确定的具体的边界;机能文化区有明显的组织性,但

---

[1] 周尚意,孔翔,朱竑. 文化地理学[M]. 北京:高等教育出版社,2004:228.
[2] 参阅蓝勇. 对中国历史文化地理研究的思考[J]. 学术研究,2002,(1):90.

由于形成机制的差异不同，在某些情况下与形式文化区会相互重叠；感性文化区既无功能中心，又无明确边界，依托区域内人们思想或行为中的文化特征得以维系。机能文化区的中心一定是感性文化区的中心，感性文化区的边界随着以经济、政治为核心的机能文化区的拓展而得到进一步延伸，进而使得形式文化区在不同区域得到扩散，区域间的文化联系与互动得以强化，进而带动形式文化区的生长。"一带一路"辐射空间内部的不同文明、种族、国家以形式文化区、功能文化区和感性文化区为载体，通过不同形态文化区的相互交织，在彼此边界拆和、变动和伸缩，强化区域间的文化联系与互动，以此促进多元文化间的互通互鉴和共同繁荣，形塑世界跨文化传通新格局。

"一带一路"致力于形塑文明互鉴的全球文化空间。《愿景与行动》所诠释的"带路辐射空间"贯穿亚欧非古文明发祥地：东面连接底蕴丰厚的东亚文化圈，西接欧洲文化圈，中间涵盖广大文化腹地。在全球化时代，空间区位已经演变为以区域、国家、地方等层级为主要表现形式的空间承载。作为全球化时代的空间表现形式的文化区位，区域、国家和地方的层级演化，承藉于以城市为支点的实体演化形式。城市区域化与区域城市化成为文明空间现实延展的应然走向，其中，城市与交通所形成的城市走廊，成为文化融通的必然路径与现实依托。"一带一路"文明互鉴的文化融通于空间区位的逐层推进，演绎着文明互鉴的空间融通。在"一带一路"文明互鉴的空间设计与规划中，"一带一路"辐射空间有四条关键的线路：东线连接美国、日本、韩国；南线连接印度、巴基斯坦以及非洲、东南亚若干国家；西线连接土耳其、伊朗、以色列以及阿拉伯国家、中亚若干国家；北线连接俄罗斯、德国、法国、英国。

文化的传播与扩散总是与经济发展的势差、辐射空间的向度如影随形。就北线人文交往而言，俄罗斯、德国、法国、英国各国都拥有自己相对独立的文化特质与系统，但宗教、科学、理性是其文化发展的共性，四国大体上属于基督教文化体系。这四个国家不仅是"一带一路"北线的经济大国，同时也是拥有独特文化与优秀文明历史的文化强国。以这些国家政治文化节点为依托的机能文化区——核心城市，在承载自身本土文化的过程中，也在强化民族文化的区域特质。伴随着经济的往来与文化的传播，不断发展和延伸的感性文化区形塑着在这个区域空间内居民的社会心理与认同思维，在自认为与被认为的身份确认中，使得感性文化区的边界模糊化。"一带一路"境外文明互鉴的空间向度以东、南、西、北四线上的主要国家为节点，切入于形式文化区要素选择的文化一致性，依托于机能文化区社会管理的组织性，渗透于乡土文化区感知特征的契合性，形成形式文化区、机能文化区、感性文化区的嵌套，形塑互学互鉴的文化嵌入与传播模式。

经济全球化凸显了作为人类活动空间的区域、国家、地方等形式单元，城市构成了这一单元的核心，出现了集全球层级和跨国层级于一体的新型城市体系。在经济全球化的发展背景下，作为机能文化区的城市与区域发展日益融合，城市演化为区域化城市，区域发展为城市化区域，城市作为全球空间格局核心的概念随之凸显。以作为核心的全球城市区域为支点形成城市走廊，由作为城市区域核心的巨型城市节点相互连接，集聚为全球空间城市体系中最高层级的城市空间区域。这种新的区域性城市空间，正在演变为地区的节点网络和交通网络，两者合一组成复杂互动的地域综合体。就此意义而言，人类历史就是全球空间史。"一带一路"作为平等互利、文明互鉴的国家战略和国际倡议，包含了地理空间、经济空间、政治空间、旅游空间、文化空间、生态空间、交通空间、城市空间等。

二、文明互鉴的实体景观

"一带一路"的辐射空间承藉于文明互鉴的实体景观。其中，以国家为支点形成的文化扩散与沟通，基于形式文化区的切入、机能文化区的依托、感性文化区的渗透，自然景观、人文景观以及工程景观的相互嵌套与综合作用，构成了"一带一路"境外文化融通的实体支撑，进行着文明互鉴相向而行的交互与往来。

就文化的概念意指而言，广义的文化特指人类在社会发展过程中所创造的物质和精神财富的总和：前者称为物质文化，具有与人类的生活和生产活动相关的文化内容和物质形式；后者称为精神文化，是内涵性、意向性、价值性的存在，具有认识世界、规范行为、体现情感的文化内容。作为人地互动的产物，文化景观反映了人类活动与自然环境的彼此依存，自然景观、人文景观、工程景观对文化进行了内涵性、意向性、价值性的空间展示与承载，在现实性上诠释了作为载体的物质形态对文化的保存、延续和传播。自然景观是地表的原始基质和自然形态所形成的现实图景,从根本上决定着文化区内部生产、生活以及精神文化生活的基本形态和活动方式。人文景观是以自然环境为原始基质,在特定文化区的价值导引下所塑造的地表文化的空间复合体。工程景观是指人们以自身生产、生活的特定需求而建筑具备特定功能的固态建筑和基础性设施。自然景观、人文景观、工程景观三者层级嵌套,是人化自然的主体构筑,人们赋予不同景观以主观意向的价值意涵,使之成为人文情怀和特有功能的文化实存。

自然景观是土地生态协调的产物,形成于不同的自然条件与人文历史之间的相互作用,其实质是不同历史时期文化融通的现实延伸,承载着文明变迁的本真性。作为地表基质的原初形态,自然景观在提供人类文明发源与发展的基础性前提、满足人类生存与发展需求的同时,也满足了人类精神审美与人文情怀的需求。"一带一路"境外文明互鉴空间向度的不同地域,因地质结构、地表形态、风水气候及矿藏能源等自然资源方面的不同,形成了雄奇奔放、秀丽俊美等风格各异的自然景观。文化传承的自然景观在于主体价值的自然呈现,凸显文明互鉴的个性化本真。"一带一路"文明互鉴推崇建设"生态共同体",体现了一种全球生态可持续发展的治理理念,其文化传承的自然景观保护是打造"生态共同体"的题中之义。由此出发,自然景观作为"一带一路"境外文明互鉴的空间承载,不仅反映着不同地域历史与当代自然条件的环境状况,还以自然变迁的"度量"表征着人文景观、工程景观建筑与生成的基础条件。

人文景观是自然环境与人类社会交互作用与影响的产物,是符合自然规律、与自然环境搭配而成的人类创造物,它赋予自然环境以人文意谓与意旨。人们喜爱与赞颂山、水、河、海等自然景观,在此基质上形成与其相搭配、相和谐的承载了精神内涵的人文景观。作为自然景观之上完成的人类心智与价值思维的形塑,人文景观与自然景观交相辉映,形成"天人合一"的文化意境。回眸自然环境的历史原貌,追溯人类为了生存和发展而对自然环境施加影响及其作用的过程,人文景观通过客观的自然形态保有并延续着文化区独有的价值与意义,是对自然环境的现实映射,是利用自然物质创造出来并赋予意义与情感的实体载体,是人类价值意向性与主观能动性的表达。作为文化作用于自然实体的生成物，人文景观是实体形态的文化事物和文化现象，有传递人文价值的功能属性。不同的人文景观借助自然环境的基质，承载丰富的文化内涵，以多样的表现形式来反映特定文化区的人地关系，表征着区域不同的文化印记与文化属性。作为人类文化与自然基质相互作用的外化产物，人文景观构成一种意义符号，形成一种内涵性符号信息系统。该系统中所隐含的信息关系、多样的符号意向、多义的符号功能，在时空演进与变迁后展演出独特的文化内涵与表征形态。作为文化符号的载体，人文景观创建了地域空间的物质文化环境和精神文化环境，人文景观中文字的记述既反映了语言文化的区域差异，也反映了不同文化交往的互动与变迁，呈现出多样独特的文化特质与个性特征。作为社会空间中的特殊展演，人文景观通过位置的选择、空间的集聚、形态的塑造传递着精神思想和人文情怀的价值内核，映射着不同国家、地区、民族的文化心理、思维特点以及宗教信仰，承载一定的文化价值和群体推崇。

人文景观作为"一带一路"境外文明互鉴的空间载体，是不同文化区文化源的重要组成因子，它依托景观的实体基质，发挥着历史叙事、唤起记忆、展演情境以及生成意义的作用。空间性与时代性构成了人文景观的主要特性：空间性表现在任何人文景观都占有一定的社会空间，时代性表明人文景观作为时代产物承载了历史意义。人文景观的空间性诠释了其所处空间位置的相对稳定性，欧洲农牧文明、非洲狩猎文明、中国东部农业文明等以相对稳定的空间形态指谓了人类文明各异其趣的空间承载。事实上，人文景观的功能意义与其所占据的空间大小并不呈现正相关联系。人文景观的时代性说明其必然带有创造或生产它的时代所具有的特点，随着时代变迁、载体受损，其功能意义可能随之改变，这同时反映了它所在文化区的历史文化变迁。作为"一带一路"文明互鉴空间承载的人文景观，它实现了景观形态和价值内涵的双重生成，是折射文化差异的一面镜子：不同耕作生产类型的人文景观反映了不同农业自然环境和生产传统；古代的宗教信仰圣地在当代可能同时具有旅游观光的社会功能；雄奇壮观的军事重地也可能演变为和平发展时期的观光景点和历史古迹。"一带一路"建设人文景观的社会展演，致力于打造人文景观的规模化集群，使得人们在参与式的景观情境体验中，增进对对象的文化心理、历史风俗、价值理念的了解与认知。

"一带一路"境外工程景观的规划与建设，发挥着贯通与服务的基础性功能作用。根据《愿景与行动》，"一带一路"将通过政策互通、道路联通、贸易畅通、民心相通等方式，实现亚欧非大陆及其附近海洋地带的互联互通。其中，"一带一路"经贸空间将以国际大通道打造新亚欧大陆桥、中蒙俄、中国—中亚—西亚、中国—中南半岛等国人文交往走廊。截至目前，"一带一路"境内的国际航运中心有四个：大连东北亚国际航运中心、天津北方国际航运中心、上海国际航运中心、厦门东南国际航运中心。这些航运中心的建设构成了21世纪海上丝绸之路的节点，是"一带一路"境内向境外辐射的工程景观集结点，其本身同时与丝绸之路经济带相对接，在"一带一路"文明互鉴的空间承载中占有重要的地位。以基础设施为代表的工程景观，发挥着打通"一带一路"境内与境外各个国家支点、城市节点的联通作用，同时构成了人流、物流、信息流互联互通的必然路径。"一带一路"境外欧洲文化区着力推动多向文化开放来应对全球格局的变化，开放多个扇面建立外向联系，结合外部文化区的经贸、民族、文化格局进行分异化的发展，并通过走廊、港口联系实现文化腹地的空间拓展与延伸，带动文化区腹地一体嵌入全球文明体系之中，实现自身文化的扩散与传播。"一带一路"文明互鉴空间承载的建设，主要致力于推动全球文化区内部节点国家、城市体系与海陆联系体系的网络构建。"海陆联运改变交通运输方式，重塑以交通区位为基础的生产组织关系，推动人、物、资本在全球化格局下的重新组织与安排"。[1]

作为"一带一路"文明互鉴空间承载的工程景观，其建设旨在打造互联互通，特别是建设国际海陆运输通道，贯通"一带一路"境外特定的空间指向与空间范围。《愿景与行动》提到"丝绸之路经济带重点畅通中国经中亚、俄罗斯至欧洲（波罗的海），中国经中亚、西亚至波斯湾、地中海，中国至东南亚、南亚、印度洋"[2]的通道；"21世纪海上丝绸之路重点方向是从中国沿海

---

[1] 杨保军，陈怡星，吕晓蓓，等."一带一路"战略的空间响应[J]. 城市规划学刊，2015，222（2）：17.
[2] 国家发展改革委，外交部，商务部.推动共建丝绸之路经济带和21世纪海上丝绸之路的愿景与行动[EB/OL].（2015-3-30）〔2016-6-15〕.http://zhs.mofcom.gov.cn/article/xxfb/20150300926644.shtml.

港口过南海到印度洋，延伸至欧洲，从中国沿海港口过南海到南太平洋"[1]；"共同打造新亚欧大陆桥、中蒙俄、中国—中亚—西亚、中国—中南半岛等国际经济合作走廊"[2]。这些具有空间指向的工程景观成为贯通洲际、国际以及文化区之间的通路与走廊，使得小尺度、次区域的合作与交流提升为全球范围内的空间联通。工程景观不仅包括沿线的各大港口、铁路、公路而且包括一些服务型的大型工程如电力工程、通信工程等。"一带一路"境外文明互鉴空间承载的工程景观建设为四条沿线不同国家、民族、城市的交流与沟通提供了基础性前提。作为"一带一路"文明互鉴的空间承载，工程景观的建设需要结合已有的交通基础设施，打造"多城逐路，多国贯通"的局面。"新丝绸之路"依托新亚欧大陆桥（东起中国连云港，境外从边境口岸阿拉山口，进入哈萨克斯坦，再经俄罗斯、白俄罗斯、波兰、德国、止于荷兰），全长约10900公里，是目前欧亚大陆东西向最为便捷、覆盖国家和地区最多的通道。目前，"一带一路"境内已经形成以"新丝绸之路"为主线，铁路联运、陆海联运、国际航空货运等多形式且东西相连、南北贯通的国际国内贸易通道网络。此外，"一带一路"境内多边境口岸设立了面向蒙古、俄罗斯、中亚以及东南亚领过的跨境铁路、公路贸易通道，这些共同构成了"一带一路"境内外通路景观的多元化格局。

符号作为人脑中特殊意向与思维的标识，在艾恩斯特·纳盖尔看来，既可以是现实的物质实体，也可以作为概念而存在，"一个符号，可以是任意一种偶然生成的事物，即一种可以通过某种不言而喻的或约定俗成的传统或通过语言的法则标示某种与它不同的另外的事物"[3]。在一个文化区内部，独特的信息符号产生与之对应的符号意象，进而生成具有区域特质的符号语码关系，形成特定的符号语言表达。这种特殊的符号语码形成的功能属性展现为区别于其

---

[1] 国家发展改革委，外交部，商务部.推动共建丝绸之路经济带和21世纪海上丝绸之路的愿景与行动[EB/OL].（2015-3-30）〔2016-6-15〕.http://zhs.mofcom.gov.cn/article/xxfb/20150300926644.shtml.

[2] 国家发展改革委，外交部，商务部.推动共建丝绸之路经济带和21世纪海上丝绸之路的愿景与行动[EB/OL].（2015-3-30）〔2016-6-15〕.http://zhs.mofcom.gov.cn/article/xxfb/20150300926644.shtml.

[3] 苏珊·朗格.艺术问题[M].滕守尧，朱疆源，译.北京：中国社会科学出版社，1983：125.

他文化区的文化认同感与归属意识。而不同文化区之间、不同文明之间的沟通与交流，则借助独特的人文景观符号所保有的同一性来达致理解与沟通。可被运用符号学研究的对象需具备"能指"与"所指"两种指向的内容。"一带一路"境外文明互鉴空间承载的不同文化区的人文景观与工程景观的形态特征，构成了景观形态的"能指"；而区域文化的意识表达，是文化内部嵌入后所形成的区域文化法则，由此赋予了景观以文化内涵，为"所指"。因此，作为"一带一路"境外文明互鉴空间承载的人文景观、工程景观是蕴含了区域文化传统意识与综合运用空间符号、图像符号、信息符号而形成的符号概念系统。

多种景观空间聚集的整体形成了具有特殊意蕴的总体空间文化区。作为"一带一路"境外文明互鉴的空间承载，景观文化区符号被嵌入了地域文化的价值信息与思维意象，用多样的实体形态诠释不同文化区景观空间的差异性。景观空间所构筑的符号系统是区域文化实体形态的外化凝结，以超时空的稳定性与凝聚功能，促成了文化区内部的代际相承以及文化向区域外部的辐射与扩散。文化区在历时态与共时态的时空变迁与积淀中形成具有特质与指向的文化"语义"，人文景观是具有视感属性与思维意向的物化存在形式，即"信号"。符号信息系统是文化语义与文化信号的共生与互动形态，符号信息对内涵意义的呈现与传递形成文化影响辐射与接收的语义，使得信号与语码成为价值语义的外化形态描述。价值语义是符号信息的内核，构成了文化景观的目标指引，符号信息是"价值语义"的外化，两者共同构成了文化景观与文化区的实体形态。在"一带一路"境外文明互鉴空间承载的不同景观文化区内，具有区域特质的符号语言一旦形成文化自身的沉积性继承与涟漪式扩散，便使文化区内部共通的价值系统、心理定式、行为机制、精神思维得到保有、发展以及拓展。

"一带一路"境外文明互鉴的空间承载以区域化城市为节点，不同形式的文化区同时具备多种景观类型，不同类型景观集聚与展演的态势决定文化区的特殊功能。自然景观、人文景观、工程景观层级嵌套，或者是人化自然的主体化构筑，人们在赋予客观物质以主观意向和价值意涵的同时，使之成为人文情怀和特有功能的文化实存。作为"一带一路"境外文明互鉴空间向度的区位承载，不仅需要港口、机场、车站等为主要交通基础设施的工程景观，而且需要对自然景观的人文承载赋予传承与传播的价值刻写。"一带一路"境外文明互鉴空间承载中多元各异的景观建造与展演，定位了文明间交往的主体间性，唤起彼此承认、平等交往、相互尊重的本真性融通。

三、文明互鉴的文化扩散

文化扩散是文化空间移位的现象与模式，是一种文化现象和事物构成的文化系统经由各种形式、媒介向文化区外部实现文化扩展的过程。作为文化扩散起点的文化源地与作为文化扩散终点的文化分布构成了文化现象空间移位的两端，起点和终点间的分布联系与作用方式，构成了文化扩散的辐射中心、分布地域和传播过程。文化扩散与文化意向交叉并存，纵向的社会遗传与横向的文化扩展构成了文化传播的时间演变过程和空间演化向度。受文化内在特质波阵衍射的影响，文化扩散指谓了由文化意蕴、同化力量及心理结构共演的文化辐射力。任何文化区的形成都是文化从源地向外扩散的结果，文化扩散与文化传承共同构成了文化传播。"一带一路"境外文明互鉴空间承载的不同文化区通过景观集群得以贯通，通过流动其中的文化主体和文化产品使得不同文化的特质、价值得以扩散和传播。"一带一路"境外文明互鉴空间承载的形式文化区、机能文化区、感性文化区的相互嵌套、相互重叠构成了境外自然景观、人文景观、工程景观集合与分离的现实场域。不同类型景观集聚与分布的态势，以其承载的人文特质与价值内涵，于社会空间的展演与文化体验中，导引着不同文明主体间的文化扩散。

就"一带一路"境外文明互鉴的空间扩散而言，以"人"为"传染源"的墨渍式扩散、以文化的预期接受度为划分标准的扩散、以内容的保有和形式的摒弃为特征的扩散、以人为载体的长距离扩散，共同构成了传染、等级、刺激和迁移等不同类型的文化扩散形式，指谓了"一带一路"文明互鉴空间承载的文化扩散。传染扩散、等级扩散、刺激扩散和迁移扩散既各自独立又相互支撑的整体逻辑，从不同维度与向度形塑文明互鉴空间承载的文化扩散形态。作为"一带一路"文明互鉴的空间扩散方式，传染扩散强调的是主体文化的接受者向邻近意向区文化接受者的扩散，文化扩散与文化意向的的交叉并存，由此形成文化扩散分布上的整体性和板块性；等级扩散强调的是以梯级与节点为表征的空间层次扩散，在文化影响层级的基础上进行文化扩散空间等级的区位设定，由高向低或由低向高逐层延伸；刺激扩散强调的是某种文化现象从中心地向辐射地进行的激发扩散，扩散源地与映射区域矛盾作用，进行内容的实存和形式的扬弃；迁移扩散强调的某种文化现象之下的个人和群体迁移到新地方的异地扩散，由此形成文化扩散分布上的断续性和嵌套性，并有可能创造新的文化分布区。

文明间任何一种或任何一次传通都不可能是单一性的信息传递，每一个传通的过程都蕴含了多层次、多维度符号语码信息的参与和互动，在相互佐证和相互支撑中实现信息的发播。"一带一路"文明互鉴空间承载的文化扩散是不同文明符号、语码传播与体认的过程。在现实性上，文化的扩散与认同起始于文化符号系统的认知。多维文化符号的明示与构建，是文化认知、文化了解、文化认同的基础性环节。挖掘多元文明中被外界所熟知且能体现其特质的文化与历史符号，并结合外部的认知特点加以转化与传播，用已知带动未知，以非语言符号带动语言符号，在文化间符号传递的多维互动中，创设多元话语的文化语境。在德国康德主义学派哲学家李凯尔特看来，符号系统对文化扩散的反映主要侧重于关系的法则，它不是一个具有严格意义的实体系统。从符号形态这一特点的原义出发，文化认同的殊相并不包容于一个共相之中，而是统摄在共同体秩序的原则之下，这种使各种殊象彼此相连且发生关系的结构，在德国新康德主义学派哲学家恩斯特·卡西勒看来，更多地指向符号系统本身对象性世界的能动形态，即表现、直观和概念的形态变化和层次演进。进一步是符号系统之上的情节认知，这一认知是在符号认知与语境移情基础上对文化内容的了解与认知，以及对主体整体活动状态的诠释。在苏联心理学家乌兹纳杰看来，这正是认同活动积极性开启的准备状态。最后是价值系统的认知，这一认知所要达到的是对跨文化价值的抽象、文化意义的凝练和总括，最终实现的是态度、归属和行为的对象性意旨。作为"一带一路"文明互鉴空间承载的文化扩散，强调文化信息借助一定的符号和语码输出与输入，是言语信息、非言语的行为信息以及以实体为载体的文化景观和文化产品，通过具象化和联想化的呈现，或通过逻辑思维和概念化的演绎，实现多元文明间的认同与理解。

"一带一路"境外文明互鉴的多元文明拥有自身独特的历史文化、文化源地以及文化区。作为"一带一路"文明互鉴空间承载的文化景观,是具有视感属性与思维意向的一种公共空间符号,文化区内部成员以及文化区外部成员通过这种物化形式阐释和传播群体价值推崇、社会情感以及哲学思想。"一带一路"文化源地辐射所构筑的文化区孕育着文化景观的境遇意涵,构成了文化景观的目标指引;"一带一路"境外不同类型景观作为文化区语义的文化符号,在文化辐射交互的影响中建立联系,为文化区创造了稳定的心理归属感,构成了文化区文化辐射与文化吸引力的重要源泉。"一带一路"境外文明互鉴空间承载的文化区、文化景观在"语义"与"符号"的互动过程中实现空间的文化嵌入与价值传播。"一带一路"境外文明互鉴空间承载的形式文化区、机能文化区和感性文化区的相互嵌套、相互重叠构成了境外沿线自然景观、人文景观和工程景观集合与分离的现实场域,不同类型景观集聚与分布的态势,以其承载的人文特质与价值内涵,于社会空间的展演与文化体验中,导引着不同文明主体间的传染、等级、刺激和迁移等不同形态的文化扩散。

第二节
"一带一路"境外文明互鉴的空间演进

"一带一路"境外文明互鉴的空间演进是不同文明之间彼此承认、平等交往、理解沟通和优势互补的现实推进。其中,情感空间、利益空间、价值空间构建了空间演进的系统结构;自然认同、强化认同、共生认同导引了空间演进的层次链接;符号指称、移情导入、演绎表达指谓了空间演进的文化嵌入。文化扩散与文化意向交叉并存、纵向社会遗传与横向文化传播交叉并存、文化认同时间演化趋势与空间发展向度交叉并存,共同推进着"一带一路"文化传播与体系认同的空间拓展、跨文化认同优势互补价值体系的空间建构、多元文化集体推崇与个体感知的空间体认。"一带一路"境外文明互鉴的空间演进表征着由认知、评价、建构的心理模式而产生的转化、发展和运用。于原生空间的扩展与建构中形成情感移情的心理归属,于竞争与分配的工具性空间中培育强化认同的文化引领,于价值传播与体认的理解空间中达成理性认同的价值归旨。心理归属、文化引领、价值归旨的演进逻辑共同形塑了"一带一路"境外空间演进的系统结构与层次链接，同时也决定了文化嵌入导引认同的理念与策略。

一、空间演进的系统结构

系统是由相互作用、相互依赖的若干部分结合而成的、具有特定功能的有机整体，而这个有机整体又是它从属的更大系统的组成部分。就"一带一路"境外文明互鉴的结构而言，情感、利益、价值共同建构了空间的演进系统。情感空间是价值传播与认同生成并导引空间演进的第一个系统结构，其拓展与构建依托符号语码信息的多维创设。情感空间于文化语境的价值构型中形成对跨文化参与主体的文化熏陶与感染，包括言语信息与非言语信息的传达与接收，实体符号、文化景观、文化产品的多维创建、能量输出以及群体叙事的补充，形成具有文化特质的文化语境。利益空间是文化认同空间演进的中间系统结构，构成了文化嵌入导引认同的物质基础和实体依托，它在价值语境的导向中实现利益的佐证和支撑，是文化传播和理解沟通的层次递进。价值空间的顶层建构既是不同文化之间的核心要旨，也是跨文化传通必要性的现实考量，不同文化差异以及侧重均体现在价值归旨的价值定向和性质之中。不同文明主体通过实体景观进行的文化扩散，构筑了情感空间、利益空间以及价值空间的认同系统。

"一带一路"文明互鉴空间演进的系统结构指向意识的主体与对象，它以意义的方式投射对象。意向性的对象受制于意向性的投射，而意向性的投射取决于不同文明主体的"在场"。作为认同关系的结构递进，空间演进系统从视域抉择的角度决定了文化认同、价值认同的类别；作为认同关系发生的基础，认同的条件以主体观感和外部要求的置换为依据，左右着价值认同的向度，表征着跨文化认同的彼此承认、平等交往和理解认同，贯穿于意义赋予的认同过程始末。结构反映了文化扩散空间演进梯级与节点的对立和统一，认同的规定性代表了认同客体的不同侧面，决定了认同主体对认同客体的类别要求。空间演进的主系统结构生成认同次系统结构，即符号传递构筑的价值系统、文化互动形成的引领系统，以及意义生成构筑的目标系统。

以文化认同达成文明互鉴的多维空间系统，由强调情感的原生态空间、强调工具的利益性空间和强调理性的价值性空间组成。情感空间是利益空间的子系统，利益空间是价值空间的子系统，三个空间系统重叠存在于文明互鉴的空间主结构中，任何子系统结构的变动都将导引其他子系统结构的变化。情感性空间即原生、根基性的空间，与文明认同的符号、信息传通的本源相关；利益性空间则倾向于竞争与分配的利益表达，与利益的共享与分配、竞争与妥协的机制相关；价值性空间是综合性的理性主张与价值判别，与跨文化体认、自觉性归属相关。其中，情感性空间多侧重于国家内部，基于原生特质的同一性，人们对身份、对文化和对群体的共性做出理所当然的判定和归属；利益性空间在情感性空间的基础上，侧重资源的竞争与分配、利益的创造与共享；价值性空间是在情感性空间与利益性空间之上的综合性空间，是对价值内核综合判定与体认之后的价值归属和理性自觉。"一带一路"文明互鉴的空间演进，强调"个体或社会共同体（民族、国家等）通过相互交往而在观念上对某一或某类价值的认可和共享，是人们对自身在社会生活中的价值定位和定向，并表现为共同价值观念的形成"[①]。彼此承认、平等交往、理解沟通的整体性、同构性和自身调整性组成了相互制约、互为条件、优势互补的文明认同；以文化认同达成的文明互鉴在空间的演进中，遵循着从情感空间到利益空间再到价值空间的结构递进。

文化认同与文明互鉴不仅是"一带一路"系统推进的认同基础，而且是命运共同体、利益共同体、责任共同体和生态共同体建构空间推进的结果。文明互鉴的空间演进不能脱离文明主体之间的政治经济生活而独立存在；情感空间、利益空间和价值空间不仅表征了文明互鉴的空间递进，而且关照了政治生活与经济结构的文明主体。然而，全球化主张和推进的"异质趋同"与多元背景条件下的文化共生形成了结构性的现实失衡，各文明主体在全球市场交换活动中所扮演的角色、在现代政治结构中所处的位置，制约和影响了文明互鉴的价值判断和行为选择，而其结果又会演变为各文明主体的历史经验，积淀为情感空间、利益空间和价值空间的新特质。

---

① 汪信砚. 全球化中的价值认同与价值观冲突[J]. 哲学研究, 2002, (11): 22.

在"一带一路"文明互鉴空间推进的系统结构中,基础性的文化因子、包容开放的平等交往、互学互鉴的理解沟通以及互利共赢的优势互补,形塑着文明互鉴空间演进的整体性、同构性和自身调整性。就意义流动空间移位的载体而言,恩斯特·卡西尔将其归之曰"符号"。符号是物质载体和精神意义的"一体两面"。符号的"在场"构成了文明互鉴空间演进的信息域和承载场,由此指涉的"符号"或"意义",其实就是"文化"。作为某种事物或意义的表征,文化形成于一个历时或共时相互交织的过程中,莱斯特·怀特认为:"文化是一个连续统一体,是一系列事件的流程,它穿越历史一个时代纵向地传递到另一个时代,并且横向地从一个种族或地域播化到另一个种族或地域"。[①]有关文化的理解和阐释构成了文化学研究的一个庞杂体系。英国人类学家爱德华·伯内特·泰勒指出:"从广义的人种记的意义上说,文化或文明是一个复杂的整体,它包括知识、信仰、艺术、道德、法律、风俗以及作为社会成员的人所具有的其他一切能力和习惯。"[②]这里强调文化在精神和价值层面的含义以及文化在人类生存和发展中的"背景"意义。在价值参照下,是人类获得生存意义的确证,而文化的形成、传承、变革、融合和裂变等运动形态都有赖于价值的传播。由此意义出发,"传播是文化的传播,文化是传播的文化",文化和传播具有同一性。人类认同寻求的过程,实际上就是某种"共有的价值和意义"的追寻过程,人类认同的实现解答了"我是谁"以及"何所来""何所去"的诘问。

"一带一路"文明互鉴空间演进的系统结构是以"认同"和"斥异"交互而成、贯彻始终的直观的、感性的基本认定。就"一带一路"文明互鉴情感空间的原生性根基而言,突出的是文明互鉴空间演进的历史、记忆的符号翻新;就"一带一路"文明互鉴利益空间的工具性指向而言,突出的是文明互鉴空间演进竞争与分配的利益性获取;就"一带一路"文明互鉴价值空间的理性认同而言,突出的是文明互鉴空间演进的文化自觉。"一带一路"文明互鉴空间演进的系统结构,以"一带一路"形式文化区、功能文化区和感性文化区的自然

[①] L.A.怀特. 文化的科学——人类与文明研究[M]. 沈原,黄克克,黄玲伊,译. 济南:山东人民出版社,1988:序言2.
[②] 泰勒. 原始文化[M]. 蔡江浓,编译. 杭州:浙江人民出版社,1988:1.

景观、人文景观以及工程景观为承载,形成集情感空间、利益空间、价值空间为一体的多维叙事结构与传播空间。文化认同的"认同"与"斥异",是主体在情感、思维方式上超同与分异的过程,文化认同的情感、利益、价值的空间演进,是"归于相互理解、共享知识、彼此信任、两相符合的主观际相互依存。认同以对领会性、真实性、真诚性、正确性这些相应的有效性要求的认可为基础"[1]。"一带一路"文明互鉴的空间演进,特别指谓文明主体在"一带一路"的建设与交往中,从情感、利益到价值的互动、对话和理解,以系统整体性、系统同构性和自身调整性形成文明互鉴的适应、接受和归属。它标志着"人们在社会实践中能够以社会共同的价值要求作为标准来规范自己的活动,并使之'内化'为自觉行为的价值取向。价值认同是凝聚人心,达成共识,整合观念与维持秩序的最佳途径"[2]。

全球空间格局中的区域、国家、地方和城市,共同构成了"一带一路"文明互鉴的空间单元,不同文明之间彼此承认、平等交往、理解沟通、优势互补的文明互鉴,以和平与发展作为永恒的共同主题。情感的密切与疏离、利益的竞争与共享、价值的诠释与定位,构成了不同文明主体界定"自我"和确立"他者"的基本参数;物理空间的差异性、资源分配的失衡性、价值创造与分配的不平等性,影响和制约了文明互鉴从情感、利益到价值演进的系统整体性、系统同构性和自身调整性。根基性的互鉴与认同、工具性的传播与扩散、价值性的考量与供给,要求"一带一路"文明互鉴的文化认同兼顾空间区位表征的情感、利益、价值,兼顾空间结构凝聚的情感、利益、价值,兼顾空间权利指向的情感、利益、价值,形成利益共享的交往合作空间。

二、空间演进的层次链接

层次是系统在结构或功能方面的顺序等级。梯级和节点表征的关系决定层次的多样性;物质的能量、质量、运动状态、空间尺度、时间顺序、组织化程度等决定了层次的标准划分;共有规律和特殊规律的相辅相成,决定了层次

---

[1] 哈贝马斯. 交往与社会进化[M]. 张博树, 译. 重庆: 重庆出版社, 1989: 3.
[2] 冯留建. 社会主义核心价值观培育的路径探析[J]. 北京师范大学学报(社会科学版), 2013(2): 15.

梯级与节点的性质和特征。认同中心向认同边缘初始投射形成相对强烈的自然认同率对比值，认同中心与认同边缘强化博弈形成相对弱化的扩展认同率对比值，认同中心与认同边缘相辅相成形成相对均衡的共生认同率对比值，共同构成了"一带一路"境外不同文明主体彼此承认、平等交往、理解沟通和优势互补的层次链接。结构与功能的顺序等级、梯级与节点的表征关系、层次的标准划分及性质特征，构成了"一带一路"文明互鉴空间演进的层次结构；文化源地起点向文化分布终点的自然空间移位、扩展和互融，构成了"一带一路"文化认同空间演进的自然认同、强化认同和共生认同。

自然认同于文化符号所构筑的价值语境中，充实和固基着原生性情感空间，是"一带一路"文明互鉴空间演进的第一层次。就结构与功能的顺序等级而言，作为文化认同的初始阶段，自然认同强调的是文明互鉴空间演进的自然空间移位；就梯级与节点的表征关系而言，自然认同强调的是文明互鉴空间演进的地方主体惯性和习俗稳定；就层次的划分标准及性质特征而言，自然认同强调的是文明互鉴空间演进的文明主体社会性和共同性的内部养成；就认同率对比值的结果作用而言，相对强烈的自然认同导引了命运共同体文化的历史习得和现实养成。

作为"一带一路"文明互鉴空间演进的起始层次，自然认同具有相对稳定的系统和表征，是感知、评判和区分等心理向度的综合统一。文化历史的先天给定性、人类个体的群居天性和文化的社会属性是自然认同的基础和条件。作为先天给定性存在的历时态发展过程，历史总是先于人类主体而存在，同时，既定的历史环境总是制约着人类实践活动的始终。鉴于此，莱斯利·A.怀特指出："一切事情都依赖于婴儿所诞生于其中的文化类型。假如他诞生于某种文化，他将按某种方式思考、感觉和行为；假如他诞生于另外一种文化，他的行为也就相应地不同。"[1]由此意义出发，加达默尔进一步指出："一切理解都是自我理解。"[2]自然认同的结果，常能超越某些具体情景和场域发生惯性的作用和影响，在遭受另一个领域文化的作用和冲击或

---

[1] 莱斯利·A.怀特.文化科学——人和文明的研究[M].曹锦清，等译.杭州：浙江人民出版社，1988：118.
[2] 加达默尔.哲学解释学[M].夏镇平，宋建平，译.上海：上海译文出版社，2004：56.

面临新的生存危机时，可能会发生某种变化。"一带一路"境外文化认同空间演进的感知和效用，不仅构成了特定成员的特定身份和特殊场域，而且构成了他们获得知识的基础和来源，认同的目标直指个体成员社会化的文化积累，"只有在共同体中，个人才能获得全面发展其才能的手段，也就是说，只有在共同体中才可能有个人自由①。""一带一路"文明互鉴的命运共同体在自然认同中形成和发展，与它所继承的精神文化价值和意义感知关系密切，且受到已然存在的既定文化价值和意识的支配，是对习俗和传统的常态表现。作为共同体成员生活与行为的模式和标准，命运共同体中的文化传统反映着共同体成员的价值理念，对自然认同的形成具有重要的引导和规约作用。

强化认同于交往与比较所催生的价值引领中，构筑工具性利益空间，是"一带一路"文明互鉴空间演进的第二层次。就结构与功能的顺序等级而言，作为文化认同的中间阶段，强化认同强调的是对文明互鉴空间演进中空间移位的扩展，是认同中心和认同边缘的强化博弈；就梯级与节点的表征关系而言，强化认同强调的是文明互鉴空间演进的个体成员对共同利益的感知和对政治的忠诚；就层次的划分标准及性质特征而言，强化认同强调的是文明互鉴空间演进的文明主体文化认同与共同体权威的互动；就认同率对比值的结果作用而言，相对弱化的强化认同导引了利益共同体文化的利益关联和政策沟通。

作为"一带一路"文明互鉴空间演进的扩展层次，强化认同是利益共同体成员为实现自身利益而在思维和实践中采取的步骤和手段，是"科学认识中运动着的内容的本性"②和"内容的规定本身"③，是联系共同体和所属成员的政治性中介。强化认同是教育与强制的共同作用：教育使个体成员的文化认同在自身利益诉求的满足中得以维系和强化，使之产生归属和依附感，整合群体利益和个人利益的辩证；因为"人在本性上应该是一个政治动物"④，所以强制是

---

① 中共中央马克思恩格斯列宁斯大林著作编译局. 马克思恩格斯选集：第1卷[M]. 北京：人民出版社，1995：119.
② 黑格尔. 逻辑学：上卷[M]. 杨一之，译. 北京：商务印书馆，1966：4.
③ 黑格尔. 逻辑学：上卷[M]. 杨一之，译. 北京：商务印书馆，1966：5.
④ 亚里士多德. 政治学[M]. 吴寿彭，译. 北京：商务印书馆，1965：130.

通过政治推动、政治规则和共同体内部的群体作为，为强化认同提供外在的控制力和制约力。教育和强制落脚于个体成员行为习惯的养成，秩序作为一种社会性的约束机制，对个体成员的行为习惯提供了更高层次的引导，在强化认同的实现过程中发挥着重要作用。马克思指出使之具有作为一个体系特有的"要改变一般人的本性……就要有一定的教育或训练"①，马克斯·韦伯指出"不是思想，而是利益（物质的和思想的）直接支配人的行为"②，有鉴于此，强化认同以利益关联作为社会实践的教化和切入点，对个体成员进行正面价值的教育和共同利益的诱导，发挥利益共同体对个体行为的政治影响力和威慑力。"合法的强制力量是贯穿政治体系活动的主线，使之具有作为一个体系特有的重要性和凝聚性"③，强化认同以诱导、规范、约束和惩罚为手段，不断激活认同的现实语境和场域，提供认同影响和实施的渠道、媒质、舆论和秩序，使共同体信息和资源的传导告知在共同体成员的行为举止中。作为共同体与个体成员的一致追求，利益共同体中的利益观反映了共同体的利益导向和共同体成员的价值目标，是强化认同得以实施的重要保证。

共生认同于价值理解和价值导引中，形塑着价值空间，是"一带一路"文明互鉴空间演进的最终层次。就结构与功能的顺序等级而言，作为文化认同的繁荣阶段，共生认同强调的是对文明互鉴空间演进中空间移位的互融，是认同中心和认同边缘共生的相向而行；就梯级与节点的表征关系而言，共生认同强调的是文明互鉴空间演进的情感共通性、精神同质性和利益一致性；就层次的划分标准及性质特征而言，共生认同强调的是文明互鉴空间演进的文明主体间性和文化间性；就认同率对比值的结果作用而言，相对均衡的共生认同导引责任共同体不断构建和融合的新视域。

作为"一带一路"文明互鉴空间演进的互融层次，共生认同是基于需要和共同利益基础之上建立的最高层次的认同。"我们可以这样来规定处境概念，

---

① 中共中央马克思恩格斯列宁斯大林著作编译局. 马克思恩格斯选集：第2卷. 北京：人民出版社，1995：174.
② 转引自苏国勋. 理性化及其限制——韦伯思想引论[M]. 上海：上海人民出版社，1988：84.
③ 阿·尔蒙德，小鲍威尔. 比较政治学[M]. 曹沛霖，郑世平，公婷，等译. 上海：上海译文出版社，1987：5.

即它表现了一种限制视觉可能性的立足点。因此视域（Horizont）概念本质上就从属于处境概念。视域就是看视的区域（Gesichtskreis），这个区域囊括和包容了从某个立足点出发所能看到的一切。"①共生认同中的理解与被理解是两种不同的视域，由不同的历史境遇所赋予，共生认同的目标就是消除理解与被理解双方的矛盾、形成二者融合的视域，由二者的统一达到扬弃的目的。在共生认同的视域中，自身的视域不会因为修正和调整而消失，而是会在互动的反思中达到理解与被理解视域的一致，"既不是一个个性移入另一个个性中，也不是使另一个人受制于我们自己的标准，而总是意味着向一个更高的普遍性的提升，这种普遍性不仅克服了我们自己的个别性，而且也克服了那个他人的个别性"②，这种修正与调整、互动与反思是责任共同体成员达成理解的基础和保障。由此出发，共生认同实现的标志是共同体成员理解的在场和境遇通过参与的交互与反馈获得认同。责任共同体中，各成员不断扩大和修正原有意识，形成新的更广阔的视域，并以这个视域作为进一步认同的起点，体现了成员通过共生认同追求对自我的超越，对共生认同的发展具有重要的推动作用。

"一带一路"文明互鉴命运共同体、利益共同体、责任共同体成员的文化认同，作为意义投射的对象理所当然地包括文化的价值意旨。在这个过程中，认同的层次、条件和机制，系统生成了各要素之间的价值链接，折射出意义投放的文化意味与成果。作为认同关系的结构递进，认同的层次从视域抉择的角度决定了文化认同的类别；作为认同关系发生的基础，认同的条件以主体观感和外部要求的置换为据，左右文化认同的向度贯穿认同意义赋予过程的始终。认同的规定性代表了认同客体的不同侧面，决定了认同主体对认同客体的类别要求，层次反应了文化认同多种规定性的对立和统一。自然认同、强化认同和共生认同构成了"一带一路"境外文明互鉴的文化认同在思维演变过程中递进的层次链接，从不同视角诠释了认同的类别、要求与向度。每一层次的认同都是高一层次提升的基础，在"一带一路"文明互鉴空间结构共时与历时的交互

---

① 汉斯-格奥尔格·加达默尔. 真理与方法[M]. 洪汉鼎，译. 上海：上海译文出版社，1999：388.
② 汉斯-格奥尔格·加达默尔. 真理与方法[M]. 洪汉鼎，译. 上海：上海译文出版社，1999：391.

中，由浅入深地达到理解层面的自我。

三、空间演进的文化嵌入

"一带一路"文明互鉴空间演进的文化嵌入集外延与内涵于一体，外延内涵化与内涵外延化的互构，不仅指向了文化嵌入指称对象的外延，而且指向了文化嵌入指称涵义的内涵。个体式、谓词式、句子式的语码转译与符号指谓，构成了文化嵌入的符号指称；价值性的文本外延、内涵以及导入法则构成了文化嵌入的移情导入；拟人化、主体化、情景化的外化构成了文化嵌入的演绎表达。"一带一路"文明互鉴的空间演进于指称式、导入式、表达式的逻辑机制中，嵌入实体的外延、嵌入真值的内涵与嵌入表达的类型，影响和制约文化嵌入的现实表征。其中，嵌入的对象是与主体意向相对的实在，而嵌入的主体是与实在观照的自我，主体与对象的相互渗透构成了文化嵌入内外交互的摹画。

指称式意指将嵌入的内容做语义分析的符号指谓。在鲁道夫·卡尔纳普看来，作为个体外延的个体表达式、作为个体组成类外延的谓词表达式、作为真值外延的句子表达式构成了指称式语义分析表达的函项：个体嵌入式的内涵指号作为个体的概念，谓词嵌入式指号作为类的属性，句子嵌入式指号作为真值的命题。"一带一路"境外文明互鉴空间演进的文化嵌入所导引的价值传播与认同是通过符号、言语、非言语等语码信息传递价值观念、精神内涵大致认同的演进过程。文化符号的语义转码与符号指谓直接决定着认同的效果和程度，并形塑着空间演进的过程。文化嵌入本身就是一个价值性的活动，其内涵的背景信息、文本信息、行为信息本身承载着价值言判，同时文化嵌入内容的调控、方式的选择、手段的使用直接导引着认同空间的演进走向。文化嵌入方式的选择依托于文化心理的个体表达式，有鉴于此，"一带一路"境外文明互鉴空间演进的文化嵌入需要了解目标文化群体的行为方式、思维规律以及接受特点，把握传通中作为真值外延的句子表达式所构成的语义分析函项，进而有针对性地对目标文化群体的价值嵌入做结构性调整。

符号标志着人和动物的分野以及人类文明的诞生，为人类自我的形成提供了前提和基础，在此基础上才可能有文化信息的嵌入与传递。恩斯特·卡西尔以符号作为人的本质，认为人是"符号的动物"，强调符号在人的自我形成中的根本功能："符号形式乃是人自身创造的真正的中介，借助于这些中介，人类才能使自身与世界分离开来，而正是由于这种分离，人类才能使得自身与世界紧密连接起来。这种中介物表征着人类全部知识的特性，它同时也是人类全部行为的典型特征。"[①]"没有符号系统，人的生活就一定会像柏拉图著名比喻中那洞穴中的囚徒，人的生活就会被限定在他的生物需要和实际利益的范围内，就会找不到通向'理想世界'的道路——这个理想世界是由宗教、艺术、哲学、科学从各个不同的方面为他开放的。"[②]符号化能力是人类抽象世界进而把握世界的特有能力，在人类不断对世界性符号化的过程中，符号担当了文化嵌入与价值传播的载体。

导入式意指将嵌入的概念、属性与命题移置于对象之中的移情导入。从嵌入的基本类型出发，实施有限次函项导入，生成派生的或曰函子的导入式范畴。在蒙太古看来，导入式的移情嵌入分为外延与内涵语境，将一般语境中内涵转化为内涵语境中的外延，将一般语境中的外延转化为外延语境中的内涵，以导入式价值内涵的分析转化为导入式外延意义的阐析，以达到导入式法则、导入式外延与导入式内涵的同构。不同文明之间内涵语境与外延语境的同构化阐析，打破了不同文明主体之间的隔阂与障碍，文明间的沟通与理解得以实现。在"一带一路"文明互鉴空间演进的跨文化嵌入与价值导入中，将不同文明价值理念、特质以及群体推崇导入到空间景观与文化产品之中，进行有限次的移情函化，形成传递价值的导入式范畴。导入式法则、外延与内涵的同构是理解与认同他者的前提，就此意义而言，包括社会、经济、文化等领域的广泛交往是源于文化自我更新和自我超越的本能，源于人们本质上需要用多维的视角来审视和反观自身，去看待周围的世界，需要融合其他的视域和文化视角来认识世界，提升本民族认识自我和认识外部世界以及发展规律的能力。有鉴于此，"一带一路"境外文明互鉴空间演进的文化嵌入应当规避所谓的文化优越感，避免一味的本土化批判与虚无倾向，在理性反思的同时，展开审视不同文化交融、传统与现代认同的叙事。

---

① 卡西尔. 人文科学的逻辑[M]. 北京：中国人民大学出版社，1991：62.
② 卡西尔. 人论[M]. 甘阳，译. 上海：上海译文出版社，2004：57.

表达式意指将嵌入的法则、外延与内涵进行外化演绎的表达。在弗雷格看来，文化嵌入复合语句的真值构成了逻辑连接的函数。将要表达的真值进行形式嵌入，使整体外延成为部分外延的函数，以此引进嵌入的价值和语义使之同构。建立法则、外延、内涵的对应关系，统一承载以意义，通过表达对象的拟人化、主体化、情境化，实现嵌入意向的物质化、外在化、客体化。不同文明独具特质的本真性通过拟人化、主体化、情景化的具象表达，贯通价值内涵真值与外延函项、部分外延与整体外延的对应关系，生成实体化、外在化、客体化的外化表达。"一带一路"境外文明互鉴空间演进的文化嵌入，要从不同文明中汲取反映人性共通的价值，以此进行价值内涵与外延的外化展演。实现跨文化嵌入与传通的理想状态，关键在于双方符号系统（包括语言符号和非语言符号）的相互理解和熟练运用，过度阐释和不合理阐释会令文化的接受者引起与生活经验相冲突的不协调体验。有鉴于此，"一带一路"境外文明互鉴空间演进的文化嵌入应注意对外界价值倾向的预判，选择不易被过度阐释的文化元素来进行嵌入与传通。

斯图尔特·霍尔指出："与其说是'我们是谁'或'我们来自何方'，不如说我是我们可能会成为什么、我们一直以来怎样表现以及那在我们有可能怎样表现自己上施加了怎样的压力。"[1]就此意义而言，文化认同是自己声称和他人价值取向的结合物，能够规范身份表征的文化元素是恒常的，不同的知识文化符号的组合方式和认知观念的拆和形成了叙事方式的变化。"一带一路"文明互鉴空间演进的文化嵌入是对承载价值意涵的文化符号的设计、组合以及形塑，形成一定符号语义系统而进行的价值叙事，文化嵌入的形式、内容、价值需要符合受众的文化需求，才能在其文化语境中得到适应性转化。在此过程中，明晰文化嵌入的目标以及对象群体的文化需求与价值抵抗至关重要。在"一带一路"文明互鉴多元文化圈的空间演进中实现文化嵌入的"价值适应"，进行"我"与"他者"主体间的对话，是实现文化认同的必然路径。

"一带一路"文明互鉴的空间系统是海陆通道的多层次、多维度、多平

---

[1] 转引自曲春景. 上海电影研究：21世纪之交范式转型期的思想景观[M]. 上海：上海三联书店，2013：117.

台的空间架构，城市在"一带一路"空间互动与演进中扮演"嵌入式外交"的角色，不同国家、城市构成了"一带一路"空间演进的重要支撑。作为"一带一路"境外文明互鉴空间承载的景观空间，其所构筑的文化区符号形态一旦形成，就会"被嵌入"区域民众的精神、思想和心理，并且会因为其客体化而反过来对民众的思想形成潜移默化的影响。所以，"一带一路"文明互鉴空间演进的文化嵌入过程，就是多元文化实现其现代性适应、传承与转换的发展过程。在"一带一路"战略全面推进的深入阶段，"一带一路"建设应以文化嵌入和交融为纽带，推动不同文明主体间的双边与多边联系，构建多元文明群体性复兴的良性空间，使丝绸之路焕发新时代的生机活力。"一带一路"境外文明互鉴的文化辐射空间在族群间的文化嵌入、交融以及价值观念的认同与融合中，实现本土空间与外部空间的共同进化，在趋同与分异中塑造了文明互鉴的空间演进。

"一带一路"境外文明互鉴的空间演进表征着由认知、评价、建构的心理模式而产生的转化、发展和运用。于原生空间的扩展与建构中，形成情感移情的心理归属；竞争与分配的工具性空间中培育强化认同的价值引领；价值传播与体认的理解空间中达成理性认同的价值归旨。心理归属、价值引领、价值归旨的演进逻辑共同形塑了"一带一路"境外文化融通空间演进的系统结构与层次链接，同时也决定了文化嵌入导引认同的理念与策略。

第三节
"一带一路"境外文明互鉴的空间叙事

"一带一路"境外文明互鉴的空间叙事是由空间秩序的主体要素、关系结构、价值规范以及空间演进、变革范式的共时交织、相互定位而成。全球化、多样化、信息化的空间整合，构成了空间秩序的演进路径，其中空间主体的多元化、空间结构的平等化以及价值规范的合理化，共同形成了演进与变革的范式依据。与此相伴随，"一带一路"境外文明互鉴的空间叙事旨在创设具有东方色彩的话语协作机制，进行彼此承认、平等交往、理解沟通的叙事与解读，形塑并拓展着"一带一路"愿景的认同空间。"一带一路"境外文明互鉴的空间叙事，以明示符号翻新的实存管理、记忆优化、符号转码，隐形承载涵化的特殊关系函项、理想状态真值、内涵同构等值，赛博空间展演的媒介化符号、仪式化展示、情绪化体验，建构不同文明主体之间互学互鉴的话语逻辑。

"一带一路"境外文明互鉴的空间叙事以文明交往的历史演进为主导，以实现不同文明主体间的传播与认同为目标，在创设"一带一路"辐射空间不同文化情境的同时，促进彼此文化、政治认同在不同群体间的实现。在普遍意义上，叙事文本是文化情境建构的重要载体，它是人类活动长期积淀、代际相承的结晶。另一方面，"文化"的认知与记忆并不全部以文本的形式留存下来，那些能够以文本的形式呈现给后人的"叙事"在某种程度上往往就是人们所记住的"历史"。"一带一路"境外文明互鉴的空间叙事透过实体的景观空间、社会空间、文本空间等文化符号，以特定的叙事结构，影响空间参与者的个体经验、认知模式和情感建构，强化相关的文化情境和个体的价值行为，形成实体空间与价值情境相统一的认知和体验。正是通过这样的空间叙事，"一带一路"境外的文明互鉴以不同文明主体的文化基因，诠释"和衷共济"的东方智慧，展示一以贯之的历史渊源，据此建构均衡与普惠并蓄的价值情境。

一、空间叙事的明示符号翻新

"一带一路"境外不同文明互学互鉴的主体关系形态，通过共时态的空间整合和历时态的信息流动，配置和展演着多元包容、平等对话、理解沟通的价值叙事。叙事是价值嵌入与历史再现的基本方式，其方式、内容、过程和结果对客体的指称对象具有重要的影响。马丁·华莱士在《当代叙事学》一书中指出："我们每个人也有一部个人的历史，我们自己生活的叙事，这些故事使我们能够解释我们是什么以及我们被引向何方。"[1]在乔伊斯·阿普尔比看来，叙事不仅对个人同时对社会也是必要的，新的经验往往需要用新的诠释，需要用新的理由来证明。换言之，叙事的方法就是历史的理解方法，有了叙事"世间

---

[1] 马丁·华莱士. 当代叙事学[M]. 伍晓明，译. 北京：北京大学出版社，1990：前言2.

发生的事才能讲出头绪。叙事讲出行为的意义"[1]。文明互鉴的空间叙事所有达成的是不同文明主体之间和平互信的政治目标、理解沟通的社会关系、优势互补的认可与承认。空间叙事以空间区位、结构和生产的节点、符号、内容为表征,其空间的移位承载着信息由发送者传达给接受者的过程。受此影响,"一带一路"境外文明互鉴的空间叙事强调特定空间的"叙述"和"解释",其空间符号位置、距离、方向的设计和规划,进行着"讲什么""为什么讲""如何讲"等问题的筛选。

就"一带一路"境外文明互鉴空间叙事的明示符号翻新而言,实存管理、记忆优化、编码转码所进行的文化标识、往事缩影和形象化意指,是符号指谓在空间所进行的意义赋予、内涵诠释和意向翻新。符号作为常用的传达或负载信息的基元,意指能够用来在某些方面代表其他东西的任何物象,用以表示人、物、集团或概念等复杂实物。莱斯特·A.怀特认为:"正是由于符号能力的产生与运用才使得文化得以产生和存在;正是由于符号的使用,才使得文化有可能永存不朽。没有符号,就没有文化,人也就仅仅是动物而不会成其为人类。"[2]文化符号承载的语义信息是多元文明在长期的历史发展过程和生产实践过程中创造的物质财富和文化财富的凝结,是被继承下来实现价值传承的文化载体。文化符号的当代释义、解读以及翻新与转化,赋予了文化符号新的意义,新的时代境遇和情境也必然赋予文化符号以新质的价值精神。"文化是由共识符号系统载荷的社会信息及其生成和发展"[3],"一带一路"文明互鉴的空间叙事在参与式的对话模式中,通过符号语码信息的翻新与多维互动,管理文化实存,优化文化记忆,把价值的传播与认同通过价值嵌入的形式展开叙事。就此意义而言,"一带一路"文明互鉴空间叙事对多元文明符号的翻新、重组与明示不是传统的置换或拿来主义,而是结合时代潮流的新质,对多元文化符号的创造性转化、发展与运用。在此过程中,时代精神和传统的融通,民族精

---

[1] 阿普尔比,亨特,雅各布.历史的真相[M].刘北成,薛绚,译.北京:中央编译出版社,1999:213.
[2] 莱斯特·A.怀特.文化科学——人和文明的研究[M].曹锦清,等译,杭州:浙江人民出版社,1988:31-32.
[3] 蔡俊生,陈荷清,韩林德.文化论[M].北京:人民出版社,2003:31.

神与世界潮流的对接，形塑着民族文化符号的翻新和明示。

法国学者阿芒·马特拉强调符号作为社会控制方式的意义与作用。事实上，全球媒介化生存场域中，一切文化现象、事物、内涵都被迅速符号化、信息化地推广到世界各地，人们借助符号表达思想、传播文化、传承文明。作为符号与意义的集合体，文化是寓于由符号的拆和所构筑的意义横式和概念系统之中，于历史相袭的交往互动中，保存和发展对生活的知识和态度。符号学大师德·费尔迪南·索绪尔将单一符号分解为"能指"和"所指"两个部分，在他看来，"能指"是符号的语义形象，"所指"是符号的意义概念，两个部分共同组成的整体就是符号。索绪尔进一步指出，"能指"和"所指"两者之间的关系没有必然性，因此，任意性构成了符号的基本属性。尽管索绪尔把符号切分为"能指"和"所指"，但后来人们更加关注的却是"意指"（研究能指与所指间关系的模式，强调看待能指与所指的整体性）。就此意义而言，"能指"和"所指"结合的过程即为"意指"，而符号就是形成于此的意指系统。

不同文明的政治单元——国家是"一带一路"文明互鉴的基本表述单位。就互鉴的空间叙事主体而言，其塑造的形象主要通过文化符号所表征的意涵传播。国家的社会历史传统，政治、经济、文化形态，国民身份地位，往往由符号交互而成。据此，符号及其意义的象征和表达，在一定程度上影响了承认、交往、理解、沟通的现实行为和关系格局。事实上，文化符号的编码、译码和转码，不仅寄托于官方和民间的双向流动，而且发展于符号传播理念、手段和策略的有效整合。就"整体传播"的明示符号翻新而言，就是把文化符号的对外传播视为多维主体、多种因素共同起作用的整体活动。"一带一路"境外文明互鉴空间叙事的明示符号翻新，正是通过符号语码信息的翻新与互动，管理文化实存，优化文化记忆，把互学互鉴的内容和体认通过价值嵌入的形式加以展开。在参与式的对话模式中，明示符号翻新结合时代和世界的潮流，转换不同文明主体的文化符号，实现其唤醒、承载和呈现的功能。"一带一路"境外文明互鉴的空间叙事对价值内涵明示符号翻新的强调，以承认、理解、沟通为叙事的价值目标，以文化情境的内容和情节为叙事的价值衔接，创设互学互鉴的空间情境，激发不同文明主体之间相向而行的情感，促进其文化心理的对象化、价值行为的意识化和叙事客体的主体化。

二、空间叙事的隐形承载涵化

"一带一路"境外文明互鉴的空间叙事旨在促进不同文明主体间的文化理解和价值认同，其特殊价值关系函项、理想状态摹状真值，指谓了隐形承载涵化的等值。就空间叙事的隐形承载而言，特殊关系的函项及其所对应的函项值，表征着前置逻辑的真值。所谓涵化，强调的是内涵语境与外延语境之间的等值关系，以隐形结构摹状的外延、规定真值内涵的凸显，导引价值涵化的对值，借此完成隐形表达的置换。外延内涵的方法与内涵外延的方式是正确予以运用的能指和加以想象的综义，是语义范畴形式表达的等价类，其内蕴的指称关系指涉隐形承载涵化的等值。特殊关系函项、理想状态真值、内涵同构等值的相互依存与相互作用，共同构成了"一带一路"境外文明互鉴空间叙事的隐形承载涵化。

隐形承载涵化的特殊关系函项，意指作为一个或多个能容纳不同主目的变项。函项作为一种特殊关系，给予对象以函项的主目和主目所对应的函项值。具体的函项，既可运用于个体式外延的概念，又可运用于谓词式外延的类，当函项所运用的类指称为函项的前域时，函项的变程得以形成。其前置逻辑中的真值表达了隐形承载涵化特定语境的函项，而复合命题的真值则受制于隐形承载涵化和与其相关的逻辑项。"一带一路"多元文明的文本符号作为表征文化价值关系法则的特殊函项，其对应的价值函项值，不仅可以通过符号信息的组合与运用，生成个体式的文化体验，而且可以通过群体类的聚合与互动，形成谓词式的文明特质。文本符号的函项表征着函项变程的前域，以符号信息的运用和组合方式，指谓价值命题的真值，从而避免了说教式的显性和强制式的话语僵化。"一带一路"文明互鉴的空间叙事对隐形承载涵化的运用，正是借助特定语境的文本函项，形成巧妙的、艺术化的、具有文化色彩的人文情怀，进行隐形的价值嵌入，借助文化共通的思维情感、价值通感达成理解与包容的传通目标。就此意义而言，理解、包容、共享和共荣构成了空间叙事的核心宗旨，亦构成了隐形承载涵化的指向性方式。

"内隐学习"（Implicit Learning）不同于外显型的规划性学习，意指无意识的状态下获得文化环境的刺激与体验而习得复杂文化思维方式的过程。作为潜移默化的自发习得模式，学习者在内隐学习过程中不会意识到或者表达出来自干预或控制型的习得规则，反而在"自然"中领悟内隐的内涵与规则。"内化"的心理学定义强调"主体把现实的或想象中的他与其所处环境间有规则的相互联系，以及现实的或想象的环境特性转化为内在的规则和特性的过程"[①]，这个内化高级形式是建立在对特定文化充分理解和坚定不疑基础上的价值内化，其结果是导致主体"服从从共识中发展起来并通过社会化内化的规范和价值体系的支配"[②]。不同文明之间的文化话语表达，具有非正式的隐形涵化特点。受此影响，"一带一路"境外不同文明主体间的交往互动和文化信息流动渗透于日常生活中，构成隐形承载涵化形成社会认知的基础。此外，世俗化与流行化的话语转换与隐形叙事，抽离了意识形态的显性束缚，非强制性、生活性、平等性的对话与交流，亦是隐形承载涵化的补充。

隐形承载涵化的理想状态真值，意指隐形承载本身所具有的真实值。就其诠释的理想状态而言，由于缺乏完全意义的现实解读通约，一般以约定真值和相对真值的隐形承载涵化进行状态描摹。在一定条件下，隐形承载实际值的测量初始表现为未知的量，通过二元等值关系的涵化，凸显隐形结构摹状的外延，规定真值的内涵，导引价值涵化的对值，完成隐形表达的置换。就此意义而言，弗雷格将"概念"视为对象真值表示的函项。"一带一路"境外文明互鉴的空间叙事是一个多主体构成的空间系统，蕴含着系统价值真值的承认与遵守。空间叙事的隐形涵化本质上是多元文化符号与价值真值的互嵌共生，其关节点在于主体如何能超越自身限制而达致他者视域，把握约定真值和相对真值的现实通约，表征着从自我为中心到互嵌共生依存态势的转换。叙事的文化主体以更为宏大的共同体视域，进入不同文明主体互学互鉴的空间网络中，以此进行文化成员的理解沟通和文化产品的交互往来。"一带一路"所形成跨国家、地区的空间系统，有助于形成更具代表性的区域性价值共识，以此带动不同文明主体的相互接纳和认同，实现自我反思的自觉与更新。

隐形承载涵化的内涵同构等值，意指隐形承载内涵与外延的指称推广到

---

① 《心理学百科全书》编辑委员会. 心理学百科全书[M]. 杭州：浙江教育出版社，1995：953.
② 转引自和予. 基于嵌入理论的中国东西部创业影响因素比较研究[M]. 昆明：云南人民出版社，2008：28.

一般指称式建立起来的内涵同构,就此意义而言,与卡尔纳普将之称为"L等值"的内涵相同。在"L等值"的情境中,外延内涵化与内涵外延化历时差的等价,具有自反性、对称性、传递性的同一。外延内涵的方法与内涵外延的方式以一切能谐和的加以想象的综义,构成语义范畴形式表达的等价类。其内蕴的指称关系指谓隐形承载涵化的等值,而用另一种表达式替换仍可成其为句子的函项,在塔尔斯基看来属于隐形承载语义范畴二元关系的对价。① "一带一路"境外文明互鉴的空间叙事,在一定程度上表征了空间系统与互学互鉴文化嵌入的关系。互学互鉴的"认同"是不同文明主体基于主体认知对外界社会关系做出的基于同一性的归属关系判定,是依托社会关系建构的心理认知与行为外化的内涵同构过程。文明互鉴文化认同的主体指涉成员身份的多样性和嵌套性,互学互鉴彼此承认、平等交往、理解沟通的优势互补,在社会互动过程中完成由"我"到"我们"以及"他"到"他们"的情感移入与态度生成。文化嵌入是"经济的文化嵌入",即"共享的集体理解在塑造经济战略和目标上的约束"②,在本质上表现为价值认同。人们基于文化符号认知与情境经验体认,指谓了隐形承载涵化的等值置换关系,以文化价值真值的承认、支持和赞同,生成能谐和的加以想象的综合性归属。

与经济的社会嵌入一样,文化的价值嵌入也是一种"让具有不同利益的参与方共同完成任务"③的社会机制,包括正面的规范机制和负面的失范机制。与经济合作的机制一样,空间叙事的隐形涵化也是一种参与式的文化合作机制,原生文化的内容必须以新文化代码去阐释,使得个体原生文化主题内化为新文化代码的内容。这种被隐藏与涵化的空间叙事包含了正负两种导向与规范机制,"正面的规范机制表现在合理的社会结构中公开的、成文的、合法的社会规范""这种规范会向规范遵守者提供有序的社会安排""当人们信任规范并且遵守规范能够给他们带来现实的收益时,就更愿意遵守规范"④。就此意义而

---

① 参阅金炳华.哲学大辞典:分类修订本:上[M].上海:上海辞书出版社,2007:462.
② 参阅魏江,向永胜.文化嵌入与集群发展的共演机制研究[J].自然辩证法研究,2012,28(3):114.
③ 参阅李怀斌.客户嵌入型企业范式研究[M].北京:清华大学出版社,2009:11.
④ 朱力.我国社会生活中的第二种规范——失范的社会机制[J].江海学刊,2006(12).

言,"一带一路"境外文明互鉴空间叙事的隐形涵化在实质上表征为带路辐射空间系统中的价值嵌入,具有联通与规范意义的文化认同作用。

三、空间叙事的赛博空间展演

虚拟与实在相互渗透的赛博空间是媒介化符号、仪式化展示、情绪化体验以虚拟空间、物质空间以及想象空间的交织与结合,以物质层面、文化层面和组织层面交换回路的贯通,进行节点与核心的编码、解码和转码。物质基质之上的电子交换传送与回路,生成文化层面的符号信息节点与核心,经过组织层面的网络管理与权利设置,实现不同文明主体间的彼此承认、平等交往和理解沟通信息传播的赛博空间展演。媒介化生存场域作为承认与交往、传播与赋意的展示空间,其所内蕴的社会生产空间性、社会传播流动性,与"一带一路"文化融通的内涵、愿景和价值共识形成交织性的重合,由此生发媒介传播的符号语话转码,固基"一带一路"互学互鉴的内在机制。

媒介化生存不仅是信息传播的即时化方式,而且是文化符号转码的生产方式。作为以数字技术、网络技术、移动通讯技术等技术手段推动,以一套公布于众的规则和协议所建立与维护的信息传播空间,媒介化借以电子网络技术终端的普及与推广,打破了不同文明主体、不同地域之间的空间阻隔和时间限度,实现了人类信息传播由"一对一""多对一"的方式转变为"所有人对所有人"的复合媒体形态。作为一种新技术手段和新信息场,媒介化生存实质表征为一种全新的生存方式:人由过去的"信息在场"过渡到"意义在场",符号化信息体现人的实在性;自身不在场却以在场的方式表现,体现了虚拟的现实存在性。为此,赫尔德断言:"新的电信技术尤其是国际传媒公司的出现已经使全球化交流得以产生,此时的文化交流在范围、强度和多样性以及传播速度等方面都超过了更早时期。"①

媒介化生存场由符号与形式、载体与渠道的交互作用构成,指谓着情境化和空间化生产特性的赛博空间。场是物质存在的基本形态,以一定条件下可

---

① 赫尔德,麦克格鲁,佩拉顿,等.全球大变革——全球化时代的政治、经济与文化[M].杨雪冬,周红云,陈家刚,译.北京:社会科学文献出版社,2001:458.

以相互转换的能量、质量、动量为要素。就此意义而言，作为与实在空间相对的虚拟空间，媒介化生存场对物质层面电子回路与矩阵符号基础上的传载终端的覆盖范围，具有网络传载属性和传播特点形构的空间属性；作为现实社会展演空间的虚拟化延伸，媒介化生存场是现实社会展演与虚拟空间特质相互作用产生的一种媒介生态表征。作为抽象化凝练倡议与愿景的符号系统，"一带一路"通过符号意旨的功能属性完成愿景的叙事化传播；作为特定时空中的历史复兴，"一带""一路"所承载的文明交互符号通过其自身的"能指"与"所指"体现了为世人所认同的"明示符号"的"涵化价值"；"一带一路"符号语义所承载的历史底蕴、文化积淀以及当代发展，亦体现了传统传播议程设置与强化认同的叙事机路。因此，"一带一路"境外文明互鉴辐射空间的跨域意味，表征着由个体到本族、由区域到世界的"叙事—认同"感染区，其内含的符号意识与符号联想，对构建"一带一路"的符号叙事与接受空间具有重要意义。与此相适应，赛博空间的表意展演与价值呈现，使得境内外不同文明主体在隐形的价值涵化中达成从互通到互识、从理解到共识的发展。

展演是一种象征性的仪式行为，作为布满符号的象征，展演的构成要素（时间、空间、音响、物品、动作、程序等）是传达意义的媒介。从本质上来讲，情感不仅使社会结构和文化符号系统成为可能，而且情感也能够导致人与人彼此疏离，动员人们打破社会结构，挑战社会文化传统。"人类独特特征之一就是在形成社会纽带和建构复杂社会结构时对情感的依赖"[1]，这里对情感之于人类或社会的意义的强调不仅仅是对某一研究领域的着重强调，更大意义则是对情感意义的强调。在展演中也是如此，正是展演所激发的情感才导致展演效力的生成，从而使得意识成为伴随人类的一种"集体无意识"。

"一带一路"境外文明互鉴空间叙事的社会展演表征着一种集体性的社会行为。文化传播与认同的建构需要依赖某种媒介，这种媒介可能是实质性的文物、图像、文献，或者是各种集体性的活动、仪式、习俗和礼仪，用于保存、强化和重温。社会展演就是通过对公共性行为和仪式的建构，拉近和强固参与者凝聚与亲和的意识，达到价值共享与价值认同的目的。"一带一路"境外文明互鉴空间

---

[1] 特纳，斯戴兹. 情感社会学[M]. 孙俊才，文军，译. 上海：上海人民出版社，2007：1.

叙事的社会展演，通过景观展演、符号展演、参与式活动展演、仪式展演等多种展演形式，生成"一带一路"文化空间交往与融合的公共性行为和主体情绪体验，达到唤起丝路记忆、认同丝路精神、共建"一带一路"的价值目标。在现实性上，"一带一路"境外文明互鉴空间叙事的社会展演不仅包括实体的建筑、仪式或者群体性参与的行为活动，而且包括虚拟空间的现实迁移与传播。不同的方式让"一带一路"境内外各文明主体的参与者察觉和认知到不同文化元素、价值差异与共通的存在，参与者在跨区域、跨文化交往中获取信息的同时也在社会中重组和发布信息，以此进行区分和兼容、互补与吸纳。

在"一带一路"境外文明互鉴空间叙事的赛博空间呈现中，虚拟媒介对其展演呈现的介入，打破了展演本身的"情境"，对展演各个要素展演功能的发挥产生了重大影响。网络媒介具有广泛的传播力和影响力，在"一带一路"文明互鉴空间叙事的赛博媒介中，虚拟的网络传播媒介重构了展演的时空，从而改变展演的情境；展演仪式的效力通过大众媒介的呈现获得超常强化，展演所具有的凝聚情感、激发认同的特征得到了较为突出的显现。与此相对应，虚拟媒介呈现展演的同时也在一定程度上弱化仪式的凝聚群体功能。在传统展演中，仪式参与者实际在场，展演的情境使他们共同经历某种情感或体验，有效激发了参与者的情绪。大众媒介打破了实际在场的意识情境，削弱了参与者的意识在场性，从而制约了展演仪式的有效性。在"一带一路"文明互鉴的空间叙事中，虚拟空间与实体空间社会展演的结合强调展演的强化和团结功能，有助于维持特定群体、社会的现有秩序，给生存于共同体之中的人们提供情感、价值归属以及精神慰藉。这种对展演的认识取向具有单一的同化倾向，表征了一种正面的、缓和的、静态的、没有冲突和矛盾的色彩。事实上，在实现展演整合社会功能方面，还存在另外一种取向，即通过暴露矛盾，以展演的形式化解矛盾，以此实现展演的整合。虚拟媒介借助其强大的传播能力将重大负面事件仪式化，在仪式的展演中化解社会遭遇的危机，从而强化现有的社会团结：人们通过展演宣泄对现存环境的不良情绪，社会通过展演消解对团结整合的威胁，在此基础上，人们实现了社会认同。

媒介化有赖于技术的发展和支撑，同时，作为技术表现之一的媒介对社会变革和人们的生存方式产生了根本性的影响。传统社会的人类交往是面对面的同时在场，人们通过这种聚合获得温情体验，形成了传统社会特有的存在和感知方式。在"一带一路"文明互鉴空间叙事所构建的赛博空间中，交往多由媒介加以中介化，以此实现不同文明主体之间的联系，就此意义而言，人类交往脱离了时空的限制。里斯曼将历史上人们的社会性格划分为传统导向、内在导向和他人导向三个类型[①]，其中，"他人"在现代社会意指大众传媒。媒介作为社会结构系统中一个相对独立的实体，具有自身特定的利益考量，其所展现的世界是加工后的世界，因此与现实的社会图景存在较大的差距。将一个过滤后的世界作为自身行为的出发点或依据，人们的实践必将受到真实世界确定性丧失的不利影响。有鉴于此，马歇尔·伯曼描绘了现代人的新感觉："就是发现自己身处的环境预示着有冒险、权势、喜悦、发展、自我和这个世界要变革——而与此同时，这种环境威胁要毁掉我们所有、所知、所是的一切。现代环境和现代体验切断了所有地理的和种族特性的界线、阶级和国籍的界线、宗教和意识形态的界限。现代性在这个意义上可以说是统一了全人类；但是这是个矛盾的统一，是个解体的统一；它将我们全抛入无休止的解体和更新、斗争和对立、含混不清和悲痛的大漩涡之中。"[②]媒介的网络空间展演延伸了感知世界的能力，但同时也带来了风险和压力，尤其是由现代技术催生的网络，它不仅虚拟了时空，而且使认同的主体——人也变得虚拟起来。

"一带一路"文明互鉴空间叙事的社会展演，分为实体空间展演和虚拟空间展演两个层面。社会展演作为仪式化的传播载体与模式，有分类媒介所报道的展演内容、展演中所采用的仪式化方式、媒介本身成为一种仪式或集体庆典三种主要类型。社会展演往往局限在一个特定而富有象征意义的时空，以形成一个神圣的仪式情境，从而激发起展演参与者对某种情感和意义的共享，一定程度上实现仪式展演的目的。在"一带一路"构建的全球空间系统中，不管是神圣的意识展演还是世俗的实体景观都不可避免地有了大众媒介的介入，当大众媒介以展演的一个元素介入后，对展演本身以及其效果都会产生影响。与传统传播研究有意或者无意忽略对"传播环境"的关注相异，"一带一路"文明

---

① 里斯曼，等.孤独的人群[M].王崑，朱虹，译.南京：南京大学出版社：2002.
② 参阅莫利，罗宾斯.认同的空间——全球媒介、电子世界景观与文化边界[M]. 司艳，译.南京：南京大学出版社，2001：117.

互鉴空间叙事的社会展演对媒介环境的关注十分密切。人在一定意义上是环境的动物，"对人的行为、观点、信念给予重大影响的是周围的环境，人世间不仅不存在绝对孤立和封闭的传播系统，而且人类的传播活动根本无法摆脱环境对它的影响和制约。"[1]这里的环境不仅包括有形时空环境，还包括心理、文化、传统等精神意义上的环境，是一个综合性的产物。

"一带一路"文明互鉴空间叙事的社会展演，于赛博空间的呈现在一定意义上指称了戴扬和卡茨所言的"媒介事件"。与此相区别的是，赛博空间展演的"仪式"不一定如"媒介事件"那样引人注目，大众传播的报道尽管被传媒所重点关注，但还不至于引起国人甚至世界的屏息关注。大众媒介所呈现的意识是较为宽泛的，既包括实体空间的展演，也包括虚拟空间对仪式展演的传播与呈现。爱弥尔·涂尔干认为"仪式有助于确认参与者心中的秩序"[2]，指出"仪式是在集合群体之中产生的行为方式，它们必定要激发、维持或重塑群体中的某些心理状态"[3]。阿尔弗雷德·拉德克利夫-布朗认为仪式可以加深人们对社会产生的情感依赖，以此巩固社会的稳定，"仪式可以调整、维持并一代又一代地遗传这种感情，社会的章法就是依赖于这种感情"[4]。爱德蒙·R.利奇认为展演作为人们实现沟通的特殊工具，具备确保自身所传达的讯息能被准确接收的特殊能力，指出展演是集"叙述"与"行为"于一体的仪式。情绪是由展演的"在场"即展演参与者的聚集而产生的，展演的效力源于仪式情绪的激发。虚拟媒介对社会展演的介入在一定程度上会加强意识情感的激发，从而增强展演的效力。有鉴于此，"一带一路"文明互鉴空间叙事的赛博空间展演，注重虚拟空间仪式设置与仪式传播的情绪体验与情绪激发，在媒介化、海量信息化的生存焦虑与恐慌中，通过社会展演构建与传播文明互鉴的主题，以价值引领形成情感归属，达成不同文明间彼此承认、平等交往、理解沟通、优势互补的互鉴目标。

---

[1] 戴元光，邵培仁，龚炜. 传播学原理与应用[M]. 兰州：兰州大学出版社，1988：326.
[2] 巴纳德. 人类学历史与理论[M]. 王建民，刘源，许丹，等译. 北京：华夏出版社，2006：68.
[3] 涂尔干. 宗教生活的基本形式[M]. 渠东，汲喆，译. 北京：商务印书馆，2011：11.
[4] 参阅莫利斯. 宗教人类学[M]. 周国黎，译. 北京：今日中国出版社，1992：171.

第六章
"一带一路"文化战略大数据系统

  大数据,"或称巨量数据、海量数据、大资料,指的是所涉及的数据量规模巨大到无法通过人工,在合理时间内达到截取、管理、处理并整理成为人类所能解读的形式的信息"[1]。随着超级计算机、互联网、传感终端、服务平台、储存平台、人工智能等硬件设施的快速发展,大数据理论和技术在硬件平台发展的支撑下迅速发展并在各领域创造出巨量的效益与价值;大数据的能量不局限于其所负载的数据和平台本身,而在于其对作用和服务对象发展的巨大助推和效益的巨量增值。"一带一路"战略的文化维度,作为战略的提挈、导引层,是经济意涵的基础、政治意涵的中介之上的战略观念形态,所覆盖的广度、兼容的深度、交织的复杂程度都是空前的。

  研究"一带一路"文化战略的相关问题,必须以面向处理巨量、复杂的大

---

[1] Vance and Ashley, Start-Up Goes After Big Data With Hadoop Helper, New York Times Blog, 2010-04-22.

数据的技术为基础平台，以大数据技术充实和物化"一带一路"的观念和文化延展；同时，以"一带一路"文化战略的相关理论为指引，为战略的数据技术系统插上文化的翅膀，搭建起"一带一路"文化战略的大数据系统。我们认为，"一带一路"文化战略的大数据系统应该包含对"一带一路"文化战略的数据采集、集成、处理、挖掘和展演五个子系统，其中，"一带一路"文化战略的数据采集子系统，为"一带一路"文化战略提供从数据源中提取信息，并确保信息的准确、有效和获取的高效；"一带一路"文化战略的数据集成子系统，为"一带一路"文化战略提供储存并聚合数据的平台，实现所采集数据的安全可用、互联互通、随时调取；"一带一路"文化战略的数据处理子系统，为"一带一路"文化战略提供人性化的需求解码、运算、赋值平台，实现研究过程中调用需求的解读、调用需求与目标数据的逻辑分析、调用结果的反馈；"一带一路"文化战略的数据挖掘子系统，掌握各调用者的工作个性、数据间或数据集间的深度逻辑与调用结果的频次和强度，实现"一带一路"文化战略数据使用效率的提高和表达效果的增强；"一带一路"文化战略的数据展演子系统，为"一带一路"文化战略提供结果展示的理解容度拓宽，使调查研究的数据结果可见而易于理解，提高"一带一路"文化战略数据结果表达的直观性和易读性。

第一节
"一带一路"文化战略的数据采集

"数据采集"是一个将时空维度上分散的数据源集中起来的过程，其采集对象是信息载体所附带的原始数据、信息。作为对信息进行加工、整理和使用的前提和第一步工作，数据采集工作的全面、完整、可靠、细致、连绵和结构化，是整个数据平台价值得以实现的前提。根据"一带一路"文化战略大数据平台的特质，其数据采集系统应从系统、结构的层次进行实践导引，以确定信息模型并制定调查内容、组织调查、校验结果、存储入库的逻辑流程，确保所收集的信息相对全面且具备有机联系；在前端数据收集之后，还需以深度整理的形式延续数据采集工作，包括初筛、选留登记和分类等。客观事物总是处于不断的变化之中，这决定了信息的收集和处理不是一次就能完成的，因而，信息收集工作的质量和效率，直接影响着信息处理工作的质量和效率。面向"一带一路"文化战略数据平台的需要，我们将其数据采集系统架设为由数据采集系统和再采集系统构成的二元互济系统，其中采集系统可分解为标准化、可量化的数据采集和非标准、难以量化的数据采集两个核心部分，并统一于以数据梳理、筛选、重组为要素的再采集系统，进而组建能够为"一带一路"文化战略提供完整而结构化数据信息的数据采集系统。

"一带一路""沿线各国资源禀赋各异，经济互补性较强，彼此合作潜力和空间很大。以政策沟通、设施连通、贸易畅通、资金融通、民心相通为主要内容"[①]，"一带一路"文化战略的价值指向是文明互鉴、相向而行，在共商、共建、共享的战略实施范式中，经由经济基础和政治中介之下的政策沟通、设施连通、贸易畅通、资金融通、民心相通的战略实施路径，实现打造凝聚沿线各国的命运共同体、利益共同体、责任共同体和生态共同体的战略目标。在"一带一路"文化战略数据采集的标准数据、非标准数据采集子系统中，需要以"五通"为划分标准，进行数据采集的初步划分。（图6-1）

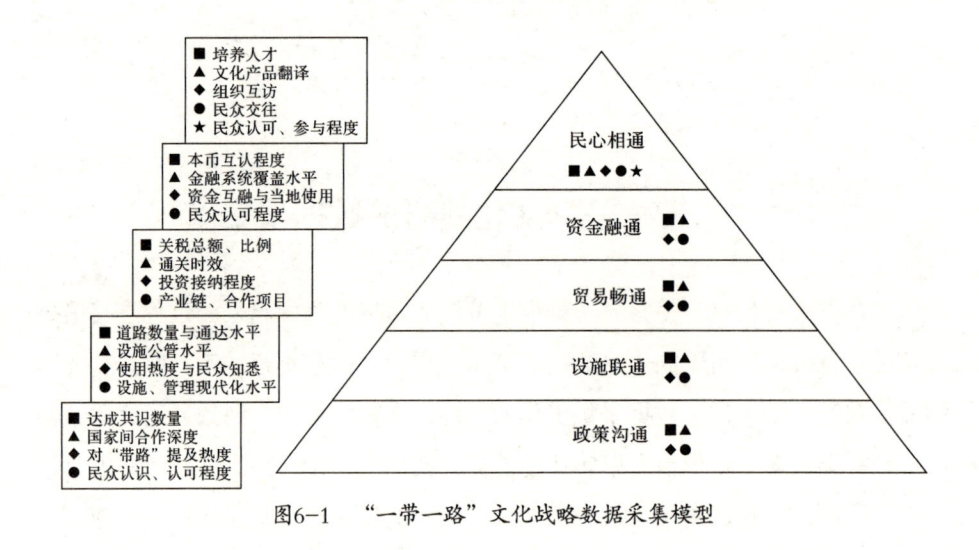

图6-1 "一带一路"文化战略数据采集模型

---

① 国家发展改革委，外交部，商务部.推动共建丝绸之路经济带和21世纪海上丝绸之路的愿景与行动[EB/OL].（2015-3-30）〔2016-6-15〕. http://zhs.mofcom.gov.cn/article/xxfb/20150300926644.shtml.

一、文化战略的标准数据采集系统

在"一带一路"文化战略数据采集的标准数据采集子系统中,面向作为"一带一路"文化战略重要保障的政策沟通,需要采集"一带一路"框架内国家间已达成一致的共识文件数量、正在协商解决的问题数量,国家间政府交流频率、谅解备忘录等文件签署数量,沿线国家发布规划、措施、文件对"一带一路"的提及热度,国家间战略和对策合作的对接数量等相关的典型数据。面向作为"一带一路"文化战略优先领域的设施联通,需要采集沿线国家间基础设施规划、标准的对接数量,框架内共同推进的国际骨干通道数量、里程和共同管理的基础设施数量,相关道路的民众使用热度,国家间海上航线、航空线路的数量和使用热度,国家间电网、油气管道的数量、长度,框架内国际通信干线的数量、速度等相关的典型数据。面向作为"一带一路"文化战略重点内容的贸易畅通,需要采集框架内国家间关税比例与收税品类数量、每年产生关税额度及其环比,海关产生案件数量,通关便利度、时间、流程,语言通达程度,商品跨境认证互认的品类数量、互认商品通关量,投资量、投资领域及其环比,协同创新量、领域等相关的典型数据。面向作为"一带一路"文化战略重要支撑的资金融通,需要采集沿线国家双边本币互换、结算范围、规模及其环比,框架内债券市场的覆盖面,"中国—东盟"银行联合体、"上合"组织银行联合体的业绩量、覆盖面、业务办理时效,框架内部银行授信热度与便捷性,沿线国家企业、金融机构在中国境内发行人民币债券总额度、流通情况、发行方数量及环比,中国金融机构、企业在沿线国家发行债券总额度、流通情况、发行方数量及环比,中国金融机构、企业在沿线国家所筹集资金用于该国投资的比例、额度及其环比,金融监管双边合作谅解备忘录签署数量、涉及面及环比等相关的典型数据。面向作为"一带一路"文化战略社会根基的民心相通,需要采集以框架内各国留学生互派规模、奖学金设立数量、金额及环比,彼此为框架内其他国家培养专业人才数量、涉及领域及环比,互办文化活动数量、品类量,框架内国家文化产品合作创作量、涉及面、翻译量,沿线国家旅游规模、对口旅游活动数量、频率、投资量,签证办理时长、便利度,中国对框架内其他国家提供医疗援助、救助的次数、派出人数、派至时效、服务时间、解决问题数量,框架内各国立法机构、主要党派、政治组织的访问、互访次数等相关的典型数据。其指标构成体系如表6-1所示:

表6-1 "一带一路"文化战略标准化数据采集系统指标构成

"一带一路"文化战略标准化数据采集系统指标	一级指标	二级指标
政策沟通	合作与认同程度	认同的问题、签署文件量
		提及热度
		合作对接数量
设施连通	通达度与使用热度	通道里程、数量、通达度
		公认标准
		道路、航线使用热度
		油气电网络覆盖面
贸易畅通	进出口成本与框架内投资量	关税额度与比例
		海关争议案件量
		通关便利度
		产业、创业协同量
资金融通	框架内金融量质	本币互换、互认
		金融体覆盖面与现代化程度
		合作协议量、涉及面
民心相通	教育、文化、旅游、组织互动	教育互动
		文化产品、活动
		旅游量质
		组织互访热度

"一带一路"文化战略的数据采集,离不开对作为研究对象的地域、地域上生存的人、地域上的文化进行实地考察,作为收集第一手资料的核心方法,实地研究所得来的数据直接来自现实,因而不存在数据的转码损失和噪声,使得我们在获取数据的时候能深入文化的内部,观察文化的本质及其影响的人群,既能囊括内在的核心信息,又能纳入外在的环境影响,能让数据平台搭建于文化意义及其行为模式的结构层面上,进而规避碎片化、不连续等数据

瓶颈。作为实地考察的科学方法，观察法是人类学和社会学研究常使用的一种搜集资料的方法，多用于实际行为和社会交往研究，研究者亲自到对象所在地进行实地考察，以耳闻目睹为主搜集各种资料。在方法优势上简单易行，不易受主观条件的限制且调查资料较详实，在结构上主要有参与观察法、非参与观察法、结构性观察法、无结构性观察法和系统观察法，在"一带一路"文化战略的数据采集中，我们一般将观察法与文献研究、采访法等数据采集方法互补使用。在运用实地考察法进行"一带一路"文化战略的数据采集时，考察者通过深入实地的直接观测、访谈，获得作为"活材料"的目标群体的真实情况；在这个过程中，不仅需要对特定人群的社会活动和心理进行观察，还要了解和考察目标人群与外在环境的交互。按照调查有无组织的区别，实地调查法区分为有组织的观察或有结构的观察与无组织的观察或无结构的观察。其中，有组织的观察能缩小对象范围，以典型性覆盖数据核心，又称控制观察法、条件观察法，作为观察者的研究主体，在进行调查之前，先对影响对象的因素做出推测性的认识，或将其组合于一个特定的研究模式中，通过对环境等相关因素的合理能动操控，进而将观察结果记录于考察前设定的分类项目中，最后加以分析、归档。无组织的观察又称自然观察法，因其观察范围大，观察者对观察标的和环境不做过多预设，甚至不进行理论上的预期，以参与者的身份融入观察对象的切身情境中，与其生活在一起，以一般性描述记录和整理所获取的信息和数据。针对应用的目的、对象、环境等要素，"一带一路"文化战略的数据采集，在实地调查的维度往往交互或综合使用这两种调查方法，以获取全面而有效的数据和数据集。

遥感技术，字面意义上指向的是"遥远的感知"技术，是一种不与观测对象直接接触而进行的信息获取技术，与实地考察互补是"一带一路"文化战略数据采集的必要手段，所收集的信息具备直观、量化、数字性的特性，尤其适合大数据平台的数据处理和应用，相对于实地考察在数据采集流程上所需要的多重转码和大量人工介入，遥感技术相对而言更侧重技术设备、人工智能的运用，并省却了模拟数据到数字数据的转码工序。在形式上，以遥感技术的运用空间为标准，"一带一路"文化战略的遥感数据采集主要有航天遥感、航空遥感和路面遥感三种主要形式。航天遥感是利用航天飞机、地球卫星及宇宙飞船等航天设备作为传感器的运载工具,以主动或被动方式取得遥感资料的信息采集技术。其中卫星相片是航天遥感的主要资料,其特点是覆盖面积大、地质信息量多、分辨能力高、成像时间短。在观察上能有效地研究区域地质构造、划分地理构造体系、编制小比例尺地理或缩略航拍图,在监测上能实时感知对象和环境的变化。以可装载于卫星上的反束光导管摄像仪(REV)和多光谱扫描仪(MSS)为例,以多个波段的影像、成像设备,以不同的穿透和捕获能力得到3到4个波段不同分辨效果的影像,进一步识别航片上难以区分的地面或地下目标(如MSS4对水体有一定的穿透能力,影像上可看出水下地形甚至地质构造;MSS5影像能清楚反映地层岩性,植物呈暗色;MSS6影像对水体显示清楚,地下水埋藏较浅时色调较暗,结合地貌及植物可圈定浅埋地下水的分布范围;MSS7影像上植被及地表水显示清楚,含水地层色调深,透水层色调浅,地层岩性及褶皱断裂也显示清楚,可根据各波段影像特点进行选择)[1]。航空遥感是以飞机、直升机等低空飞行工具作为传感器运载平台,以主动或被动的方式取得遥感资料的信息采集技术,航空遥感的采集技术最大优势在于所得的结果比例尺较大,更容易直观地表达对象的情况,经由无人机等技术的进步和发展,还可以完成低空实时的数据采集,甚至代替人工亲历而完成远程的实地考察,能大幅削减数据采集成本(如航空相片已较广泛地运用于勘察河谷形态、阶地分布、冲沟发育程度,调研滑坡、崩塌体、洞穴和洼地的分布及冲洪积扇的特征,摸排出露面较大的侵入体、火山岩及性质差异明显的沉积岩及变质岩的分布,判断褶皱的轴向、形态和类型,研究断裂构造的分布、走向、规模及相互切割关系等领域)[2]。路面遥感技术是以地面遥感车、船及塔台等运载或安置传感器的工具,以主动或被动的方式取得遥感资料的信息采集技术,其特点是影像比例尺大、清晰、分辨能力高、立体感强,不同波段影像可突出反映不同地质体的特征,如普通陆地摄影、彩色红外摄影及多波段陆地摄影等。[3]

---

[1] 参阅《中国电力百科全书》编辑委员会,中国电力出版社《中国电力百科全书》编辑部.中国电力百科全书·水力发电卷[M].北京:中国电力出版社,2000:58.
[2] 参阅《中国电力百科全书》编辑委员会,中国电力出版社《中国电力百科全书》编辑部.中国电力百科全书·水力发电卷[M].北京:中国电力出版社,2000:580.
[3] 参阅《中国电力百科全书》编辑委员会,中国电力出版社《中国电力百科全书》编辑部.中国电力百科全书·水力发电卷[M].北京:中国电力出版社,2000:580.

遥感采集所获得的信息一般有由磁盘记录的数据、曲线与摄影扫描等所得的影像两类。数据和曲线类的信息无需转码和编译，只需筛选入库即可服务于下一步的研究取用；遥感所获得的影像则需要解释、转码，在方法上通常有常规目视法、光学增强法和逻辑成像法三种。常规目视法作为对遥感影像的基本解译方法，其工作流程体现为：首先搜集测区的相关遥感资料并建立转码标志，进而由专业人员借助简单的仪器进行室内转码，将建立标志的影像转码成初步草图，再基于草图进行典型区域的结果核校，进行复查和去噪工作，最后按核校结果修改和补充初步草图，绘制、编写正式的转码图表和说明。光学增强法是借助光学原理，将不清晰、范围过大的影像增强或突出其核心部分，以提高转码效果的方法。逻辑成像法主要是将影像转换成数字化数据并加以储存，再根据光谱特性由二进制逻辑自动识别对象并实现成图。

"一带一路"文化战略数据采集的监测技术，是连续不断并系统地监视对象的变化并生成相关连续性信息数据的技术。"一带一路"文化战略的数据采集系统，在对目标进行监测时通常采用那些可行性高、有逻辑承继、效率高的方法，但并不十分追求在结果上的精确，在数据采集系统中应用监测技术的主要目的是发现对象的发展趋势和分布变化，以便进一步开展调查研究或实施干预措施。"一带一路"文化战略的数据监测系统，在硬件平台上可以使用遥感采集系统的现有平台，只需在该应用平台之上加装或升级实时信息传输和初步处理系统即可；但与"一带一路"文化战略的遥感采集系统相区别的，监测系统"无论是仪器或非仪器的监测，均必须通过'人'管理，进行综合分析，才能获得真正有价值的信息"[1]，也就是说，在当前人工智能尚未普及逻辑智能、分析智能的技术现状下，"一带一路"文化战略的数据监测系统必须以较大规模的人工介入作为工作方式，其目标达成是以技术与人力的相互协作为前提的。"一带一路"文化战略数据监测系统的具体运作流程，作为以确定由于人类的活动引起的环境变化为任务而进行的调查和研究工作的总体[2]，包含着对环境介质状况及变化进行观测，对该时刻的环境状况进行总体性评价，对未来环

---

[1] 朱家恺, 黄洁夫, 陈积圣. 外科学辞典[M]. 北京: 北京科学技术出版社, 2003: 368.
[2] 参阅纳扎罗夫. 社会经济统计辞典[M]. 铁大章, 王毓贤, 方群, 等译. 北京: 中国统计出版社, 1988: 463.

境状况和发展趋势进行预测三个阶段；在具体工作过程中包括选择监测点、全面分时采样、初筛数据储存、实时分析、数据处理和综合评价六个环节，以结构性统领导引监测工作的进行。

二、文化战略的非标准数据采集系统

在"一带一路"文化战略数据采集的非标准数据采集子系统中，面向作为"一带一路"文化战略重要保障的政策沟通，需要采集以反映政策宣传力度的沿线民众对"一带一路"的认识程度、国家间政治互信程度、战略和对策合作的对接深度为典型的相关数据。面向作为"一带一路"文化战略优先领域的设施联通，需要采集沿线国家间基础设施规划、标准的对接程度，国家内各国共同推进的国际骨干通道的通达水平，各国共同管理的基础设施管理层次，国际通关、换装、多式联运机制的现代化水平，相关道路的民众了解程度，国家间海上航线、航空线路的信息共享程度和合作深度，国家间电网、油气管道的现代化水平和共同管理深度，框架内国际通讯干线的联通水平、共同维护程度与现代化水平等相关的典型数据。面向作为"一带一路"文化战略重点内容的贸易畅通，需要采集海关合作深度、互认程度，商品跨境认证标准共识程度，跨境投资领域重要性、民众接纳程度、产业链整体布局、深度转移程度，协同创新维度、深度为等相关的典型数据。面向作为"一带一路"文化战略重要支撑的资金融通，需要采集沿线国家民众对框架内其他国家货币的认同程度，框架内债券市场开放程度，中国民众对沿线国家企业、金融机构所发行债券的认同度，沿线国家民众对中国企业、金融机构所发行债券的认同度，框架内金融风险预警系统先进程度等相关的典型数据。面向作为"一带一路"文化战略社会根基的民心相通，需要采集框架内国家为彼此培养专业人才的涉及领域、所获成就，回国后民众评价，框架内互办文化活动的民众知悉度与参与度，文化产品合作民众知悉与接纳程度，签证办理的游客满意度，框架内国家为彼此提供医疗援助的效果与民众反馈，框架内各国立法机构、主要党派、政治组织的访问涉及问题深度和民众反应，框架内各国网络平台使用者对"一带一路"的观点、正能量指数、生态健康状况、舆论导向等相关的典型数据。其指标构成体系如表6-2所示：

表6-2 "一带一路"文化战略非标准化数据采集系统指标构成

"一带一路"文化战略非标准化数据采集系统指标	一级指标	二级指标
政策沟通	互信与认同程度	民众对"带路"认识程度
		政治互信程度
		政策对接深度
设施连通	协议共认、信息共享、合作共管、民众参与水平	设施规划对接程度
		设施共管现代化水平
		信息共享程度
		民众使用与了解程度
贸易畅通	贸易合作、标准互认、民众接纳程度	海关合作、互认度
		商品跨境互认程度
		跨境投资领域和民众接纳
		产业链合作程度
		协同创新程度
资金融通	金融体现代化程度与民众认同度	民众对框架内外币、债券认同程度
		金融市场开放度
		风险预警机制先进程度
民心相通	教育、文化、旅游、组织互动	人才评价
		文化产品、活动民众参与度
		签证满意度
		国际援助效果
		组织互访及民众反应
		舆论平台评估

类似于"一带一路"文化战略非标准化数据采集系统,"'一带一路'境外文化的空间向度""'一带一路'境内国土文化的现实物化"非标准化数据采集系统,可以根据图6-2、图6-3的逻辑框架进行指标创设:

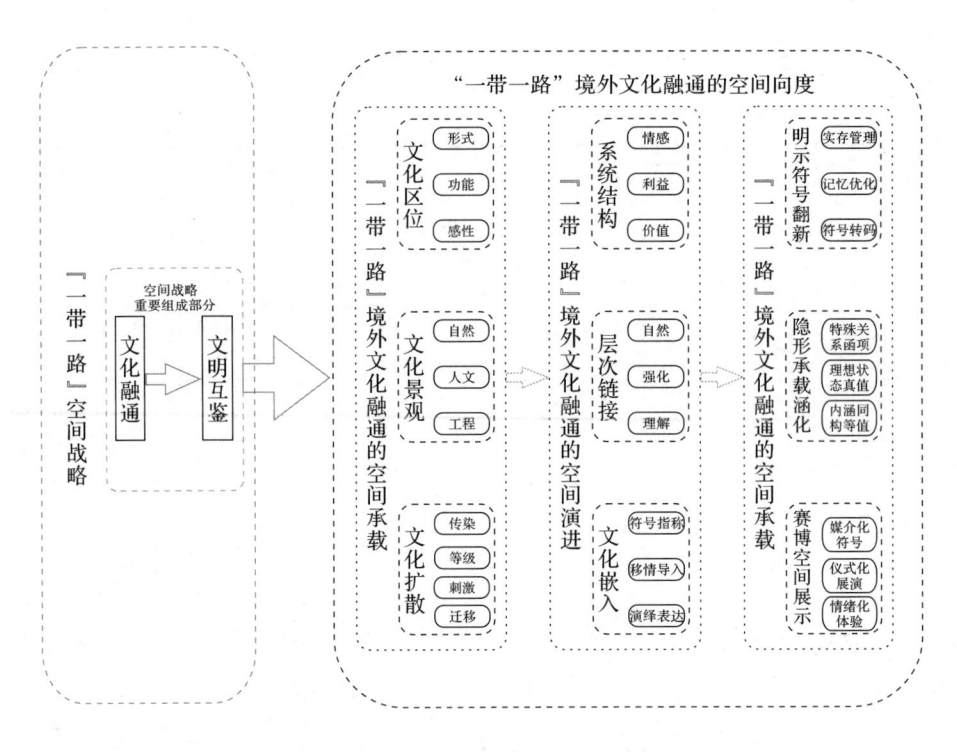

图6-2 逻辑框架:"一带一路"境外文化融通的空间向度

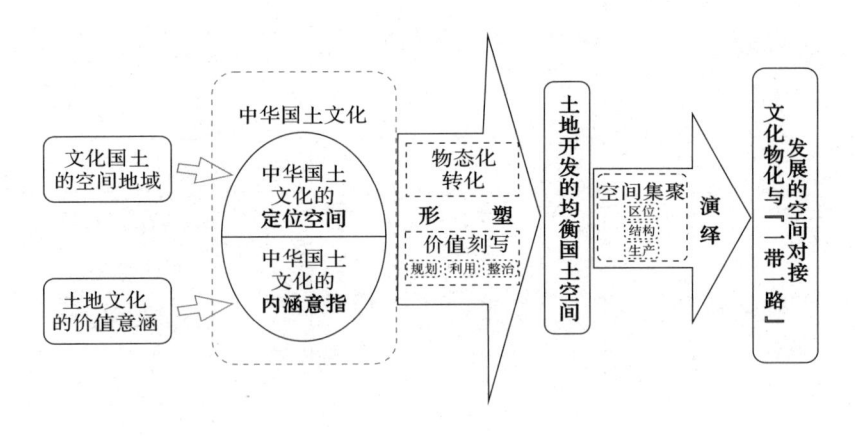

图6-3 逻辑框架:"一带一路"境内国土文化的现实物化

除却转码难度相对较小的标准化数据的采集,"一带一路"文化战略在数据采集层面更多地是面对非标准化数据,这些数据的采集往往以访谈、人工观测、调查体验等感性直观的形式进行,所得到的数据通常不具备直接用于储存或传输数据的条件。在对大量非标准数据的采集中，如何进行有效的问题、内容或对象的量化，如何将访谈和问卷的内容和结果进行量化，如何对非标准化的采集结果进行分类归档，就成为"一带一路"文化战略的大数据平台面对非标准化数据所要解决的首要系列问题。

在当前的技术平台上，测量设备在对目标进行信息采集时一般都能以较高程度的量化指标进行对象信息化，但是一旦涉及设备无法直接读取的内容时，就会形成非标准的信息，需要进行量化处理后再开展进一步的工作，如未标明数值的MSS图、对人文景观的族属定性和要素归纳等。在非标准数据采集中，量化作为基础性工作，是将温度、压力、流量、位移及角度等模拟量转变为数字信号，再收集到计算机进一步予以显示、处理、记录和传输的过程。这一过程是在采集到必要信息之后，通过初步的归档和筛选，进而根据研究需要对信息进行可控范围内的测量和分析。以最具代表性的量化处理对象模拟信号为例，模拟信号是指信号的某一个（或某几个）参量（如连续波的振幅、频率、相位，脉冲波的振幅、宽度、位置等）可以取无限多个数值，且直接与消息相对应的信号。"一带一路"文化战略的数据采集量化工作，实际就是把不同模拟信号中的可用、有价值参量进行提取（如振幅、对比位置、体量等），进而形成不同对象之间的同类可对比的值和数据集，从而完成"一带一路"文化战略的非标准化数据采集工作。

由于涉及文化的问题往往更多地指向观念形态而不是物质形态的"实在"和"场"，对访谈和问卷的内容和结果的标准化处理是"一带一路"文化战略数据采集和数据库建立的重点工作。以访谈为例，作为社会科学调查研究过程中所采用的最古老、最常用的方法之一，访谈是经由调查主体与调查对象进行交谈、引导、记录，进而形成口头资料的调查方法。访谈通常是在面对面的场合下进行，由调查人员接触调查对象，就所要调查的问题向调查对象提问，要求调查对象做出回答，并由调查员将回答内容及交谈时观察到的动作行为及印象详细记录下来。在特点上，访谈所收集的信息和资料具备直接性，真实而生动；同时，访谈中的调查主体，可以根据情况而决定访谈的方式、语境、时空等环境要素，高度灵活且适应性强；访谈所收集的资料和信息在数量上庞大，在内容上有很多冗余，对访谈主体的技巧有相当的要求，综合成本高，并且标准化程度非常低，需要进行转码和编译。这其中的转码和编译，就是"一带一路"文化战略数据采集系统要着重解决的问题。在封闭式访谈或问卷中，我们可以通过访谈对象对某一问题相关词组的提及频率进行相关性或重要性的量化对比。例如，在对对象"一带一路"战略性质的认定调查中，可以根据访谈中对象提及的"政治""经济""文化"等词汇做出频率统计并进行高级加权，对其所提及的"政策沟通""贸易畅通""民心相通"等词汇做出频率统计并进行次高级加权，以此类推，形成调查对象对"一带一路"战略性质的认定或认定程度的数据库。在问题导向型访谈或问卷中，我们可以预先设计好选项，并给予调查对象对比选项重要性或相关性的赋值权力，并让对象在选项中自主地进行评分或加权选择，进而根据这些评分或加权值得出量化的结果。

三、文化战略的数据整理系统

"一带一路"文化战略的数据整理系统，是根据数据采集和调查研究的需要，对所获得的信息（尤其是非标准化信息）进行审核、重组、再加工的过程。由于前期获取的原始资料通常只是个体信息的反映，而无法反映考察对象或对象系列的整体特征，因而面向这一问题的数据整理，在任务上是要"把调查收集到的、大量的、反映总体单位特征的个体资料，进行科学的加工和综合汇总，使之系统化、条理化，得出能够反映对象总体特征及其发展规律的综合性资料并以简明的方式加以表达"。依据调查研究的需要和实际工作的经验，我们认为，"一带一路"文化战略的数据整理系统，应该包括文化战略数据采集的审核、重组和筛选三大要素。

"一带一路"文化战略的数据审核，是对采集信息可靠性的审查与核准活动的综合，其中审查更强调对调查对象的完整性复查，核准更强调对调查信息的准确性复查，二者互补结合以保证所采集信息的质量，为信息的整理奠定基础。"一带一路"文化战略数据审核的完整性复查，主要考察调查计划中或者过程中，是否存在对象广延性上的空缺，是否存在调查内容上的缺失或者逻辑上的漏洞；文化战略数据审核的准确性审核，主要以逻辑检查和计算检查为方法，确认所采集的信息资料是否真实反映了客观实际，是否存在逻辑上的矛盾，在数据的采集中是否存在失误，计算的模型是否存在问题等。对于数据采集过程中所获取的二手资料，除了进行以上的完整性、准确性审核外，还需在厘清数据来源、接口和相关背景的前提下，对资料的适用程度和时效进行审核。

"一带一路"文化战略的数据重组，是根据所采集信息的内在特点和研究要求，将信息、资料按照一定的区分、组合方式对信息、资料包进行针对性分解再合并的数据整理方法，经过这样的重组，使信息、资料针对研究需要而聚合为若干内部性质相同、对外性质各异的数据集。信息、资料在原始状态下可以进行多重的调用和重组，而不局限于单次提取，同一个信息、资料包能重组出各类数据集，这样的"提取—重组"过程，第一步是逻辑切割步骤，将原始数据包整体分割为不同类型或性质的部分，第二步是逻辑组合步骤，将性质类似的切割后个体数据进行整体化聚合，在整个过程中始终遵循组内类同和组际差异的原则。由于"一带一路"文化战略所涉及的信息覆盖面广、体量巨大且复杂多样，为更好地为大数据平台提供能区别现象的特征性数据，进而揭示这些数据特征背后的研究对象面貌和发展规律，必须以科学的数据重组奠定数据集、数据库的可用性、时效性基础。

"一带一路"文化战略的数据筛选，"在整理过程中的作用是筛选掉加工过程中的无效部分或与主体认识目的无关的部分，而将与主旨有关的有效部分集中起来"[1]，作为文化战略数据整理的重要步骤，科学的数据筛选能实现"一带一路"文化战略数据库的冗余削减、数据降噪，以动态的工作节省硬件空间。在完成去粗取精的初步筛选后，往往还需加入将初筛后数据进行客观或价值排序的排列工序筛选，其中的客观排序以自在条件（如时间、位置、象限等）为标准，价值排序以使用者或研究需要为标准，在各排序后的数据序列中贯穿着能反映数据间规律、关系的，能串联各种信息、资料的逻辑链条。基于这种逻辑衔接，将两种标准分列为经纬，并合成至一张向量图中，基本就能实现"客观—价值"排序的整体应用。

---

[1] 刘建明. 宣传舆论学大辞典[M]. 北京：经济日报出版社，1993：49.

第二节
"一带一路"文化战略的数据集成

在经由"一带一路"文化战略大数据数据采集系统,获取足够相关数据后,如何对这些数据进行集成处理,就成为确保这些数据得以安全放置、相互联系,并深入进行数据处理的前置问题。在逻辑上,数据采集工作完成后,首先要解决的是对采集数据进行储存的问题,由于所采集的信息、初步整理的数据在计算机逻辑体系中与所能储存的数据存在差异,于是在数据储存系统中如何将数据进行模块化整理,通过转码将两者的差异抹平,是"一带一路"文化战略数据储存工作的关键。实现转码和储存后的数据,以模块化的信息储存形式存在,为了建立不同模块化数据之间的联系,方便整个数据库的数据调用,就需要以联邦化手段将不同的数据储存模块联系起来。将模块化储存数据进行联邦化的逻辑手段,只是一种逻辑或者软件层面的逻辑手段,还需要以中间件的架设来物化和落实。因而,我们认为"一带一路"文化战略的数据集成系统,应该包含文化战略的模块化储存系统、联邦化集成系统和中间件架设系统三个子系统。

一、文化战略的模块化储存系统

采集和获取在任何数据相关的维度中都是核心要素,在大数据时代,继数据采集之后,首先要解决的是所获取数据的储存问题。区别于传统时代的结构化数据储存,大数据时代的技术所面对的更多的难题是非结构化数据和半结构化数据的储存困难。这种数据储存主要有对非结构化数据的分布式文件系统存储和对象储存、对半结构化数据的NoSQL数据库储存、对结构化数据的关系型数据库储存。在"一带一路"文化战略的数据集成系统中,需要尽可能使采集的原始资料经历一个由非结构化的RAW文件和对象系统的处理、整合,到形成半结构化的数据模块,再整合半结构化数据库成为可类比、可操作的结构化分布式数据库的过程,这是一个将多源、多元数据融合为整体的过程。这个过程中所运用的手段和流程主要表现为：对分布式文件、对象系统的数字化、数据化抽取、转换和加载的系统优化，以形成更符合对"一带一路"相关信息进行截面分析、纵向梳理和横向对比的分析型数据库系统。

建设"一带一路"的分析型数据库系统，首先需要选择能有效提高访问效率的大规模并行处理架构，以应对"一带一路"文化战略格局所需的量大而繁复的数据处理要求，这对数据库的连接带宽和储存硬件提出了较高要求，需要在设备和介质的先进性方面做出较大投入。为针对性地进行快速访问和分析，需要依据需求，架设适合在线常规事务处理的行处理数据库和在线分析梳理的列处理数据库，并在复杂问题分析中有序、综合地调取两类数据库信息，实现I/O开销和数据压缩上的结构性节省。"一带一路"数据采集的成果是多样而复杂的，相对而言，与数字划分相比，属性划分由于相关调查研究所得出的材料难以实现完全量化，因而在问题针对性上更为突出，需要对分散的属性化数据进行合理、有序节点分布，以打破单机局限的处理，一般以基于属性划分点查询的Hash分区和兼符属性划分的点、面查询的范围分区为主，在技术上需要对单机或系统间的桥接网络投入更多。索引技术无论在常规数据库还是数字化数据库中都是提高访问效率的重要手段，它通过对数据库表形展示中的列值进行排序，实现对数据库中特定信息的快速访问，同时，索引的设立并不需要在硬件、算法、模型上进行很高投入，还能很大程度上减轻访问者设备处理器的压力，是"一带一路"的数据储存体系解决在庞大数据库中的精确、快速定位问题必不可少的环节。

二、文化战略的联邦化数据集成

"一带一路"文化战略是一个由多元、多层级要素构成的综合系统，这些构成系统的要素在采集过程中会形成庞大的数据体，尤其是系统中核心的、范畴宏大的要素，往往需要独立建设数据储存机制来进行整合。在各自独立的"一带一路"核心要素数据库之间，需要建立一种有序的、有协议的联系，以适应"一带一路"文化战略的全局分析和整体把控。因而，必须在各核心要素相关的数据库之间建立联邦数据库系统，以实现独立自治的单元数据库系统（Component DBS）间的交互和协同。这里的交互和协同，指允许在单元数据库之间部分并可控地共享各自的数据，进而实现不同程度的集成；这里的自治指向单元数据库在数据的论域、数据表达、数据语义、限制、系统功能等要素上，对关联系统的独立性，单元数据库系统对其他单元库请求的响应时间和方式具备独立决定能力，并能屏蔽相关联系统的干预以执行本地任务，还具备决定以何种次序执行反馈外部干预的能力。

联邦数据库系统的搭建不仅要对各单元数据库之间的桥接进行部署和带宽投入，更核心的系统组件是创设实现数据统筹和可行算法的相关模型和软件，典型的联邦数据库系统软件是联邦数据库管理系统（FDBMS），可提供超越各单元数据库系统的整体控制和协同操作，甚至可以构建以自身为master、以单元数据库系统为slave的次系统。在联邦数据库管理系统构建完成后，独立的单元数据库系统可以加入若干个联邦数据库系统，这些单元数据库系统的数据库系统可以是集中或者分布的，甚至可以是完全不同的另一个FDBMS；单元数据库系统的集成可以由联邦数据库系统的用户来管理，也可以由联邦数据库系统的管理员和单元数DBMS的管理员共同管理，整体系统集成的程度由联邦数据库访问者的需求和加入并共享联邦数据库的单元数据库管理员的要求而决定，这大大方便了"一带一路"文化战略巨量数据储存的质性处理和人工管理。

三、文化战略的数据中间件架设

中间件是一种独立于数据硬件、应用程序的系统软件或服务程序，位于客户机、服务器的操作系统之上，管理计算机资源和网络通信，分布式应用的软件借助这种中间件在不同的技术之间共享资源。中间件是连接两个独立应用程序或独立系统的软件，即使这些应用程序或系统之间的接口不一致，依然能够通过中间件实现信息的交互。由于通常能实现遗留系统的集成，中间件又被称为"粘合剂"，当系统异构时，如果没有中间件的过渡和支持，分布式软件系统的开发和异构数据间的交互、处理将无法进行。

使用中间件编程的一大优势在于不需要学习专门的编程语言，可以使用开发者、提供者自身所熟悉的编程语言如C++或Java，使用已有的语言来进行中间件编程的方法大致有三种：其一是中间件系统提供一个函数库，开发人员通过调用函数库来使用中间件；其二是采用一个外部的接口定义语言来描述远程调用的接口，并通过接口定义语言到编程语言的映射来支持开发者编写代码；其三是将编程语言本身作为一种接口定义语言。目前，主流的中间件主要有消息中间件、事务处理中间件、数据集成中间件、Web服务中间件、NET系列中间件等，它们因所面向的问题领域、底层系统抽象层次的差异而不同。消息中间件是为支持和保障分布式应用程序之间消息的异步收发而研制的中间件，其核心机制是一个消息队列，消息的收发者可以根据应用的拓扑结构任意配置，消息也可以便捷地在队列中抽取和增加，可应用于"一带一路"文化战略数据的分类传播与指令传输。事务处理中间件主要针对大规模并发事务的执行过程，进行监控和管理，大部分的事务处理中间件产品支持对异构分布、分布数据资源的访问，支持事务的ACID特性保持，并提供对多种共性的支撑服务，如连接管理、负载均衡、容错等，几乎是复杂问题系统化、项目进行管控的必须手段。数据集成中间件的核心功能是通过对不同来源、格式和特性的数据进行转换与包装，提供一致的高层访问服务，实现各种异构数据源的共享，其理想目标是使用户能够像使用单个数据库资源一样地使用分布异构数据资源；"一带一路"作为国家战略，所涉及的数据必然是庞杂、多元而异构的，数据集成中间件，在对战略调研所采集的数据进行异构集成、同构等核心问题的解决上不可或缺。Web服务中间件的核心理念是把服务作为软件系统、数据库之间相互操作的基本原则，服务的提供者和消费者以共同遵循的服务接口规范发布服务、提供服务以及查找服务、请求服务，实现了数据库的数据端、管理端、访问端的异构同步和协议一致，是实现"一带一路"文化战略实践中，主体间性缩距的必备元件。

中间件虽然类型多样，但其基于内容可大致归纳为互操作协议、接口描述语言、构件技术、基础服务四个大类，其中互操作协议涉及的主要技术包括数据表示、消息格式、向低层协议的映射、引用表示、连接管理等，是中间件技术屏蔽网络、操作系统乃至编程语言异构集成的基础，协议是为计算机通信制定的必须遵循的规则，没有协议，异构集成将如语言不通的人进行交流一样，困难而低效，它主要包括RPC、RMI、IIOP、SOAP在内的一系列互操作协议。为了使访问者能够准确、方便地访问服务，服务提供者必须对所提供服务进行准确的描述，并将这些信息以一定的方式提供给客户，中间件接口的主要功能就是对服务提供的操作进行描述，其核心工作是定义服务的接口，主要包括功能性描述、约束性描述、执行方式描述和参数传递方式描述等。构件是一个不透明的功能实现体，它能够被第三方所组装，且符合一定的构件模型规范，由于分裂再组合是解决复杂软件系统建设的有效方法，而构件技术作为系统整体的核心要素构建技术，是这种理念的具体体现，是基于构件的软件开发方法依照一定的接口规范对构件进行组装的过程；目前中间件技术领域中主要的构件，所涉及的核心技术包括构件模型、构件描述、构件组装、构件部署和构件运行支撑等。基础服务是软件复用思想的具体体现，其内容涉及广泛，几乎遍及了计算机软件技术的各个方面，在"一带一路"文化战略大数据框架内的大量、大型分布式应用中，存在着大量的、具有共享特征的且与具体应用无关的"功能"，如命名、安全、事务、事件、时间等，我们称实现这些功能的程序模块为基础服务；目前，这些基础服务已经作为各种中间件技术的一个部分提供给用户，使用户在进行软件开发时能够更加关注于自己的业务需求。

这里我们要特别突出"一带一路"文化战略的数据网格中间件架设，作为关键技术，网格中间件架设的目的是为用户提供具有同一编程接口的虚拟机器，以支持复杂应用问题的求解和广域网上各类资源的共享；设计网格中间件要具备资源动态监测、屏蔽节点异构、优化资源选择和协同计算等功能。网格中间件包括资源监测组件、计算服务组件、网格安全组件、容错服务组件、信息服务组件和应用调度组件，能够更好地支持系统为用户提供高品质、满足需求的服务。作为网格计算的核心，网格中间件的主要任务在于利用分布于整个互联网的异构资源，包括计算集群、存储设备、科学仪器等，通过构成一个同构的环境使得这些资源能够为分布于各地用户提供协同式的服务，以达到在整个广域网范围内的计算资源共享，因而，网格中间件的资源管理和网络服务发现机制的架设，将是"一带一路"文化战略数据库架设和数据运行的核心任务之一。

第三节
"一带一路"文化战略的数据处理

大数据时代的数据处理需满足高扩展性、高能性、高容错性、低成本性、易用性、接口开放性和向下兼容性等特性。其中，高扩展性使得数据处理能支持大规模的并行数据，高能性满足数据查询和分析的快速响应需求，高容错性使得查询出错时只需恢复部分任务，低成本性要求数据库基于性价比高的通用硬件服务器搭建，易用性满足查询的便捷需求，接口开放性满足复杂分析需求，向下兼容性允许数据处理对智能终端实现支持。这主要是由传统数据时代向大数据时代转变过程中出现的三大变化导致：大数据时代的数据量级是传统数据时代所无法比拟的，无论处理基数还是生长速度都非常巨量；其次是数据分析由常规转向深度，复杂程度大幅增加；在硬件平台方面，大数据时代的数据分析更多地使用通用X86服务器，而传统数据时代能胜任的小型机、PC等硬件已完全无法满足需求。针对"一带一路"文化战略的数据处理特性，其数据规模之巨、深度分析之难、类型模式之多元、变化之快速，必须以符合大数据时代数据处理需求的架构建设、平台搭建为基础。

一、文化战略的基础数据处理模式

数字化数据的基础性处理方式主要有批处理和流处理两种方式。其中批处理作为对组合在一起的相关事务进行数据处理的方式，其处理路径是把输入的数据或累积起来的相同或类似的作业用同一个程序一次运行处理完毕；在微机领域指向的是对一组程序的顺序执行的方法，同时指向一种微机程序或数据的顺序输入。在"一带一路"文化战略的大数据系统中把批处理视为一种数据处理的方法，其主要流程可分解为在进行数据处理之前，将输入的数据或作业加以收集和分类、把其中相同和类似的部分集中起来，由同一处理程序一次运行处理完毕，以实现数据访问、分析的方便操作和效率处理。批处理的设计相对简单，硬件成本较低，通常采用主要由少量核心设备组成单机或多机的松散单用户体系结构,这种配置方式的优点除了投资较小之外,还具备操作方便、适应性突出等特点;批处理方式的局限是仅能进行离线的固定数据处理,在数据产生与处理间存在时差,在输入量大、输入速度有限的情况下,其及时性差的缺陷被格外放大,同时,功能较弱、储存空间小、处理能力弱的硬件缺陷,使得批处理系统的架设主要为"一带一路"文化战略的基层、简单数据处理提供支持。

"一带一路"文化战略的数据库作为巨量型数据库,仅以批处理的解决方案进行数据的处理是远远不够的,为解决数据批处理的缺陷,必然要引入具备实时性、功能强大、带宽连接力强等先进特质的数据流处理方式。数据流处理的核心功能有连续查询语义和相似查询处理技术两个方面,其中连续查询语义对数据流进行的查询是连续查询,其过程是数据流系统在一段时间的连续执行,并随着新的数据的到达而不断地产生新的查询结果,对数据流或数据库的逻辑性具有较高要求。目前,在数据流系统中都是用基于有界内存的近似查询处理方法来处理数据流,同时因为内存空间的有限性,而无法对整个数据流进行操作,只能对一部分数据进行处理。所以数据流系统中的查询处理只能得到近似的结果,近似查询处理技术主要有直方图、抽样方法、小波分析和滑动窗口四种主要类型。直方图技术是一种常用的概要结构表示方法,是指将一个大数据集划分为很多个连续的小数据集,每个小数据集都由特定的编号来表征,直方图表示法直观、简洁,能够很好地表示"一带一路"文化战略大数据集的轮廓。抽样方法是生成大纲数据结构的常用手段,从数据集中抽取小部分数据代表整个数据集,并根据该样本集合获得查询结果,其缺陷是抽样不可避免地会产生误差,但往往在"一带一路"文化战略的典型性事件、地域或问题上突出而有效率地体现整个样本的核心特质。小波分析方法是一种通用的数字信号处理技术,根据输入的模拟量变换成一系列的小波参数,使少数几个小波参数拥有大部分能量,这种特性使得我们可以通过少数小波参数的选择,实现原始信号的近似还原。滑动窗口技术是用近似的一部分数据(通常使用当前的一部分数据)来代替全部数据,用于计算的数据分析技术,是对"一带一路"文化战略数据库进行数据截面分析的关键技术。在数据流中引入滑动窗口来产生近似查询结果的方法具有重要意义:一方面滑动窗口被明晰地定义过,易于理解且近似语义清楚，因此系统的用户可确信自身可理解在产生数据近似结果时所丢弃掉的部分，一方面由于滑动窗口具有固定性，所以不必担心任意地数据选取会产生非近似的计算结果；最为重要是滑动窗口强调的是最新数据，在常规应用中，最新数据通常要比旧数据更为重要，运用滑动窗口一定程度上能阻止陈旧数据对系统分析和统计的影响。

二、文化战略的离线数据处理模式

离线数据处理主要以分布式计算框架为关键组件，作为执行层架设于分布式储存层之上，其核心功能是将计算并行、任务调度与容错、数据分发、负载平衡等内容进行封装，对终端应用和访问者提供计算、处理服务，这种离线的分布式计算根据其适用的计算、处理模型可划分为简单计算模型、迭代计算模型和复杂计算模型三大种类，其中简单处理模型是指OutputKey和OutputValue能通过InputKey和InputValue的Map或Reduce函数计算得到的模型，迭代计算模型（又称"整体同步并行计算模型"）在简单处理模型的基础上，于通信端的计算结果需要与原数据并行进行计算，复杂计算模型（又称"有向无环图模型"）是用以描述复杂计算流程以及这些流程间依赖关系的计算模型。

MapReduce是典型的简单计算模型，能够在大量微机上并行执行海量数据的计算和分析任务，并能对任务并行执行的方式、数据分布的逻辑、容错形式和带宽延时等问题的解决方案进行编辑，并封装于数据库中，能够在满足访问者"无视并行计算、容错、数据分布、负载均衡等复杂细节，而直接执行数据运算需求"的同时，对上层应用提供优秀、简单的抽象接口。MapReduce计算框架通过设置Master进程位的JobTracker和Slave进程位的Tasktracker组建Master/Slave架构，并由访问者使用Map和Reduce两个函数进行计算和分析，由访问者自定Map函数并形成中间对集，通过MapReduce框架将所有符合中间对集的域内数据聚合起来，然后传递给Reduce函数；Mapreduce允许数据和节点内进程出现错误及Tasktracker节点故障，JobTracker在错误发生时通过重新调度或者放弃任务实现容错；在任务调度和分布上，MapReduce配置了顺序执行作业的FIFO（first input first output）调度器策略、优先执行优先级最高作业的优先级调度器和根据Tasktracker核数与内存配置任务槽量的公平调度器，以实现"一带一路"文化战略巨量数据处理的多样化需求。

　　Pregel是典型的迭代计算模型，通过设置分列于众多机架并以高能内部通信带宽相联的大量机器的硬件集群，以解决大型图算法所面对的巨量顶点和边的图算困难，以其高效、可扩展、高容错、隐藏分布式细节的特质，能为访问者展示表现力强、易于编辑的大型图算法处理框架。在Pregel迭代计算框架中，每一个顶点都能接收上一次迭代所传达的信息，并将这些信息经过分析、计算后传递给下一个顶点，形成又一次迭代，并在这样的迭代过程中修正自身的状态信息和以该顶点为源所发散的边的状态信息，甚至改变整个图的拓扑结构。Pregel的数据输入是一个有向图，其每一顶点都有唯一且独具特性的ID，这些特性可以被修改且初始值由访问者定义，每条有向边都与其源顶点关联并记录其所指向的目的顶点，且具备部分访问者定义的特性和值；每次超步的顶点计算都是并行的，且每一次执行的定义都是同一函数，每个顶点在从前一超步中接受信息的同时修改自身状态信息和相关边信息，并把结果传送给其他顶点，以用于下一个超步或修改整个有向图的拓扑结构。Pregel的容错是通过检查点来保证的，每一轮超步中主节点通过计算节点保存分区状态，并接收信息到储存设备中，同时通过周期性的ping消息确定计算节点的正误；若计算节点内没有收到ping消息，即确认该节点的失联及计算终止，被分配到该节点上的分区就会被主节点重新分配到其他可用的计算节点上，从而实现计算和分析系统的容错。

　　Dryad作为典型复杂计算模型，是系统化的、用以支持有向无环图类型数据流的并行程序总体构建，其整体框架根据程序要求，完成调度并自动完成各个节点上的任务运行。Dryad的运作思路是通过一个有向无环图的策略建模算法，为访问者提供一个比较清晰的编辑框架；在框架中，访问者需要将自己的应用程序表达为有向无环图形式，并以节点程序编写串行程序的形式，然后用Dryad方法将这些程序组织为整体。其优势在于使用者不必在意分布式系统中节点选择的问题，即使考虑节点间通信，其容错手段也简单直白且内建于Dryad框架内部，可以满足"一带一路"文化战略大数据系统中分布式程序的可扩展性、可靠性和高能性等需求。

三、文化战略的实时数据处理模式

数据的价值随其时效性的减弱而降低，对"一带一路"文化战略数据系统中出现的新数据，处理必须讲求速度和效率，最理想情况是在数据出现时便进行实时处理，在尽量不堆积事件的情况下，以时序对事件进行顺序处理，而不是列入缓存或堆积至储存件再进行批处理。实时数据处理系统与离线批量数据处理系统在需求和架构上有着在数据传输上的本质差别，实时处理系统需要维护由信息队列和信息处理者组成的实时处理网络，这种处理网络中的信息处理者，需要在信息队列中进行信息处理、数据库更新、与其他信息队列通信等工作；其特征主要是关注点集中于信息框架的设计与管理，尤其是其中的配置信息目的地、部署信息处理者、部署中间信息节，因而具备信息处理逻辑代码的低占比性，具有保证所有信息处理者和信息队列正常运行的健壮性和容错性，当信息处理者的处理量达到阈值时，通过配置新处理者来处理、分流信息而具备伸缩性。

Storm是一种分布式、能容错的实时计算系统，类似MapReduce的Map和Reduce，为分布式实时计算提供一组原用语，实施信息处理并更新数据库，兼具编程模型简单、兼容多种编程语言、容错性强、方便水平扩展、信息处理可靠、快速高效、具备本地模式集群的优点。在架构上，Storm集群以实现分配代码、布置任务、故障检测单个主节点和多个工作节点为要素，每个工作节点都设置守护程序用于监听、开始、终止工作进程，由于守护程序能实现无状态的快速恢复，因而Storm系统非常可靠而健壮。Storm的工作流程首先由被封装到拓扑对象中的实时计算应用，链接信息源和信息处理者（信息源是从外部源读取数据并向拓扑内传达信息的信息生产者，信息处理者则是对数据库进行过滤、聚合、查询的处理主体），形成多数情况下是有向无环图的数据流组，再对数据流组中元组里的每个字段进行定义并匹配ID，进而定义信息流并适当分配于信息处理者，一个信息源和信息处理者能被当做多个任务在整个集群内执行，一个拓扑也能在多个工作进程中执行，从而保证每个任务被拓扑完整地执行。

S4是典型的分布式流计算平台，兼备通用性强、可扩展性强、具备部分容错能力、支持插件运行的特点，可以使访问和使用该平台的访问者、编程者方便地开发、处理流数据应用。S4借鉴MapReduce在不同处理模块间以<Key，Value>的格式描述流数据，其目标是使用无中心节点和特殊功能节点的分散对称结构，提供简单的编程接口，设计由普通硬件构成的可用性高、扩展性好的集群，使用本地内存以最小化延时，以可插拔的结构满足通用或定制的要求，形成容易编程、灵活性高的设计结构。S4系统平台为访问者、使用者提供了客户端、适配器和简单可缩放流处理系统集群，三者之间通过通信协议发送、接收信息，客户端和适配器之间采用TCP/IP协议交互，适配器和流处理系统集群之间采用UDP协议交互。这其中客户端是S4系统中所有事件的触发端，适配器负责接收客户端请求并发送到S4系统集群（同时自身也可以作为系统集群以增加架构层，进而增强平台效率和可靠性）；通过作为逻辑节点的处理单元，负责监听输入的信息并对信息进行处理，再经由通信层将事件于S4集群中分发。这一系列处理过程离不开通信层的恢复故障的集群管理、API语言绑定、通用插件式网络协议架构选择和分配物理节点到各S4任务集群的ZooKeeper协作管理，并始终贯穿着配置管理系统对集群任务的创建与销毁、分配与集中、调用与冷却等操作。

第四节
"一带一路"文化战略的数据挖掘

数据挖掘又称为数据库中的知识发现（Knowledge Discovery in Database），是在没有明确假设前提下，通过分析和筛选数据库中大量的、不完全的、模糊的、随机的数据，来获取事先未知的、有效的、潜在有用的、易被理解的关系和模式的过程。为了从已有的数据库中发现并抽取出有价值的信息和知识，数据挖掘在现有大量的数据中寻找数据间潜在的关联，发现被忽略的要素，获得隐含的、以前未知的信息。作为一种新型信息处理技术，数据挖掘从数据库中自动分析数据，进行归纳性推理，通过发掘出潜在的模式或产生联想，建立新的业务模型，简言之，即对数据库中的大量数据进行抽取、转换、分析和其他模型化处理，从已有的数据库中发现并抽取出有价值的信息和知识，从中提取辅助分析和决策的关键性数据。数据挖掘在自身发展的过程中，不断兼容着数理统计、数字化和人工智能等新兴领域的核心技术，其方法分为提供数据一般规律的描述性数据挖掘和产生关于数据预测的预测性数据挖掘两类。根据"一带一路"文化战略数据平台的特点和挖掘要求，我们主要集中探讨云计算（或称"数据云端挖掘"）、搜索和推荐引擎技术，以此为核源辐射"一带一路"文化战略数据挖掘的整体架构。

一、文化战略数据挖掘的云端并行

随着数据结构的复杂化和规模的快速发展，数据挖掘的系统和软件与之相匹配地历经了单机、集群、网格计算的历程演进与发展，形成了当前融合并行、分布式、网格计算的大数据、云计算时代数据挖掘模式。这种数据挖掘模式通过设立虚拟储存体系实现分布式数据的集中、统一管控，为数据挖掘提供了数据资源的有效性支撑；以迁移策略和负载均衡体系的设置，均衡、摊派了数据传输过程中网络结构和处理节点的负载，并集中协调各运算要素的能力，为数据挖掘提供了效率支撑；通过任务的并行化管理实现巨量数据挖掘任务的有效性保证和高效性支撑。"一带一路"文化战略大数据平台的硬件设备需要实体支撑，但其巨量化的数据量、高并行需求的数据处理、频繁交互的协同要求，使得其运算、操作平台必然居于云端，其数据挖掘必须以并行模式进行，与之相应的是数据挖掘体系构建必须以云计算的模式为蓝本、以并行运算的逻辑为遵循。

基于云计算的"一带一路"文化战略并行数据挖掘，在系统架构上分为四个层面：提供服务于数据储存、管理、计算的云计算平台，主要由分布式文件系统、数据库和并行计算框架组成；只需设计相应接口或通过直接抓去就可采集各类数据源的数据ETL系统；适应云计算平台并行计算的并行数据挖掘分析引擎；调用数据挖掘能力模型或直接使用挖掘结果以实现数据隐含价值利用的相关应用。

"一带一路"文化战略并行数据挖掘体系的核心理念贯穿于其四个层面，主要体现在挖掘算法的并行化分析和并行化设计两个维度。其中挖掘算法的并行化分析基于判定算法能否满足MapReduce模型以进行并行化处理，进而将传统的分类算法、聚类算法和关联算法进行云化升级，这其中的原则系统由判断算法中是否存在并行处理的步骤、算法理论上是否满足MapReduce并行化条件、算法迭代次数是否满足时效要求、并行化后处理结果是否与串行处理结果一致四大核心要素构成；挖掘算法的并行化设计主要指向具体数据的MapReduce并行化处理，进而将简单和复杂的计算、挖掘进行MapReduce并行化升级，其指导原则主要由算法能否在执行秩序上划分为模块、模块内部是否具备可并行的步骤、能否限制迭代次数带来的时效丢失、迭代多次时的计算整体能否分割为迭代组四大要素组成。

二、文化战略数据挖掘的逻辑架设

搜索引擎是一种从各类数据体或终端应用系统中采集数据，并在对其进行储存、加工和重组后，向使用者提供查询服务和结果展示的信息检索系统，在广义上等同于信息检索，是一种以一定方式组织信息并根据需求找出相关信息的过程和技术。在对"一带一路"文化战略的海量数据实现获取和储存后，搜索引擎作为实施数据管理的必然步骤和重要工具，协助我们在面对"一带一路"文化战略的巨型数据库时，能够以简单的查询内容获得提取所需的信息集合。作为大数据、云技术系统甚至整个赛博应用中技术含量最高的应用之一，搜索引擎以复杂的架构和算法实现对海量数据获取、储存的支撑，并满足使用者快速、精准查询的响应需求；在数据平台的整体逻辑架构上，需要搜索引擎具备对百亿量级的数据进行获取、储存和处理的能力，同时还得保证结果的质量和运作的效率。

"一带一路"文化战略数据挖掘的搜索引擎逻辑架设，由解决数据提供的后台计算系统和响应并展示结果的前台展演系统构建。后台计算系统的架设逻辑体现为：首先由数据爬虫将信息抓取并保存到储存硬件中，并对高度相似或重合的冗余信息进行检测、筛选和去重；进而对抓取数据中的核心信息、相关信息、外链信息进行排列，以针对需求的排序加快使用者查询的响应速率，以外链信息提升对所抓取数据的重要性确证，延展引擎挖掘的广度；针对巨量数据的挖掘，搜索引擎还需保存信息的中间处理结果和逻辑理路，以集群化、阵列化的数据挖掘硬件平台保障搜查索引的质量和时效。前台展演系统的架设逻辑表现为：在收到查询需求后首先对需求中的Key值或核心信息进行处理，推导出查询的真实意图；进而在缓存或索引中依据查询需求和数据的相关性，参考数据质量、重要性和外延链接，进行满足查询需求的信息提取或实时排查；最终将挖掘的信息结果反馈给使用者或进行基础的可视化表达，并储存为进一步形成查询者使用逻辑判断的系统相关数据。

由于搜索引擎作为数据挖掘技术，存在着自动化、智能化程度较低等问题，使用者往往还需要对查询结果进行进一步的挖掘才能获得所需信息，有时甚至需要在搜索结果的基础上进行繁杂、严谨的论证才能将获得的信息结构化地指向结论；推荐引擎系统的应运而生就是为了解决搜索引擎的这些缺陷。根据推荐对象的特质，推荐引擎系统可以大致分为两类：一类以信息受体为主要推荐对象，采用用户访问、查询历史来研究其特质和需求，并向其推荐符合这些特质和需求的的相关信息；一类以信息本身为主要推荐对象，在使用者特质和需求标签下优先地或逻辑地提供其所需的挖掘结果。在功能上，推荐引擎系统可以为使用者提供特质化的信息初筛服务，提供相关使用者对类似或相关挖掘结果的评价，直接为使用者推荐与其特质相匹配的挖掘结果，在逻辑上就是对使用者的排他性资料和数据库使用历史进行分析，形成其独有的使用轨迹和个性标签，并针对其特质和需求主动做出挖掘结果的推荐。

"一带一路"文化战略数据挖掘的推荐引擎逻辑架设，可大致抽象为三个层面：首先是对使用者的信息和特质进行收集，然后根据这些收集的信息进行使用者特质的模型建立，进而在所构建的使用者模型基础上，针对性地提供符合其特质和需求的数据策略和信息服务。这种逻辑架设中的首要任务，是获取使用者的信息和特质，这些信息和特质一般包括其现实人格、逻辑习惯、数据使用特性等。其中底层的数据需要使用者自我评估、主动提供，很重要的部分需要对其在"一带一路"文化战略数据库的使用过程中归纳出来，通过归纳个性形成使用者档案，通过收集其行为信息形成其独有的行为日志，档案和日志共同构成其用户信息系统。在收集到成系统的用户信息后，通过结构性分析建模，或者反馈给使用者自身进行建模处理，为进一步向其推荐挖掘结果提供模型平台和数据基础。结合"一带一路"文化战略数据库的特点和建立的使用者特质模型，选定推荐算法对特定用户的需求计算出其对相关项目的可能需求程度和前Top-N推荐结果集，并对其提供结果的赋值逻辑和可视呈现。

三、文化战略数据挖掘的关键技术

如前文所述，"一带一路"文化战略数据挖掘的架构，由相关的搜索引擎系统和推荐引擎系统协同搭建，因而，与此对应的数据挖掘关键技术体系也由"一带一路"文化战略的搜索引擎关键技术和推荐引擎关键技术相辅而成。

以"一带一路"文化战略的搜索引擎关键技术系统为例，该系统由数据爬虫、数据理解、数据标引、相关计算、意图识别等核心技术要素构成。数据爬虫的功能是优先选择重要的数据进行抓取，其实现过程是将分布于不同处理器或数据库中的相关数据抓取下来并储存于离线储存硬件中，进而在本地形成该数据的镜像并建立搜索索引，以满足使用者快速、精确查询的需求，是搜索引擎系统的关键基础性构件。数据爬虫的运作机制首先要人为介入基础数据的选择，将这些选择的结果数据进行列阵和编码，并以对应的地址形式交付信息路径，以方便调取工具在收到使用者调用请求时，能与数据库快速建立连接并获取该对象数据，如此反复多次直到完成数据库内所有相关数据的抓取和已抓取数据的去重任务，便形成了整个数据库中相关数据的抓取和集合。在实现功能的逻辑践行中，体现的是数据爬虫的运作机理：其一是通过爬虫的重爬检测，解决对物理上的数据重复爬取去重，是经由对信息数据的分类和标签化，提高有效数据抓取效率的过程；其二是在爬虫抓取信息之前形成并维护待抓数据的阵列，并依照阵列的顺序进行抓取调度；其三是通过爬虫抓取的离线数据与在线数据的实时同步，实现对抓取信息和抓取活动的实时更新；其四是对标的数据的关联数据进行有选择的抓取，实现数据的潜在挖掘，这一过程需要介入人工智能技术，通过对人类行为和思维习惯进行模拟，一定程度上已经与推荐引擎技术相互贯通。

数据理解是在爬虫抓取相关数据并形成本地数据集之后，在本地数据集成平台上，以分析子系统对库内数据进行编码和转换，形成可以进行理解分析的标准格式，进而根据这些数据所展现的信息特质形成数据集的摘要和属性报告，并根据这些信息对数据进行列阵重组以及相关性或重要性的评估，以形成直观的、文档化的索引机制，实现对用户需求的快速响应和提取的时效保障。

数据理解的运作机理，首先是将爬虫抓取的数据进行可理解化的归档，以实现使用者读取和检索调用的可能；其次是将这些归档后的数据信息进行字符集和编码的统一化转换，并将这些经转化而统一后的数据再进行可视化编码和转化，形成直观的结果；进而基于这种直观的展示，进行挖掘出隐含信息并生成直观模型的量化表示、解构出信息结构与数据内涵的抽象解析；随后通过信息的降噪将冗余、重复、不相关的数据进行去除，并同时凸显出使用者所需的数据信息；在训练带有人工智能特质的分类器的基础上获得对数据类别的形式化描述功能，进而对未知类别的数据进行判断、对已知类别的数据进行分类，从而形成以各具特色的矩阵、列表或文件集为表现的基础性数据挖掘索引。

经由数据理解后形成的基础性数据挖掘索引，由记录核心信息内容的Key值及表达其所对应Value区间的排序列表所组成，在使用者检索本地数据集时，只需键入相匹配的Key值就能获得该值所对应的数据列表，并成为进一步排序的基础，这种Key值和Value区间系统以及两者关系，就是数据挖掘的数据标引系统。数据标引系统的运作机理的起点是建立索引，即对给定的数据集进行符合其特质的排序，并形成可理解的索引机制或应用，通常有两遍倒排法、排序倒排法和归并倒排法作为典型模式。在索引建立后，往往会有实时的新数据不断地因其符合使用者需求而被爬虫抓入本地数据库，而在使用者的处理过程中也会有数据被剔除、更改或升级，这造成的本地数据库动态变化就使得索引的指向脱离数据库的实存，使得对索引进行周期性更新和在硬件条件允许的情况下实时更新，以保证索引指向的有效和整个本地数据库的可用成为必要工作。这项工作，通常可通过加入临时索引或缓存索引的方式完成，具体操作过程中有完全重建、再合并、原地更新、混合更新等策略可选。

相关计算在搜索引擎系统中，负责在对使用者需求的响应过程中筛选出相关数据，并以特定的算法对数据满足需求的程度、相关性、可靠性等指标进行评估，进而生成带有评估排序的数据列表。通常情况下，搜索引擎系统中的相关计算包含数据筛选和排序两个阶段，其中的数据筛选主要在检索模型的建立过程中实现，首先需要通过建立和采用检索模型判定数据与使用者需求间的关系，基于模型自带的假设和预判，将使用者的需求通过其键入的关键词所指向的本地数据，进行清晰的明示和表达。具体说来，根据不同使用者对各具特质数据的需求，可以选择基于集合论的布尔模型来计算和判定Key与Value的联系，以能表征多维特征的向量空间模型直观地展示需求与结果的相关性程度与建议性结果，用基于数学概率排序原理的概率模型为使用者提供量化而可操作的搜索结果。数据排序是基于对搜索引擎巨量数据对象的预判，为突破数据和查询所对应相关的局限，而采取以相关度为依据对搜索结果进行核心相关排序，并为使用者呈现有序结果的基础性技术。数据排序的策略基本可划分为两类：一类以内容相关性为基础、以其他因素作为乘积系数，一类是将所有要素进行线性加权，并在融合为整体的过程中得到新的权值。具体说来，排序策略一般有按内容相似度排序、按相关概率值排序、按联系重要性排序、按数据可信度排序、多因素综合排序等形式，各有特点、优劣，须在具体应用中按需选择。

引擎和使用者的交互简单而直接，最直观的体现是在使用者键入搜索目标后，经由引擎为使用者展示搜索结果，但由于在使用者所键入的Key值背后，往往指代着显表的值所难以言尽的意图和需求，这些意图和需求的深度解读和理解需要意图识别技术的介入。搜索引擎的运作过程中，意图识别和挖掘能准确获取使用者的深层需求，并使数据挖掘系统为使用者提供精确的数据和结果成为可能。"一带一路"文化战略数据库的使用者在键入值、键入习惯上都各有特点，在其与数据库交互的过程中，这些差异导致了类似键入值所指向的需求差异，搜索引擎系统对使用者的交互意图进行分析、识别，并进一步针对使用者的实际意图进行结果展示，是实现数据库平台效率提升、功能升级、人性化改善的重要向度。一般说来，意图识别可以大致分为表示使用者需求标的的导航型、以获取某特定信息的信息型和以完成具体任务为目标的事务型三大类别，在当前的技术前提下，这些识别往往需要在人工整理的基础上尽可能地加入人工智能，这就需要再建立相关的算法模型，尽可能以人工智能代替人工整理。

第五节
"一带一路"文化战略的数据展演

在大数据平台的搭建和整个数据处理体系中，数据展演与可视化的处理过程是数据获取、分析、挖掘之后的最终环节,其结果是最终展现在使用者眼前的数据形态或参考结论,之前的一系列操作都是为数据展演与可视化的最终表述所做的铺垫。"一带一路"文化战略数据库中的巨量数据,以数字、符号、阵列等形式存在于数据库之中,相对而言缺乏对使用者理解的容度拓宽,数据展演能够将抽象的数据转化为可见的、便于理解的图形或象征符号,并显示数据之间的关联、揭示数据的变化趋势,进而为理解"一带一路"文化战略数据库中的巨量、复杂的数据、代码提供有效而可靠的帮助。

一、文化战略的数据展演模型

数据的展演也即通过特定的理解模式、表达方式对数据进行表述,其作用是建立数据与用户之间的纽带。这一过程,通过数据模型的选择和可视化目的的选择,确立合适的视觉或感知模型而对数据进行编译、转述的结果展现,并直接决定最终的数据可视化展演效果。实现数据展演,离不开数据可视化技术的应用,它可以让使用者不再受到关系数据表示、观察、分析的人力限制和理解限制,而基于人工智能的处理能力、图像和图形学的算法,以直观的方式表达数据及数据间的结构关系,将海量数据转换为直观、可交互的精简数据或画面显示,使数据、二进制编码成为对使用者而言无须转码的语言和形象,促进使用者对数据的分析、理解、取用,并为进一步形成概念、找出规律提供平台和助推。

"一带一路"文化战略的数据展演模型,通常运用尺寸、色彩、区域、网格、链接、时间等维度对基础数据进行可视化转码,这些维度以各自独有的优势展示数据的特质,并以综合的、独立又相联系的多维构型展示数据特征和结构,其中最基本展演形式,是以尺寸、色彩、时间等最直观、单纯的信息素材展示基础数据。与之相对应的,"一带一路"文化战略所采纳的数据可视化展演模型,通常根据数据的结构和特点,分为关系型数据模型、类比型数据模型、历时型数据模型、结构型数据模型、区域分布型数据模型和文本分析型数据模型六大类。其中,关系型数据模型,强调对数据间关系、链接的展示,在形式上有散点图、矩阵图、网络图三种表达形式;类比型数据模型,强调同类数据值和数据结构的比较展演,在形式上有条形图、直方图、气泡图三种表达形式；历时型数据模型，强调随时间变动而变化的数据结构展演，凸显数据的历时变动和演进逻辑，在形式上有线形图、堆栈图、分类堆栈图三种表达形式；结构型数据模型，强调数据的整体结构、要素地位、要素对整体的构成关系的展演，在形式上有饼图、树图两种表达形式；区域分布型数据模型，强调对含有区域特质分布、具体边界分布（如地理分布）的信息数据的展演，在形式上最典型的是基于地图的数据展演；文本分析型数据模型，强调通过计算模型在数据文本中直接探寻数据的相关与交互程度，在形式上主要有单词树图和标签云两种表达形式，在技术上需要更多的深层次人工辅助。

二、文化战略的数据展演形式

展演模型作为一种思路或者指引，必然要以特定的展演形式得以体现和落实，"一带一路"文化战略的数据展演形式对战略数据的展演模型六大种类进行践行和演绎；地图、网络图、树图、气泡图、散点图、矩阵图、条形图、饼图、直方图、堆栈图等具体可视化形式，作为"一带一路"文化战略数据展演的外设与影像，与战略数据的展演模型所构建的框架基础一道，搭建起"一带一路"文化战略的数据可视化展演结构框架。

前文提到，关系型数据模型主要展示数据间的关系，与之特征相匹配的可视化形式有散点图、矩阵图和网络图三种，以散点图展演跨度大、体量大的数据间关系，以矩阵图展演同区域多维数据信息，以网络图展演多重独立个体间的关系强弱和链接形态。散点图以二维变量为横纵轴，并于轴上建立坐标，利用数据的坐标点的散状分布，来表达各数据变量间的关系，作为典型的统计图形，能直观地表达观测对象整体与观测要素之间的总体关系和发展趋势，既能传递数据流的关系信息，又能反映数据间的相关程度。矩阵图的展演形式是从数据库中挑选出成对的数据（典型的如Key-value），将其加入到既定的预设表格中，以行、列的形式展现这些成对值间或者成对值内部的关系，矩阵图在对策分析的应用中尤其普遍（博弈研究等对策建议型研究过程和结果往往借助矩阵图来展示）；在具体操作过程中通常将气泡图或条形图加入到矩阵图展演中，形成条形矩阵图和气泡矩阵图，前者适合在有限篇幅内进行较大规模的精确比较，后者适合在有限篇幅内进行变化较大的数据比较。网络图由节点和链接集合而成，能够表达数据整体结构中各相关要素之间的强弱关系，网络图对数据的展演主要通过由不同独立实体数据构成的表来进行，以行表达数据、以列代表标签，用多维表格的网络展示强调这些独立数据之间的相互关系。

类比型数据模型主要展示数据数值的结构性比较关系，能在有多组数据属性或数据序列需要处理时，解决对数据值间的比较问题，与之特征相匹配的可视化形式有条形图、直方图、气泡图三种。条形图主要以对各数据项目间的比较来实现一个或多个数据变量的集合展示，以数据表中抽取的单个具备共时性的变量作为对比轴，在数据库中将要对比的数据抽取出来列于轴上，从而实现对数据集合变动和变动集合间关系的展示。直方图能显示不同组别数据的分布频数和各组数据间的频数差，因而主要用于在数据集中展示数据值的分布情况，在展示过程中通常以历时轴对应数据范围，将数据体量描绘为矩形块，并通过数据单位区域所占据的矩形块数量表达数据集的量比，在同一图示中能同时展示数据整体情况和具体要素情况。气泡图以不同颜色或尺寸的区域表达，实现在有限图表中展示大跨度数据比较的目标，在气泡图中以圈的大小对比，直观表达数据值的对比情况，可以与其他表达形式混合使用。

历时型数据模型主要展示具有明显随时间变动的数据关系结构，所面向的数据集包含时间维度且时间维度与其他数据存在历时变化关系，能直观地整合出数据的变化过程和动态结构，与之特征相匹配的可视化形式有线形图、堆栈图、分类堆栈图三种。线形图以直观可视化的形式表达持续变化的数据，展现随时间推移而发生的持续变化的发展趋势，在同一图表内展示一个数据值的历时变化可以直观地显示其变化状态和变化趋势，在同一线形图内展示多个数据值的历时变化，可以对比这些数据差异和差异的变化趋势。堆栈图在同一区域展现多组数据的共时信息，适合同时展示数据值的总体和个体情况，尤其是数据集合中整体与要素的变化关系。分类堆栈图主要应对大数据平台中对比多数据项的作业需求，是堆栈图表达方式的针对性升级，在堆栈排序中从左到右分别列出不同参考数据的堆栈，以实现堆栈数据间的对比。

结构性数据模型主要展示数据集的整体结构和单列数据的情况，强调数据集中要素与整体间关系、要素占比与层次分布，在使数据集整体的情况一目了然的同时，还能清晰呈现数据集中各单列数据或数据组的数据信息，与之特征相匹配的可视化形式有饼图和树图两种。饼图作为展示比例大小的常见方式，以二维或"二维+"的形式展示单列数据值在数据集总值中所占比例，饼图在构型过程中以分片形式表达单列数据，于展示前不需要对数据进行百分比转换，而是直接完成可视化的转码过程，直观而便捷。树图以带有分支的树状结构展现数据集中的结构与要素间关系，尤其突出对整体与部分的层次关联的展示，针对具备类别栏目和子类别的较复杂数据结构，树状图能够有效地展示这些结构和结构间关系，让使用者能够对比树图中的每一个节点甚至子节点，具备可观的展演深度。

区域分布型数据模型，展示含有区域、地域边界的数据结构中的分布式信息，以地图为最常用、典型的展演方式，采用地图展示数据能够简洁直观地显示信息分布的情况与规律，当使用者需要查看地域与数据分布规律间关系时，为其提供快速而直接的图示承载信息，这一优势在用户熟知目标土地情况时尤为明显。

文本分析型数据模型，主要展现文本信息中的关键值或考察对象的出现热度，帮助使用者摆脱巨量冗长的文字内容，而从可视化图形中直接获取文本中的热点信息，与之特征相匹配的可视化形式有单词树图和标签云两种。单词树图的转码对象是游离的非结构化文本数据，依据字或短语出现的情景和结构搭建树状的结构图形。标签云是在随意文本或有标签、数据的二维表中，对文本信息中单词出现的频率进行可视化展示，可展示给定文本中查询词的出现频次和该词与数据间的关系。在展示文本信息时，单词树由于分支过多而不如标签云直白易读，但却在文本细节的展示中具备独有优势，二者往往同时、混合应用。

三、文化战略的数据展演应用

在对"一带一路"文化战略平台的数据展演模型、形式进行了大致的体系归纳和特征归置之后，可对"一带一路"文化战略数据平台的展演应用系统进行具象的、具有问题指向的典型例证说明，以引导在其他研究向度中的具体数据可视化操作与结果呈现。

以中亚地区和中亚地区重要国家哈萨克斯坦为例，"中亚"作为地理概念，最早于1843年由洪堡提出，其范围和边界存在多种界定方式，在各种界定中，于苏联解体后由"塔什干会议"所宣布的"中亚地区包括哈萨克斯坦、吉尔吉斯斯坦、塔吉克斯坦、乌兹别克斯坦、土库曼斯坦五国"的定义，由于兼顾地理、政治、文化、民族等诸多要素，成为获得最普遍接受的界定。中亚地区作为路上往来欧亚的必经之地，自古以来就是丝绸之路的重要组成部分，也正是由于丝绸之路的途径和串联，使中亚地区成了东亚、西亚、南亚和欧洲各个民族、各种宗教以及各种思想的交汇之地，并必然地在承继"丝绸之路"精神内核的"一带一路"文化战略中居于重要地位、发挥枢纽作用。中亚五国之中，哈萨克斯坦是中亚最大的经济体，其经济总量相当于中亚其他四国之和，领土面积上远超中亚其他四国之和，与中国边境接壤1460公里，是"丝绸之路经济带"西北走向的境外第一站，也是"一带一路"互联互通的核心实验区、重要样本采集点。因而，我们选择以中亚地区尤其是哈萨克斯坦为典型，进行"一带一路"文化战略的可视化展演应用例证，既能代表特质明显的文化展演对象，又能明晰具备差异性的展演客体（表6-3）。

表6-3 哈萨克斯坦各民族占总人口比例

哈萨克斯坦各民族占总人口比例	
民族	占全国人口比例（单位：%）
哈萨克族	64.6
俄罗斯族	22.6
乌兹别克族	3.0
乌克兰族	1.9
维吾尔族	1.4
鞑靼族	1.2
日耳曼族	1.1
其他民族	4.5

数据来源：哈萨克斯坦国家统计公署公布数据（截至2012年1月1日）

散点图能够显示数据间的比较关系，是最为经典的数据直观化统计图形，以表6-3为数据源进行散点图形式可视化操作，则可视化结果呈现为：

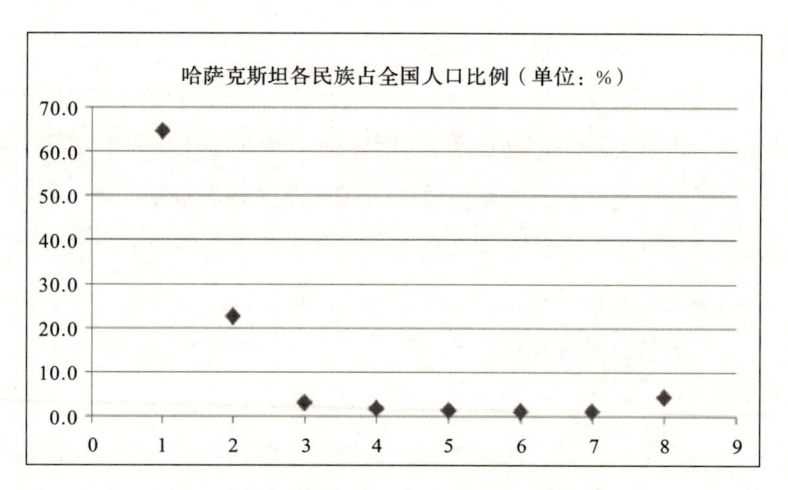

图6-4 哈萨克斯坦各民族占总人口比例（散点图）

面积图、条形图和气泡图能显示数据值间相互比较的数据结构，能够直观地为使用者展示各数据在数据集中所占的比重和地位，以表6-3为数据源进行面积图形式的可视化操作，可视化结果呈现为：

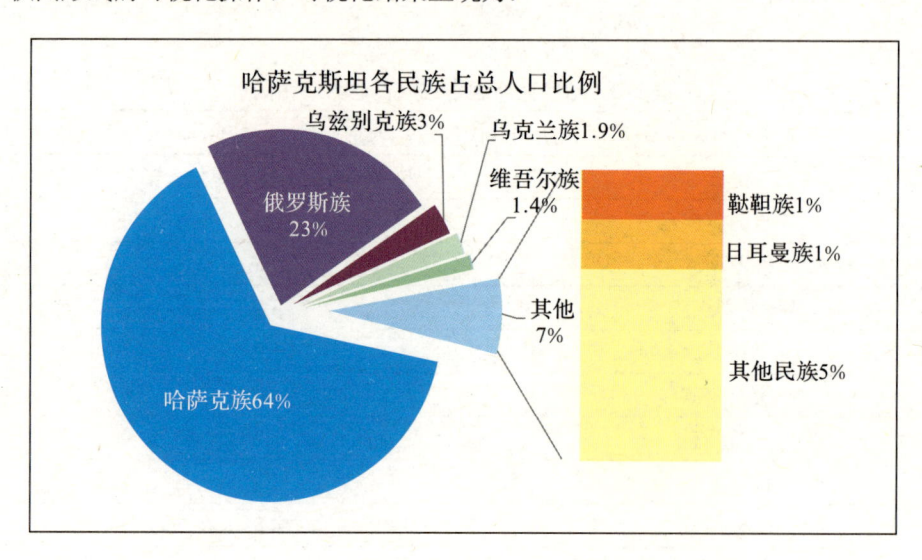

图6-5 哈萨克斯坦各民族占总人口比例（面积图）

以表6-4与表6-5为数据源进行条形图形式的可视化操作，则其可视化结果呈现如图6-6、图6-7所示。

244

表6-4 中亚五国国土面积

中亚五国国土面积（单位：万平方公里）	
国别	面积
哈萨克斯坦	272.49
吉尔吉斯斯坦	44.74
塔吉克斯坦	19.85
土库曼斯坦	48.81
乌兹别克斯坦	14.31

表6-5 哈萨克斯坦高校设置情况

哈萨克斯坦高校设置情况（单位：所)	
国家级大学	9
国立大学	32
国有参股大学	14
私立大学	75

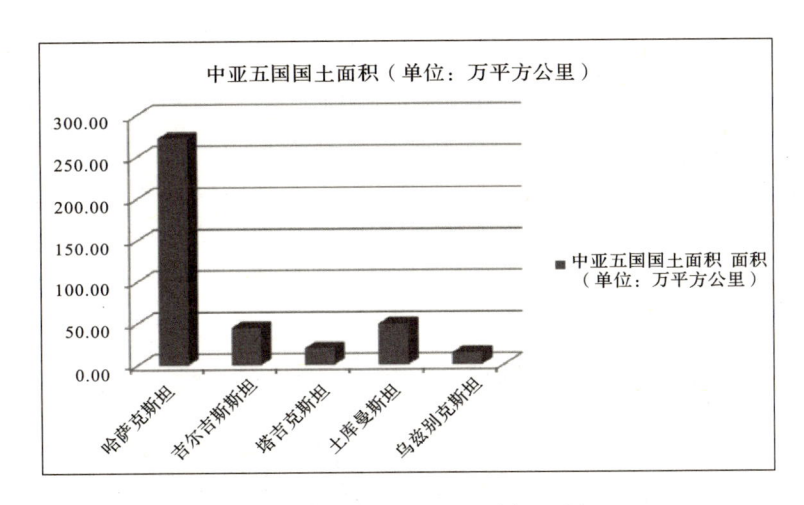

图6-6 中亚五国国土面积（条形图）

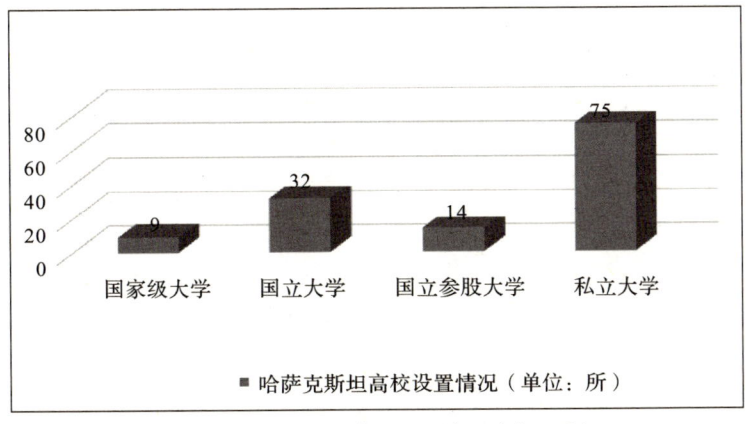

图6-7 哈萨克斯坦高校设置情况（条形图）

以表6-6中的GDP、经济增长为数据源进行气泡图形式的可视化操作，则其可视化结果呈现如图6-8所示。

表6-6 哈萨克斯坦宏观经济信息表（2008—2013年）

类项 年份	GDP（单位：十亿美元）	经济增长（%）	人均GDP（美元）	国民储蓄（%GDP）	政府净债务（%GDP）	通胀率（%）	失业率（%）
2008	135.23	3.20	8684.39	31.82	-13.66	9.50	6.63
2009	115.31	1.18	7308.86	26.87	-10.91	6.15	6.58
2010	148.05	7.25	9232.12	27.53	-10.24	7.80	5.78
2011	183.11	7.50	11194.50	30.21	-13.14	7.40	5.40
2012	196.42	5.04	11772.91	27.34	-17.10	6.00	5.40
2013	214.14	5.50	12708.17	26.78	-20.63	6.64	5.30

数据来源：经济观察网站

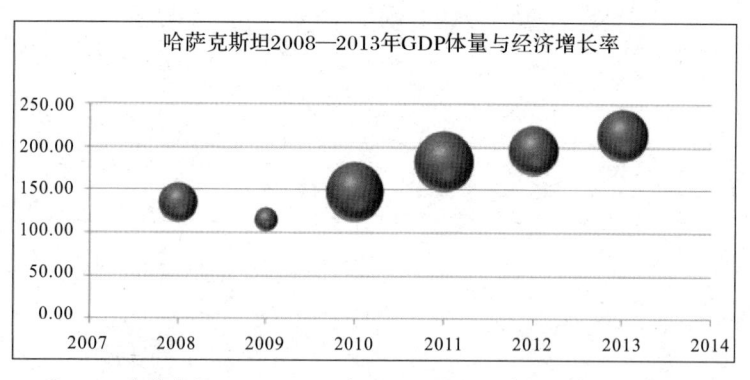

图6-8 哈萨克斯坦2008—2013年GDP体量与经济增长率（气泡图）

雷达图和折线图能显示数据值在历时结构中所具备的数据结构，以表6-7为例，对该数据集进行雷达图、折线图形式的数据展演，其雷达图可视化结果呈现如图6-9所示。

表6-7 中亚五国2011—2014年国民总收入情况

| 中亚五国2011—2014年国民总收入情况（单位：亿美元） ||||
国别＼年份	2011	2012	2013	2014
哈萨克斯坦	1597.14	1734.89	1989.3	1892.48
吉尔吉斯斯坦	56.00	60.83	69.11	71.77
塔吉克斯坦	64.41	69.19	84.58	91.45
土库曼斯坦	219.20	306.79	386.18	449.83
乌兹别克斯坦	471.50	533.62	586.87	655.56

数据来源：世界银行资料

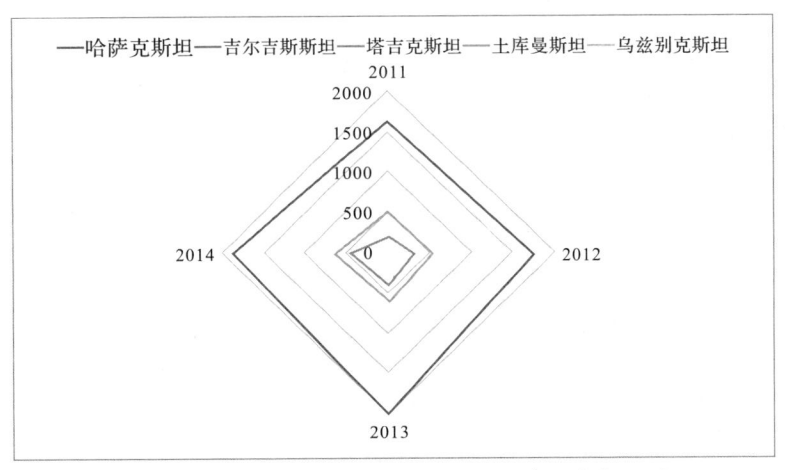

图6-9 中亚五国2011—2014年国民总收入情况（雷达图）

对该数据集进行折线图形式的数据展演，其可视化结果呈现为：

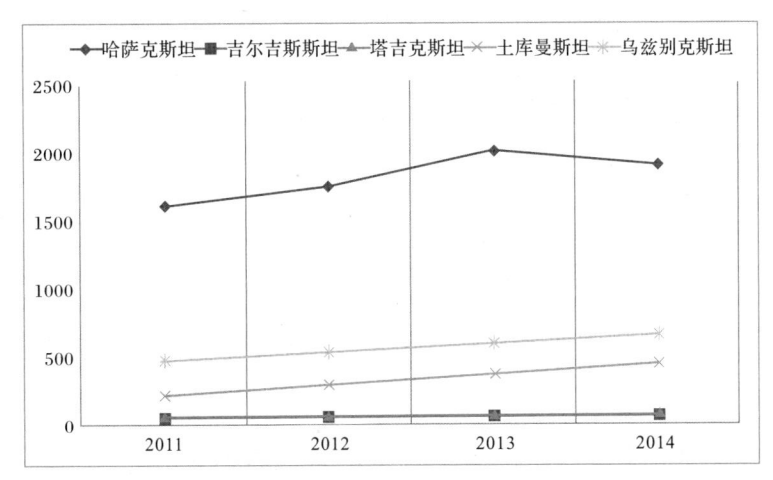

图6-10 中亚五国2011-2014年国民总收入情况（折线图）

基于地形或区域图的数据展演地图，能直观而明确地展示、对比含有地理分布信息的数据结构，图6-11与图6-12可作为示例典型。

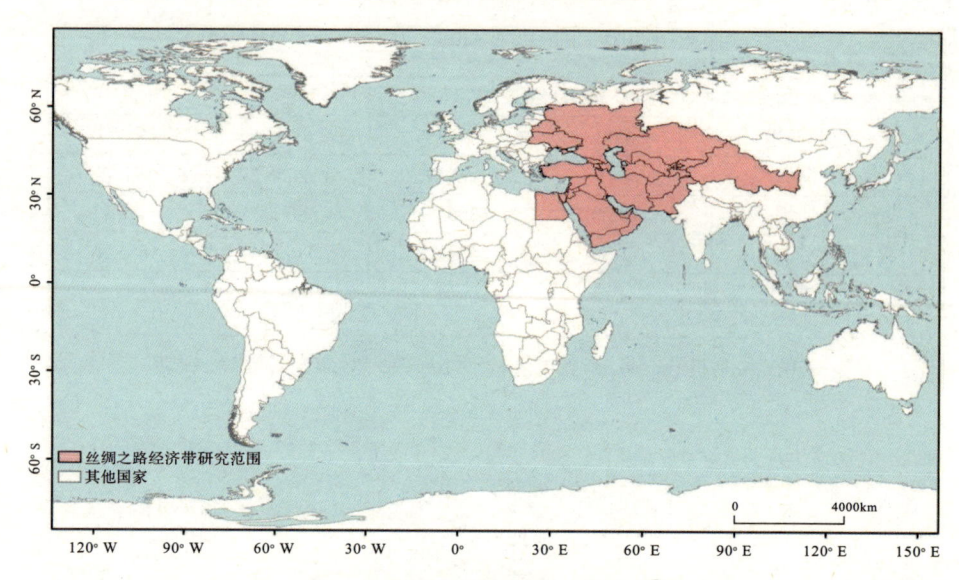

图6-11 丝绸之路经济带研究范围[①]

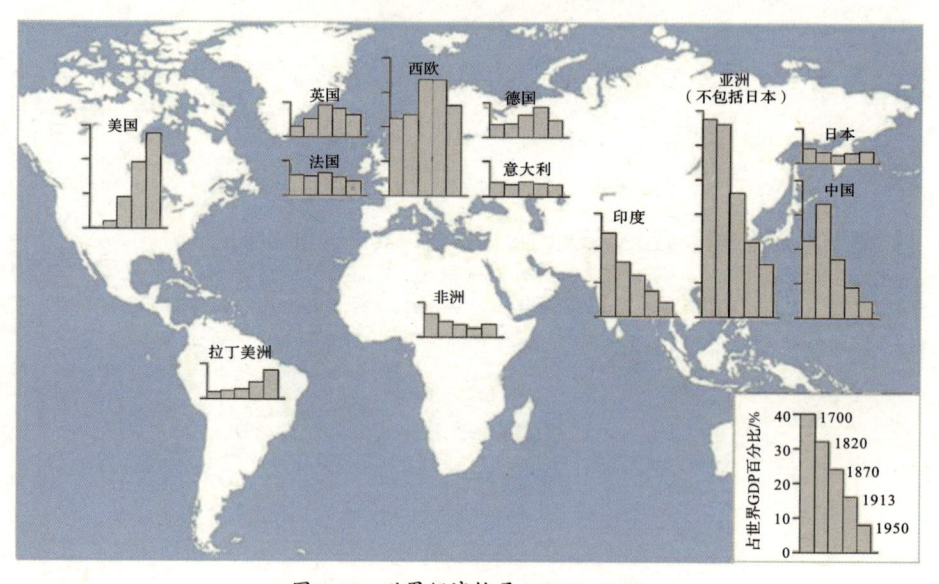

图6-12 世界经济格局，1700—1950

---

① 曹小曙，李涛，杨文越，等. 基于陆路交通的丝绸之路经济带可达性与城市空间联系[J]. 地理科学进展，2015，34（6）：658.

后记

《全球空间与"一带一路"研究——文化卷》是"全球空间与'一带一路'研究"中的一本专著。

时间与空间是物质运动的基本方式。时间以延续性、间隔性和顺序性强调了世界万物的历时态变动,而空间则以广延性和伸张性,通过位置的确立、距离的度量和方向的指谓,强调了世界万物的共时态稳定。"一带一路"倡议是国家层面的总体战略,它延伸于陆上丝绸之路与海上丝绸之路的交相辉映里,拓展于行为主体、结构关系、价值规范所导引的国际秩序中。文化是具有物质载体的人化的世界,相对于物质实在的"场",观念形态的"文化"是内涵性、意向性和价值性的表达。

将"空间""一带一路""文化"如此宏大的概念连接在一起,探讨全球空间格局下的"一带一路"文化战略,于我似乎是一个难以完成的课题。感谢国土资源科技与国际合作战略学教授单卫东为本书定位研究思路,尤其是他画龙点睛的那句话——"为'带路'的空间对接注入文化的精髓,为'带路'的文明互鉴插上技术的翅膀",导引并拓展了本书的研究视阈。感谢王天琪博士,尤其是区域发展与空间布局、历史文化地理学教授曹小曙,将我引入这样一个研究范式,以时间的情境去聆听"一带一路"驼铃的回声,以空间的视角回眸"一带一路"原点的基质。在时间与空间的形塑下,在传统与现实的转换里,领悟"一带一路"的文化承载、文化意义与文化灵动。他曾自我定位:"一个有使命感、有责任感、也有一点能力,愿意为国家民族做点事的普通教师",就这点而言,作为"全球空间与'一带一路'研究"的主要参与者,我们是志同道合的人。

　　我与我的博士生组成了一个研究团队，这是一支特别能战斗的队伍，因此，我们自谓"德萨摩"。德萨摩团队就此问题的研究持续了一年多，先后几易其稿。其中，我的博士生苏泽宇、范君、范映渊参与了书稿的前期工作。我对全书的统筹、逻辑思路与分析框架的确定，核心概念与章节目写作提纲的思考，材料的考证与书稿的完善，更是得到了苏泽宇同学和范君同学的支持。本书第一章，主要由范映渊、杨玢、揭锡捷撰写；第二章，主要由苏泽宇、张梦媛、张晓红撰写；第三章，主要由苏泽宇撰写；第四章，主要由范君撰写；第五章，主要由苏泽宇、张梦媛撰写；第六章，主要由范君撰写。

　　感谢所有助力于本书写作、出版、发行的朋友们，在此道声：辛苦了！

詹小美

2016年3月于中山大学康乐园

参考文献

[1] 中共中央马克思恩格斯列宁斯大林著作编译局.马克思恩格斯选集[M].北京：人民出版社1995.

[2] 中共中央马克思恩格斯列宁斯大林著作编译局.马克思恩格斯全集[M].北京：人民出版社，2006.

[3] 中共中央马克思恩格斯列宁斯大林著作编译局.马克思恩格斯文集[M].北京：人民出版社，2009.

[4] 中共中央马克思恩格斯列宁斯大林著作编译局.列宁全集[M].北京：人民出版社，1984-1986.

[5] 毛泽东.毛泽东选集[M].北京：人民出版社，2003.

[6] 邓小平.邓小平文选[M].北京：人民出版社，1993.

[7] 国务院新闻办公室，中央文献研究室，中国外文局.习近平谈治国理政[M].北京：外文出版社，2014.

[8] 国家发展改革委，外交部，商务部.推动共建丝绸之路经济带和21世纪海上丝绸之路的愿景与行动[EB/OL].（2015-03-28）〔2016-06-15〕.http：//zhs.mofcom.gov.cn/article/xxfb/201503/20150300926644.shtml.

[9] 国务院.关于编制全国主体功能区规划的意见[EB/OL].（2007-07-31）〔2016-06-15〕.http：//www.gov.cn/zwgk/2007-07/31/content_702099.htm.

[10] 中共中央，国务院.关于深入实施西部大开发战略的若干意见[EB/OL].（2007-07-31）〔2016-06-15〕.http：//www.gov.cn/zwgk/2007-07/31/content_702099.htm

[11] 冯友兰.中国哲学史[M].重庆：重庆出版社，2009.

[12] 冯契.中国近代哲学史[M].上海：生活·读书·新知三联书店，2014.

[13] 复旦大学哲学系中国哲学教研室.中国古代哲学史[M].上海：上海古籍出版社，2011.

[14] 冯达文，郭齐勇.新编中国哲学史[M].北京：人民出版社，2004.

[15] 费孝通.中国文化的重建[M].上海：华东师范大学出版社，2014.

[16] 周尚意，孔翔，朱竑.文化地理学[M].北京：高等教育出版社，2004.

[17] 司徒尚纪，曹小曙，朱竑，等.环中国南海文化[M].北京：商务印书馆，2014.

[18] 李鑫炜.体系、变革与全球化进程[M].北京：中国社会北京：科学出版社，2000.

[19] 王宁.全球化与文化：西方与中国[M].北京：北京大学出版社，2002.

[20] 陆大道.区域发展及其空间结构[M].北京：科学出版社，1995.

[21] 胡鞍钢，汤啸，杨竺松，等.中国国家治理现代化[M].北京：中国人民大学出版社，2014.

[22] 陆大道，等.中国区域发展的理论与实践[M].北京：科学出版社，2003.

[23] 李永成.意图的逻辑：美国与中国的安全软环境[M].北京：世界知识出版社，2011.

[24] 张岱年，程宜山.中国文化与文化论争[M].北京：中国人民大学出版社，1990.

[25] 赵磊."一带一路"年度报告——从愿景到行动（2016）[M].北京：商务印书馆，2016.

[26] 张文奎，刘继生，闫越.政治地理学[M].南京：江苏教育出版社，1991.

[27] 冯并.一带一路：全球发展的中国逻辑[M].北京：中国民主法制出版社，2015.

[28] 胡键."一带一路"战略构想及其实践研究[M].北京：时事出版社，2016.

[29] 新玉言，李克.崛起大战略："一带一路"战略全剖析[M].北京：台海出版社，2015.

[30] 王义桅."一带一路"：机遇与挑战[M].北京：人民出版社，2015.

[31] 潘忠岐.世界秩序：结构、机制与模式[M].上海：上海人民出版社，2004.

[32] 方连庆，王炳元，刘金质.国际关系史：现代卷[M].北京：北京大学出版社，2001.

[33] 王岳川，胡淼森.文化战略[M].上海：复旦大学出版社，2010.

[34] 郑晓云.文化认同与文化变迁[M].北京：中国社会科学出版社，1992.

[35] 李岗.跨文化传播引论——语言·符号·文化[M].成都：巴蜀书社，2011.

[36] 沈福伟.中西文化交流史[M].上海：上海人民出版社，1985.

[37] 尹国均.符号帝国[M].重庆：重庆出版社，2008.

[38] 车文博.弗洛伊德主义原著选辑：上卷[M].沈阳：辽宁人民出版社，1988.

[39] 孙旭培.华夏传播论：中国传统文化中的传播[M].北京：人民出版社，1997.

[40] 蔡俊生，陈荷清，韩林德.文化论[M].北京：人民出版社，2003.

[41] 马丽蓉，等.丝路学研究：基于中国人文外交的阐释框架[M].北京：时事出版社，2014.

[42] 胡鞍钢.中国2020：一个新型超级大国[M].杭州：浙江人民出版社，2012.

[43] 胡鞍钢.中国正在发生的故事：胡鞍钢谈话录[M].北京：北京出版社，2013.

[44] 高向军，罗明.国土整治与土地资源可持续利用[M].北京：中国大地出版社，2005.

[45] 谷树忠.国土经济学通论[M].北京：高等教育出版社，2012.

[46] 高向军.土地整理理论与实践[M].地质出版社，2003.

[47] 刘静怡.区域土地可持续利用优化方法与规划支持研究[M].北京：中国林业出版社，2015.

[48] 曹小曙.穗深港巨型城市走廊空间演化研究[M].北京：商务印书馆，2006.

[49] 曹小曙，许志桦.大都会区（城市群）综合交通运输系统研究[M].香港：三联书店（香港）有限公司，2011.

[50] 曹小曙，李涛.土地利用与空间规划丛书：经济发达地区土地利用与民众利益[M].西安：陕西师范大学出版总社，2015.

[51] 吴殿廷.区域系统分析方法研究[M].南京：东南大学出版社，2014.

[52] 孙治国.国家战略[M].北京：海洋出版社，2014.

[53] 郑鼎文.大变局与东亚经济战略[M].北京：人民出版社，2013.

[54] 包亚明.后现代性与地理学的政治[M].上海：上海教育出版社，2001.

[55] 包亚明.现代性与空间的生产[M].上海：上海教育出版社，2002.

[56] 包亚明.后大都市与文化研究[M].上海：上海教育出版社，2005.

[57] 吴冶平.空间理论与文学的再现[M].兰州：甘肃人民出版社，2008.

[58] 唐贤兴.近现代国际关系史[M].上海：复旦大学出版社，2002.

[59] 李智.文化外交：一种传播学的解读[M].北京：北京大学出版社，2005.

[60] 秦亚青.国际关系理论：反思与重构[M].北京：北京大学出版社，2012.

[61] 刘迎胜.丝绸之路[M].南京：江苏人民出版社，2014.

[62] 黄茂兴.历史与现实的呼应：21世纪海上丝绸之路的复兴[M].北京：经济科学出版社，2015.

[63] 李向阳."一带一路"：定位、内涵及需要优先处理的关系[M].北京：社会科学文献出版社，2015.

[64] 杨言洪."一带一路"黄皮书：2014[M].银川：宁夏人民出版社，2015.

[65] 王列，杨雪冬.全球化与世界[M].北京：中央编译出版社，1998.

[66] 王灵桂.海丝列国志[M].北京：社会科学文献出版社，2015.

[67] 彭树智.文明交往论[M].西安：陕西人民出版社，2002.

[68] 张殿军.当代中国对外文化交流战略[M].天津：天津人民出版社，2014.

[69] 赵鲁杰，何仁学，沈方吾.美国全球霸权与中国命运[M].北京：北京出版社，1999.

[70] 陈正良.中国"软实力"发展战略研究[M].北京：人民出版社，2008.

[71] 唐晋.论剑：崛起进程中的中国式软实力（壹）[M].北京：人民日报出版社，2008.

[72] 王炳华.丝绸之路考古研究[M].乌鲁木齐：新疆人民出版社，1993.

[73] 薛毅.西文都市文化研究读本：第3卷[M].桂林：广西师范大学出版社，2008.

[74] 苏国勋.理性化及其限制——韦伯思想引论[M].上海：上海人民出版社，1988.

[75] 唐晋.大国的崛起[M].北京：人民出版社，2006.

[76] 蔡为民，唐华俊.土地利用系统健康评价[M].北京：中国农业出版社，2007.

[77] 鲁西奇.中国历史的空间结构[M].桂林：广西师范大学出版社，2014.

[78] 蔡翔，董丽敏.空间、媒介和上海叙事[M].上海：上海大学出版社，2013.

[79] 董强.空间哲学[M].北京：北京大学出版社，2011.

[80] 段鹏.政治传播：历史、发展与外延[M].北京：中国传媒大学出版社，2011.

[81] 钱乘旦.世界现代化历程：总论卷[M].南京：江苏人民出版社，2009

[82] 方玲玲.媒介空间论：媒介的空间想象力与城市景观[M].北京：中国传媒大学出版社，2011.

[83] 孙江."空间生产"——从马克思到当代[M].北京：人民文学出版社，2008.

[84] 孙逊，杨剑龙.都市空间与文化想象[M].上海：上海三联书店，2008.

[85] 王安忆.空间在时间里流淌[M].北京：新星出版社，2012.

[86] 夏铸九.公共空间[M].台北：艺术家出版社，1994.

[87] 许纪霖.回归公共空间[M].南京：江苏人民出版社，2006.

[88] 许纪霖，罗岗等.城市的记忆：上海文化的多元历史传统[M].上海：上海书店出版社，2011.

[89] 薛毅.西方都市文化研究读本（四卷本）[M].桂林：广西师范大学出版社，2008.

[90] 胡焕庸.论中国人口之分布[M].武汉：华东师范大学出版社，1983.

[91] 中国公路交通史编审委员会.中国丝绸之路交通史[M].北京：人民交通出版社，2000.

[92] 杜国明.人口数据空间化方法与实践[M].北京：中国农业出版社，2008.

[93] 葛剑雄.西汉人口地理[M].北京：人民出版社，1986.

[94] 葛剑雄，曹树基.中国人口史：全7册[M].上海：复旦大学出版社，2011.

[95] 葛剑雄.中国移民史：1—6卷[M].福州：福建人民出版社，1997.

[96] 史念海.中国历史人口地理和历史经济地理[M].台北：台湾学生书局，1991.

[97] 吴宏伟.中亚人口问题研究[M].北京：中央民族大学出版社，2004.

[98] 侯甬坚.定都关中：国都的区域空间权衡[M]//陕西历史博物馆馆刊编辑部.陕西历史博物馆馆刊.西安：三秦出版社，2000.

[99] 朝戈金.中国西部的文化多样性与族群认同——沿丝绸之路的少数民族口头传统现状报告[M].北京：社会科学文献出版社，2008.

[100] 王介南.中外文化交流史[M].书海出版社，2009.

[101] 许倬云.我者与他者——中国历史上的内外分际[M].香港：香港中文大学，2010.

[102] 许倬云.中国文化的发展过程[M].贵阳：贵州人民出版社，2009.

[103] 郑文东.文化符号域理论研究[M].武汉：武汉大学出版社，2007.

[104] 王鹏令.时—空论稿[M].北京：人民出版社，1985.

[105] 吴国盛.时间的观念[M].北京：北京大学出版社，2006.

[106] 汪民安.身体、空间与后现代性[M].南京：江苏人民出版社，2006.

[107] 华林甫.中国历史地理学·综述[M].济南：山东教育出版社，2009.

[108] 陆平，李明栋，罗圣美，等.云计算中的大数据技术与应用[M].北京：科学出版社，2013.

[109] 王国胤.Rough集理论与知识获取[M].西安：西安交通大学出版社，2001.

[110] 高汉中，沈寓实.云时代的信息技术：资源丰盛条件下的计算机和网络新世界[M].北京：北京大学出版社，2012.

[111] 赵勇，林辉，沈寓实，等.大数据革命——理论、模式与技术创新[M].电子工业出版社，2014.

[112] 马庆国.应用统计学：数理统计方法、数据获取与SPSS应用（精要版）[M].北京：科学出版社，2005.

[113] 徐哲，石晓军，杨继平，等.应用统计学：经济与管理中的数据分析[M].北京：清华大学出版社，2011.

[114] 郭从良.信号的数据获取与信息处理基础[M].北京：清华大学出版社，2009.

[115] 刘红岩.社会计算：用户在线行为分析与挖掘[M].北京：清华大学出版社，2014.

[116] 金兰，王鼎兴，沈美明.并行处理计算机结构[M].北京：国防工业出版社，1982.

[117] 范植华，廖名学.并行性分析的数学原理[M].合肥：中国科学技术大学出版社，2014.

[118] 王华忠.监控与数据采集（SCADA）系统及其应用（第2版）[M].电子工业出版社，2012.

[119] 王振明.SCADA（监控与数据采集）软件系统的设计与开发[M].北京：机械工业出版社，2009.

[120] 陈新泉，李军.数据采集系统整体设计与开发[M].北京：北京航空航天大学出版社，2014.

[121] 翟俊海.数据约简——样例约简与属性约简[M].北京：科学出版社，2015.

[122] 王卷乐.地球系统科学数据集成共享研究：标准视角[M].北京：气象出版社，2015.

[123] 朱欣焰，陈静，向隆刚，等.分布式空间数据集成与查询优化技术[M].北京：测绘出版社，2013.

[124] 丁振良.误差理论与数据处理[M].哈尔滨：哈尔滨工业大学出版社，2014.

[125] 李连发，王劲峰，等.地理空间数据挖掘[M].北京：科学出版社，2014.

[126] 刘同明.数据挖掘技术及其应用[M].北京：国防工业出版社，2001.

[127] 程显毅，朱倩.文本挖掘原理[M].北京：科学出版社，2010.

[128] 谢邦昌.数据挖掘基础与应用（SQL Server 2008）[M].北京：机械工业出版社，2011.

[129] 陈为，沈则潜，陶煜波.数据可视化[M].北京：电子工业出版社，2013.

[130] 马可·波罗.马可·波罗游记[M].陈开俊,戴树英,林健,等译.福建科学技术出版社,1981.

[131] 刘禾.帝国的话语与政治：从近代中西冲突看现代世界秩序的形成[M].杨立华,译.北京：生活·读书·新知三联出版社,2009.

[132] 黑格尔.历史哲学[M].王造时,译.上海：上海书店出版社,2001.

[133] 阿诺德·汤因比.历史研究：插图本[M].刘北成,郭小凌,译.上海：上海人民出版社,2005.

[134] 伽达默尔.真理与方法——哲学解释学的基本特征[M].王才勇,译.沈阳：辽宁人民出版社,1987.

[135] 萨义德.文化与帝国主义[M].李琨,译,北京：生活·读书·新知三联书店,2003.

[136] 托克维尔.论美国的民主[M].董果良,译.北京：商务印书馆,1996.

[137] 马克斯·韦伯.新教伦理与资本主义精神[M].彭强,黄晓京,译,西安：陕西师范大学出版社,2002.

[138] 亨廷顿.文明的冲突与世界秩序的重建[M].周琪,刘绯,张立平,等译,北京：新华出版社,2009.

[139] 马克斯·韦伯.经济与社会[M].约翰内斯·温克尔曼,整理.林荣远,译,北京：商务印书馆,1997.

[140] 登斯.社会的构成：结构化理论大纲[M].李康、李猛译,三联书店,1998.

[141] 拉彼德,克拉托赫维尔.文化和认同：国际关系回归理论[M].金烨,译.杭州：浙江人民出版社,2003.

[142] 安东尼·吉登斯.现代性与自我认同：现代晚期的自我与社会[M].赵旭东,方文,译.北京：生活·读书·新知三联书店,1998.

[143] 怀特.文化科学——人和文明的研究[M].曹锦清,译.杭州：浙江人民出版社,1988.

[144] 格尔茨.文化的解释[M].韩莉,译.南京：译林出版社,1999.

[145] 泰勒.原始文化[M].蔡江浓,译.杭州：浙江人民出版社,1988.

[146] 马林诺夫斯基.文化论[M].费孝通,等译.北京：中国民间文艺出版社,1987.

[147] 布罗代尔著.文明史纲[M].肖昶,冯棠,张文英,等译.桂林：广西师范大学出

257

版社, 2003.

[148] 本尼迪克特.文化模式[M].王炜, 等译.北京: 社会科学文献出版社, 2009.

[149] 拉兹洛.多种文化的星球: 联合国教科文组织国际专家小组的报告[M].戴侃, 辛未, 译.北京: 社会科学文献出版社, 2001.

[150] 卡西尔.人文科学的逻辑[M].沉辉, 海平, 叶舟, 译.北京: 中国人民大学出版社, 1991.

[151] 卡西尔.人论[M].甘阳, 译.上海: 上海译文出版社, 2003.

[152] 霍尔, 杜盖伊.文化身份问题研究[M].庞璃, 译.开封: 河南大学出版社, 2010.

[153] 华莱士·马丁.当代叙事学[M].伍晓明, 译.北京: 北京大学出版社, 1990.

[154] 涂尔干.宗教生活的基本形式[M].渠东, 汲喆, 译.上海: 上海人民出版社, 2006.

[155] 哈贝马斯.交往与社会进化[M].张博树, 译.重庆: 重庆出版社, 1989.

[156] 赛义德.赛义德自选集[M].谢少波, 韩刚, 等译.北京: 中国社会科学出版社, 1999.

[157] 伽达默尔.哲学解释学[M].夏镇平, 宋建平, 译.上海: 上海译文出版社, 2004.

[158] 布迪厄.实践感[M].蒋梓骅, 译.南京: 译林出版社, 2003.

[159] 黑格尔.逻辑学[M].杨一之, 译.北京: 商务印书馆, 1966

[160] 亚里士多德.政治学[M].吴寿彭, 译.北京: 商务印书馆, 1965.

[161] 阿尔蒙德, 小鲍威尔.比较政治学——体系、过程和政策[M].曹沛霖, 郑世平, 公婷, 等译.上海: 上海译文出版社, 1987.

[162] 拉什, 卢瑞.全球文化工业: 物的媒介化[M].要新乐, 译.北京: 社会科学文献出版社, 2010.

[163] 布劳.社会生活中的交换与权力[M].孙非, 张黎勤, 译.北京: 华夏出版社, 1988.

[164] 英格尔斯.人的现代化——心理·思想·态度·行为[M].殷陆君, 编译.成都: 四川人民出版社, 1985.

[165] 丘马科夫.全球性问题哲学[M].姚洪芳, 毋思宸, 译.北京: 中国人民大学出版社, 1996.

[166] 博登海默.法理学: 法律哲学与法律方法[M].邓正来, 译.北京: 中国政法大学出版社, 2004.

[167] 基辛格.世界秩序[M].胡利平, 林华, 曹爱菊, 译.北京: 中信出版社, 2015.

[168] 福山.信任: 社会美德与创造经济繁荣[M].彭志华, 译.海口: 海南出版社, 2001.

[169] 赫尔德，麦克格鲁，戈尔德布莱特.全球大变革：全球化时代的政治、经济与文化[M].杨雪冬，周红云，陈家刚，译.北京：社会科学文献出版社，2001.

[170] 德里克.后革命氛围[M].王宁，等译.北京：中国社会科学出版社，1999.

[171] 特茨拉夫.全球化压力下的世界文化[M].吴志成，韦苏，陈宗显译，南昌：江西人民出版社，2001.

[172] 海伍德.政治学核心概念[M].吴勇，译.天津：天津人民出版社，2008.

[173] 温特.国际政治的社会理论[M].秦亚青，译.上海：上海人民出版社，2001.

[174] 伯恩斯.当代世界政治理论[M].曾炳钧，译柴金如，校.北京：商务印书馆，1983.

[175] 阿普尔比，亨特，雅各布.历史的真相[M].刘北成，薛绚，译.北京：中央编译出版社，1999.

[176] J.S.奈.硬权力与软权力[M].门洪华，译.北京：北京大学出版社，2005.

[177] 约瑟夫·奈.美国霸权的困惑——为什么美国不能独断专行[M].郑国志，何向东，杨德，译.北京：世界知识出版社，2002.

[178] 沃尔兹.国际政治理论[M].信强，译.北京：上海人民出版社，2003.

[179] 卡普兰.即将到来的地缘战争[M].涵朴，译.广州：广东人民出版社，2013.

[180] 基欧汉.霸权之后：世界政治经济中的合作与纷争[M].苏长和，信强，何曜，译.上海：上海人民出版社，2001.

[181] 特纳，斯戴兹.情感社会学[M].孙俊才，文军，译.上海：上海人民出版社，2007.

[182] 理斯曼，等.孤独的人群[M].王崑，朱虹，译.南京：南京大学出版社，2002.

[183] 莫莉，罗宾斯.认同的空间：全球媒介、电子世界景观和文化边界[M].司艳，译.南京：南京大学出版社，2001.

[184] 哈贝马斯.交往与社会进化[M].张博树，译.重庆：重庆出版社，1989.

[185] 波特.丝绸之路[M].马宏伟，吕长清，译.成都：四川文艺出版社，2013.

[186] 波德纳尔斯基.古代地理学[M].梁昭锡，译.北京：商务印书馆，1986.

[187] 苏贾.后现代地理学：重申批判社会理论中的空间[M].王文斌，译.北京：商务印书馆，2004.

[188] 拉格罗.场地分析：可持续的土地规划与场地设计[M].杨至德，崔维玲，徐灵，译.武汉：华中科技大学出版社，2015.

[189] 美国国家学术院国家研究委员会.海量数据分析前沿[M].华东师范大学数据科

学与工程研究院,译.北京：清华大学出版社,2015.

[190] 韩家炜,坎伯.数据挖掘：概念与技术[M].范明,孟小峰,等译.北京：机械工业出版社,2001.

[191] 瑞芙.大数据管理：数据集成的技术、方法与最佳实践[M].余水清,潘黎萍,译.北京：机械工业出版社,2014.

[192] 弗兰克斯.驾驭大数据[M].黄海,车皓阳,王悦,等译.北京：人民邮电出版社,2013.

[193] C.J.Date.数据库设计与关系理论[M].卢涛,译.北京：机械工业出版社,2013.

[194] 多恩,哈勒维,艾夫斯.数据集成原理[M].孟小峰,马如霞,马友忠,等译.北京：机械工业出版社,2014.

[195] 阿涅斯瓦兰.颠覆大数据分析：基于Storm、Spark等Hadoop替代技术的实时应用[M].吴京润,黄经业,译.北京：电子工业出版社,2015.

[196] 斯蒂尔.数据可视化之美[M].祝洪凯,李妹芳,译.北京：机械工业出版社,2011.

[197] 马克斯·韦伯.经济与社会（上）[M].温克尔曼,整理.林荣远,译.北京：商务印书馆,1998.

[198] 卡斯特.网络社会的崛起[M].北京：社会科学文献出版社,2006.

[199] 勒菲弗.空间与政治：第2版[M].李春,译.上海：上海人民出版社,2008.

[200] 斯宾格勒.西方的没落：第2卷[M].张兰平,译.上海：三联出版社,2006.

[201] 布劳岱尔.15至18世纪的物质文明、经济和资本主义：第二卷[M].施康强,顾良,译.上海：三联出版社,2002.

[202] 缪尔达尔.世界贫困的挑战——世界反贫困大纲[M].顾朝阳,张海红,高晓宇,等译.北京：北京经济学院出版社,1991.

[203] 海德格尔.存在与时间[M].陈嘉映,王庆节,合译.北京：生活·读书·新知三联书店,2006.

[204] 勒菲弗.空间与政治：第2版[M].李春,译.上海：上海人民出版社,2008.

[205] 奥斯本.时间的政治[M].王志宏,译.北京：商务印书馆,2004.

[206] 索杰.第三空间——去往洛杉矶和其他真实和想象地方的旅行[M].陆扬,刘佳林,朱志荣,等译.上海：上海教育出版社,2005.

[207] 鲍尔德温,朗赫斯特,麦克拉肯,等.文化研究导论（修订版）[M].陶东风,

和磊，王瑾，等译.北京：高等教育出版社，2004.

[208] 马特拉.世界传播与文化霸权：思想与战略的历史[M].陈卫星，译.北京：中央编译出版社，2001.

[209] 哈维.希望的空间[M].胡大平，译.南京：南京大学出版社，2006.

[210] 莫利，罗宾斯.认同的空间：全球媒介、电子世界景观与文化边界[M].司艳，译.南京：南京大学出版社，2001.

[211] 德波.景观社会[M].王昭凤，译.南京：南京大学出版社，2006.

[212] 萨迪奇.权力与建筑[M].张秀芳，王晓刚，译.重庆：重庆出版社，2007.

[213] 林奇.城市意象[M].方益萍，何晓军，译.北京：华夏出版社，2001.

[214] 芒福德.城市发展史——起源、演变和前景[M].宋俊岭，倪文彦，译.北京：中国建筑工业出版社，2005.

[215] 萨克.社会思想中的空间观：一种地理学的视角[M].黄春芳，译.北京：北京师范大学出版社，2010.

[216] 克雷斯韦尔.地方：记忆、想象与认同[M].徐苔玲，王志弘，译.新北：群学出版有限公司，2006.

[217] 凯瑞.作为文化的传播[M].丁未，译.北京：华夏出版社，2005.

[218] PAYNE R J.The Clash with Distant with Distant Culture： Values， Interests， and Force in American Foreign Policy[M].New York： State University of New York Press,1995.

[219] RADCLIFFE-BROWN A R. The Andaman Islanders[M].Free Press,1967.

[220] WALLERSTEIN I.Development: Lodestaror Illusion in Unthinking Social Science-The Limits of Nineteenth Century Paradigms[M].Polity Press,1991.

[221] Bull H.The Anarchical Social： A Study of Order in World Politics[M]New York： Columbia University Press,1977.

[222] PEET R.Radical Geography[M].Maaroufe Press,1997.

[223] MiILLER M.Cloud Computing： Web-Based applications that change the way you work and collaborate online[M].Que Pubulishing,2009.

[224] Dicken P.Globalshift： 6th Edition[M].Sage Publications Ltd,2010.

[225] 吴传钧.论地理科学的研究核心：人地关系地域系统[J].经济地理，1991，11（3）：1-6.

ISBN 978-7-5613-7310-1

定价：58.00元